구원은 하나님의 환대(손 대접) 사건이다. 기꺼이 자신을 부인함으로써 우리를 당신과 인격적인 교제를 나눌 수 있는 존재로 창조하신 것부터 하나님의 환대였다. 게다가 당신의 자리를 찬탈한 우리를 하나뿐인 아들을 내어 주면서까지 살리셔서 우리 안에 당신의 자리를 펼치신 것 또한 하나님의 환대 사건이다. 이제 그분을 사랑하고 믿는다는 것은 그분을 향한, 그리고 그분이 사랑하시는 생명들을 향한 우리의 환대여야 한다. 원자화된 개인주의가 만연한 이 시대에 우리의 신앙은 더 이상 관념의 문제나 교리에 대한 지적 동의에 그칠 수 없으며, 불편함과 낯설음을 감수하며 나를 개방하고 이웃을 위해 자리를 마련하는 일이어야 한다. 이 책은 단순히 착하게 살자고 말하지 않는다. 손 대접 없는 신앙생활은 없다고 말한다. 부탁드린다. 꼭 누군가와 같이 읽으시라.

박대영 광주소명교회 책임목사, 〈묵상과 설교〉 편집장

초기 기독교인에게 손 대접은 그들의 정체성과 깊이 관련되어 있었다. 하지만 우리 세대는 이 아름답고 풍성한 전통과 그 힘을 알지 못한다. 저자는 우리가 일상에서 어떻게 손 대접을 실천할 수 있는지 그 방법을 찾도록 돕는다. 이 책이 말하는 것은 단순한 손 대접이 아니라 '급진적' 차원에서의 손 대접이다. 급진적으로 일상적인 손 대접은 위기가 일상이 된 오늘의 세계에서 더욱 빛날 것이다.

신상목 국민일보 기자

이 책은 주방과 세탁실과 거실과 마당을 행복한 분주함으로 오가며 몸으로 쓴, '복음의 정직한 현실'에 관한 책이다. '복음'이 우리의 사건이 되는 순간은, 그것으로 사는 시간이라는 걸 우리는 안다. 그러나 오랜 세

월 무슨 주문처럼 복음을 되뇌여 온 우리 교회들과 신자들의 삶은 충격적일 만큼 형식적 종교와 율법의 지배를 받고 있다. 교회의 처절한 무능의 진원지가 여기에 있다. 로자리아 버터필드는 이웃을 기꺼이 우리 가정 안으로 '영접하는' 것이 어떻게 복음인지를 자신의 삶을 통과한 빛나는 언어로 증명하고 있다. '이웃에게 활짝 열린 신자들의 매력적인 삶'을 통해 수많은 이웃들을 복음으로 초대했던 초대교회의 빛나는 아름다움이 노스캐롤라이나 더럼에서 재현되고 있다. 그녀는 갚을 수 없는 지극히 작은 자 안에서 나 자신과 예수를 발견하고, 그들과 함께 하는 자리에서 하나님의 구체적인 개입을 경험하는 위대한 신비를 공유하자고 손을 내밀고 있다. 이 책은 『뜻밖의 회심』의 발간 이후 그녀의 팬이 되었을 수많은 독자들과, 사람을 범주와 부류로 축소하려는 세상에 저항하여 '모든 사람' 안에서 하나님의 형상을 보려 하는 신실한 신자들 모두의 기대에 넘치게 부응하는 선물이 될 것이다.

정갑신 예수향남교회 목사

우리 각자에게는 다른 사람들의 관심이 필요한 긴급한 일과 그들에게 알려야 할 고통과 그들이 기꺼이 받아주기를 원하는 갈망이 있다. 그런 것들은 우리의 정체성과 밀접하게 얽혀 있다. 저자는 이 책에서 복음의 좋은 소식이 어떻게 우리의 가장 절실한 필요를 채워주는지, 어떻게 우리를 복음의 도구로 변화시키는지를 분명하게 보여준다. 십자가에 못 박히신 하나님의 아들께서 모든 사람을 자기에게로 부르신다는 사실을 토대로, 이렇게까지 열정적으로 손 대접의 의미를 묘사한 책은 일찍이 없었다. 저자는 직접 급진적으로 일상적인 손 대접을 열정적으로 실천하고 있고, 우리도 똑같이 그렇게 하라고 권고한다. 이 책은 우리의 상상력을 자극해 우리의 삶 속에서 급진적으로 일상적인 손 대접을 실천할 수 있는 창의적인 방법들을 찾을 수 있게 도와줄 것이다.

글로리아 퍼먼 《Missional Motherhood》,
《Treasuring Christ When Your Hands Are Full》 저자

하나님은 새로운 통찰력과 담대한 표현과 강력한 영향력을 지닌 선지자적인 목소리를 통해 자기의 뜻을 강력하게 전달하신다. 저자는 이 시대에 그런 목소리가 되어 하나님을 대변하고 있다. 이 책은 저자의 간절한 마음을 우리에게 전해주며, 우리도 희생적인 손 대접을 통해 이웃 사랑을 실천하라고 권고한다. 이 책은 가장 강렬한 방식으로 우리 모두를 흔들어 깨울 것이다.

레이 오틀런드 내슈빌 임마누엘교회 담임목사

이 책은 편한 신앙생활을 원하는 사람들에게는 적합하지 않다. 저자는 그런 식의 신앙생활은 있을 수 없다고 주장한다. 저자는 개인적인 경험담과 신학적인 가르침을 독특한 방식으로 조합시켜 독자들의 찬반 의견을 동시에 끌어낸다. 덕분에 나는 양측의 입장을 명확하게 알게 되었다.

에이미 버드 《Why Can't We Be Friends?》, 《No Little Women》 저자

공동체의 참된 의미도 모르면서 공동체 안에서 살아가는 것이 그 어느 때보다 더 쉬워졌다. 이웃들은 서로를 알지 못하고, 우리의 삶은 현관보다는 온라인상에 존재한다. 저자는 급진적으로 일상적인 손 대접이 이렇게 낯선 사람을 이웃으로 바꾸는지, 또 그런 이웃들이 어떻게 하나님의 능력으로 그분의 가족이 될 수 있는지를 알려준다. 나는 이 책을 손에서 내려놓

을 수가 없었다. 이 책은 강력하고, 도전적이며, 강한 설득력을 지닌다.

멜리사 크루거 《The Envy of Eve》,
《Walking with God in the Season of Motherhood》 저자

저자의 책을 읽다보면 복음이 얼마나 좋은 것인지 새롭게 깨닫지 않을 수 없다. 이 책은 교회를 향해 우리 주님의 손 대접을 본받으라고 요청한다. 오늘날의 문화가 외로움의 위기에 직면해 있는 이때, 이 책은 우리에게 꼭 필요한 책이 아닐 수 없다. 이 책은 우리에게 많은 영감을 줄 뿐 아니라 죄인들을 환영하는 복음의 좋은 소식을 갖고서 이웃과 관계를 형성할 수 있는 실천적인 방법이 가득 적혀 있는 유용한 노트를 선물한다.

러셀 무어 '윤리와 종교 자유 위원회' 대표

손 대접을 베풀라는 성경적인 명령은 성경에서 가장 쉽게 간과되거나 오해되는 명령이다. 우리는 손 대접을 무시하거나 그것이 오늘날 문화 속의 '즐겁게 해주기^{entertaining}' 같은 것인 줄 착각한다. 저자는 복음 자체로 약동하는 손 대접의 비전을 제시한다. 우리는 우리를 찾으시고, 데려와 자신의 가족으로 삼으시고, 자신의 식탁에 앉히신 하나님을 아는 사람들이다. 저자가 제시하는 비전은 활력을 돋우는 매력적인 비전이 아닐 수 없다. 이 비전은 우리를 뒷걸음질치게 만들지만 그래서는 안 된다. 이 비전을 진정으로 받아들일 때, 우리의 가정과 교회와 문화가 얼마나 달라질지 궁금하다.

샘 올베리 '래비 재커라이어스 미니스트리' 강사,
《교회, 나에게 필요한가?》, 《하나님은 동성애를 반대하실까?》 저자

손 대접은 하나님의 백성의 표징 중 하나이다. 그러나 사람들이 교회를 출퇴근하듯 다니고, 도시에는 쇼핑몰들이 즐비하고, 삶은 끊임없는 활동과 지나치게 많은 일정으로 분주하기만 한 오늘날, 손 대접은 참된 우정만큼이나 진귀한 것이 되고 말았다. 저자는 이 책에서 손 대접을 교회의 일상적인 활동을 구성하는 본질적인 요소로 되돌려 놓아야 한다는 과감한 주장을 제기한다. 그녀는 목표를 매우 높게 잡는다. 이 책의 제안들과 세부 내용 가운데는 논쟁의 여지가 많은 것들이 더러 있지만, 교회가 손 대접을 특징으로 하는 공동체가 되어야 한다는 기본적인 주장이 강력하고도 설득력 있게 전개되고 있는 것만은 분명하다.

칼 R. 트루먼 그로브시티칼리지 교수

복음과 집 열쇠

The Gospel Comes with a House Key: Practicing Radically Ordinary Hospitality in Our Post-Christian World

Copyright © 2018 by Rosaria Champagne Butterfield
Published by Crossway
a publishing ministry of Good News Publishers
Wheaton, Illinois 60187, U.S.A.

This edition published by arrangement
with Crossway through rMaeng2, Seoul, Republic of Korea.

복음과 집 열쇠

지은이   로자리아 버터필드
옮긴이   조계광
편집   김예담
펴낸이   김종진
초판 발행 2022. 9. 20.
등록번호 제2018-000357호
등록된 곳 서울특별시 강남구 선릉로107길 15, 202호
발행처   개혁된실천사
전화번호 02)6052-9696
이메일   mail@dailylearning.co.kr
웹사이트 www.dailylearning.co.kr

책값은 뒤표지에 있습니다.
ISBN 979-11-89697-33-4 03230

THE GOSPEL COMES WITH A HOUSE KEY

복음과 집 열쇠

로자리아 버터필드 지음

조계광 옮김

개혁된실천사

신실한 남편, 우리 가족의 리더,
우리 아이들의 아버지, 나의 용기 있는 목사,
주 예수 그리스도의 겸손한 제자.
이 책의 어느 한 페이지도 당신 없이는
쓰여질 수도 그렇게 살아낼 수도 없었습니다.
나의 모든 사랑을 담아
이 책을 당신에게 헌정합니다.

목차

머리글

급진적으로 일상적인 손 대접을 실천하는 사람들은 낯선 사람을 이웃으로, 이웃을 하나님의 가족으로 여긴다. 그들은 인간을 범주나 부류로 축소하는 것을 좋아하지 않는다. 그들은 세상 모든 사람의 눈빛 안에서 하나님의 형상을 본다. 그들은 자신이 마약 중독자나 성매매자들과 조금도 다르지 않다고 생각한다. 그들은 이기심과 교만을 비롯해 자신의 모든 죄를 심각하게 생각하고, 하나님의 거룩하심과 선하심을 진지하게 받아들이며, 어떤 상황에서도 성경을 생명줄로 여겨 굳게 붙잡는다.

급진적으로 일상적인 손 대접을 베푸는 사람들은 자기 집을 자신만의 전유물로 여기지 않고, 하나님의 나라를 확장하는 데 사용해야 하는 그분의 선물로 생각한다. 그들은 대문을 활짝 열고 사회적, 경제적으로 혜택받지 못한 사람들을 찾아 나선다. 그들은 자기 집의 문을 활짝 열면 복음을 그들에게 가져갈 수 있다는 것을 알고 있다. 그들은 기독교의 신조와 신앙고백과 전통은 물론, 성경적인 신학을 진지하게 받아들이는 사람들이다.

우리집에서는 급진적으로 일상적인 손 대접을 베푸는 일이 일상화되어 있다. 그 일은 이른 아침에 한쪽 불로 야채수프를 끓이고, 다른 쪽 불로 밥을 하는 것에서부터 시작되어, 늦은 저녁에 나의 남편 켄트가 갈 곳이 없는 가족을 위해 소파 위에 잠자리를 만들고, 에어 매트리스에 공기를 넣어 펴는 것으로 끝이 난다. 진정으로 손 대접을 베푸는 사람은 그리스도 중심적인 식탁 교제를 베풀어 도움이 필요한 사람들을 기꺼이 맞이한다. 그런 사람은 섬길 기회를 찾는다. 급진적으로 일상적인 손 대접은 무엇을 공들여 갖추어 놓거나 요란하게 초청장을 내밀지 않는다. 초청의 문은 항상 열려 있다.

급진적으로 일상적인 손 대접은 1세기의 그리스도인 가정을 닮은 가정을 통해 이루어진다. 그런 가정은 공동체적이며, 기독교적 전통과 실천을 넓고 깊게 펼쳐 나간다. 그리스도인인 우리는 구별된 백성이다. 우리는 세상과 다른 방식으로 살아간다. 그러나 우리는 믿지 않는 이웃들이 우리에 대해 어떻게 생각하는지 걱정하지 않는다. 왜냐하면 그들은 우리의 식탁을 함께 공유하며, 그곳에서 자신의 생각을 우리에게 말하는 것을 행복하게 여기기 때문이다.

급진적으로 일상적인 손 대접을 베풀려면 하루 중에 약간의 여유 시간, 곧 일상의 루틴이 파괴되지 않으면서 잠시 짬을 낼 수 있는 시간을 마련해 둘 필요가 있다. 나이든 이웃을 병원에 모시고 가거나 이웃의 아이를 잠시 돌봐주거나 홍수나 세계적인 난민 위기로 인해 살 곳을 잃은 가족들의 임시 거처를 만들어주는 일 등, 하나님이 원하시는 일을 위해 언제라도 시간을 낼 수 있어야 한다.

또한 급진적으로 일상적인 손 대접을 베풀려면, 돈을 버는 족족 다 써버려서는 안 되며, 남에게 나눠줄 것을 많이 남겨 두어야 한다.

급진적으로 일상적인 손 대접을 베푸는 삶에는 주인과 손님이 따로 없다. 당신이 우리집에 저녁 식사를 하러 와서 내가 아직 아이에게 수학을 가르치고 있는 것과 내 세탁물이 식탁 위에 정리되지 않은 상태로 놓여 있는 것을 보면, 당신은 소매를 걷어붙이고 세탁물을 정리하거나 식탁을 차리거나 식기세척기를 돌리거나 개들에게 먹이를 주기 시작한다. 급진적으로 일상적인 손 대접을 베풀려면, 주인은 도움을 받더라도 당혹스러워하지 말아야 하고, 손님은 도움이 필요한 곳에 기꺼이 힘을 보태야 한다. 매일 함께 모이는 하나님의 가족은 서로를 필요로 한다. 주인과 손님은 스스럼없이 서로 도울 수 있다.

하나님의 가족 안에서 행해지는 급진적으로 일상적인 손 대접은 날마다 함께 모이며, 꾸준히 기도한다. 초대는 필요없다. 그리고 아직 주님을 모르는 사람들을 불러 음식을 대접하고, 교제를 나눈다. 이 땅의 좋은 것이 좋은 것으로 보여진다. 혼자 있기를 좋아하는 사람들은 혼자 사는 삶을 선택할 수 있지만, 그렇다고 해서 만성적인 외로움으로 고통받을 필요는 없다.

급진적으로 일상적인 손 대접을 베풀려면 순종의 희생을 감당해야 한다. 하나님의 백성은 순종의 희생을 향해 부름받고 있다. 우리는 우리 자신을 하나님보다 더 자비로운 존재로 생각하지 않으므로, 하나님에게 죄를 짓거나 하나님의 말씀을 위반하라고 사람들을 부추기지 않는다. 오히려 우리는 그런 일을 보면 크게 슬퍼한다. 우리는 무겁고 힘든 십자가(죽음처럼 느껴지는 자기 부인)를 짊어지라는 부르심을 받고 있음을 안다. 우리는 우리 자신의 제한된 능력을 의지하지 않으며 하나님의 능력을 의지한다. 그리고 하나님이 무언가를 명령하실 때는 그것을 행할 수 있는 은혜도 함께 허락하신다는 것을 알고 있다. 물론 어려움을 혼자서 감당하기는 불가능하다. 하나님의 가족은 급진적으로 일상적인 손 대접을 삶으로 구현해 나가면서, 어려움과 기쁨을 함께 공유한다. 급진적으로 일상적인 손 대접은 고난을 동반한다.

급진적으로 일상적인 손 대접을 베푸는 사람들은 식사 자리에서 서로 다른 세계관 때문에 다투지 않는다. 진정으로 관대한 사람들은 자신과 많이 다른 사람들과 친하게 지내는 것을 꺼리지 않는다. 물론 그렇다고 해서 그들이 세상의 가치관을 받아들이는 것은 아니다. 그들은 용납과 승인의 차이를 잘 알고 있다. 그들은 자기와 생각이 다른 사람들을 용감하게 받아주고 존중한다. 그들은 다른 사람들이 자신의 우정을 곡해할까봐 걱정하지 않는다. 예수님은 죄인들과 식사를 하셨지만 그들과 함께 죄를 짓지는 않으셨다. 그분은 세상에서 살았지만 세상 사람들처럼 살지는 않으셨다. 이것이 예수님의 역설이고, 복음을 전하고 실천하기 위해 다른 사람들과 함께 기꺼이 고난을 받는 사람들, 곧 겉모습보다는 내면의 인격에 더 큰 관심을 기울이는 사람들의 특징이다.

급진적으로 일상적인 손 대접을 베푼다는 것은 하나님의 가족들과 굳센 관계를 맺는 것으로 그치지 않고, 우리와 생각이 다른 사람들과도 견고한 관계를 맺는 데 시간을 할애하는 것을 의미한다. 위선자와 겁쟁이들은 관계보다 말이 앞선다. 그런 사람들은 소셜 미디어를 통해 몰래 문화 속으로 침투하거나 동네에서 깐깐한 도덕군자인 척 행세하면서 다른 사람들을 교화하려 든다. 급진적으로 일상적인 손 대접을 실천하는 사람들은 냉소적인 포스트크리스천 세상에 참된 기독교를 분명하게 보여준다.

급진적으로 일상적인 손 대접은 예수님의 구원하시는 능력을 믿는 믿음의 증거를 드러낸다. 그런 손 대접은 정치나 문화나 시사 문제에 관한 다른 사람들의 견해에 지나친 관심을 기울이지 않는다. 그런 손 대접은 회심이 무슨 의미인지, 그리스도 안에서의 새로운 정체성이 무엇인지, 회개를 통해 어떤 새로운 변화가 일어나는지에 관심을 집중한다. 그런 손 대접은 죄가 기만적이라는 사실을 알고 있다. 속는다는 것은 악의 세력에 사로잡혀 그것이 시키는 대로 따르는 것을 의미한다. 급진적으로 일상적인 손 대접은 사람들의 진정한 필요를 본다. 사람들은 단지 좋은 선택을 독려하는 격려의 말이 필요한 것이 아니라, 죄에서 구원받는 것이 필요하다는 것을 깊이 이해한다. 그런 손 대접은 예수님이 사람들을 죄에서 구원하신다는 사실을 잊지 않는다. 예수님은 우리를 구원하셨다. 그리고 예수님은 지금도 살아서 통치하신다. 급진적으로 일상적인 손 대접은 한때 자기를 유혹하고 속박하면서 충성을 바칠 것을 요구했던 죄가 지금도 여전히 영향력을 행사하고 있더라도 더 이상 죄에 굴복하지 않으려고 노력하는 사람들을 통해 빛을 발한다.

이 책은 독자들에게 나의 가정, 나의 어린 시절, 나의 성경 읽기,

나의 회개, 나의 홈스쿨링 활동을 비롯해 나의 쇼핑 목록과 소박한 음식과 매일 벌어지는 시끌벅적한 식탁의 교제를 소개한다. 독자들은 이 책을 통해 나의 부모와 가족과 자녀들과 이웃들과 원수들과 친구들을 만날 수 있다.

만일 막달라 마리아가 오늘날과 같은 포스트크리스천 세상을 위해 손 대접에 관한 책을 썼다면 아마도 이 책과 비슷할 것 같다.

아무쪼록 이 책이 당신의 가정, 아파트, 기숙사, 앞마당, 동네 체육관, 정원을 낯선 사람을 이웃으로 만들고, 이웃을 가족으로 만드는 일을 위해 하나님께 내어드리는 일에 조금이나마 도움이 되기를 기도한다. 교회를 세우는 것과 모두 함께 하나님의 가족이 되어 가족처럼 사는 것이 너무나 중요하기 때문이다. 설혹 당신 주변의 낯선 사람들 가운데 더러 위험한 사람들이 존재하더라도 더 이상 그런 사람들을 두려워하지 않고, 그리스도를 더욱 닮아가며 날마다 급진적으로 일상적인 손 대접을 실천하며 살기를 기도한다. 주님이 그런 당신을 크게 복주시고, 그분의 나라를 확장하시며, 새로운 문화를 창조하시고, 당신의 평판을 새롭게 하심으로써 당신을 지켜보는 세상 사람들에게 그리스도인 됨의 의미를 분명하게 보이시기를 간절히 기도한다. 아울러, 우리 모두 매일의 교제를 통해 그리스도와 더욱 하나가 되기를 바라고, 세력을 과시하는 갖가지 우상들과 미친 듯한 경쟁 속에서 품는 헛된 꿈의 구렁텅이 속에서 허우적거리면서 이것이 신앙생활의 전부인가 의문을 품는 그리스도인의 모습으로 살지 않기를 바란다. 날마다 급진적으로 일상적인 손 대접을 실천하여 낯선 사람을 이웃으로, 이웃을 하나님의 가족으로 만

드는 것이 우리가 잃어버린 연결 고리라는 사실을 모두가 깨닫기를
두 손 모아 기도한다.

만일 그런 일이 일어난다면 나의 기도는 응답받은 것이다.

1

값을 따질 수 없음

손 대접의 장점

2016년 5월 12일 오전 5시 15분, 노스캐롤라이나주 더럼

한 이웃이 "행크의 집에 무슨 일이 있나요?[1] 왜 경찰이 그 집을 에워싸고 있죠? 당신은 괜찮나요?"라는 문자를 보내왔다. 그러나 내 휴대 전화는 꺼진 채 다른 방에 있었기 때문에 나는 그 문자를 제때 확인하지 못했다.

남편과 어린 두 자녀가 평화롭게 잠자는 소리가 들렸고, 심지어 개들도 모두 잠든 상태였다. 내 성경책은 펼쳐 있었고, 그 옆에는 〈테이블토크〉(R. C. 스프로울이 설립한 리고니어 선교회에서 발간하는 월간 잡지로서 한국의 QT 잡지와 유사하며 주제 본문에 관한 정확한 성경 해석과 각종 주제에 관한 개혁과 시각의 글들을 제공한다.─편집주)와 한 권의 공책이 놓여 있었다. 손을 뻗으면 닿을 거리에 있는 내 커피잔은 열 살 된 딸아이가 바느질 수업 시간에 캘리코 천으로 만든 잔 받침 위에 얌전히 놓여 있었다. 탁자 위에는 캐스피언(오렌지색 얼룩무늬 고양이)이 맛있는 고양이 캔을 황급히 먹어 치우고 나서 행복과 만족에 겨운 표정으로 네 발을 쭉 뻗고 누워 있었다. 나는 켄과 플로이 스미스 목사 부부의 가르침에 따라 지난 17년 동안 줄곧 해온 대로 그날 아침에도 여느 때처럼 내 눈을 열어 주님의 말씀에서 놀라운 것을 보게 해달라는 기도로 경건의 시간을 시작했다.

　그날 아침, 나는 시편 다섯 편과 잠언 한 장을 읽고, 기도를 시작했다. 나는 대개 성경을 읽고, 깨달은 점을 노트에 적으면서 중간중간 기도를 드린다. 나는 아침마다 기도의 동심원을 그린다. 가장 먼저는 나를 위한 기도부터 시작한다. 구체적으로 말해, "주님을 더욱 사랑하게 하시고, 갈수록 거룩해지게 하시며, 살아 있는 편지가 되어 말과 행위로 그리스도를 전할 수 있는 용기를 주시고, 죄를 뉘우치게 도와주시며, 그리스도의 겸손한 마음과 성령의 자애로운 위로를 허락하시어 더욱 충실하고 사랑스러운 아내요 어머니요 친구가 될 수 있게 이끌어주소서."라고 기도한다. 그런 다음에는 가족과 교회와 이웃과 국가와 해외 선교사들과 선교 사역을 위해 차례로 기도하고, 주님이 부활하신 것과 나를 위해 기도하시는 것과 주님이 스미스 목사 부부를 시작으로 내게 좋은 사람들을 차례로 보내주어 나를 그분께로 이끌어 안전하게 품어주신 것에 감사를 드린다. 또한 언약을 허락하시고 나를 그 언약에 참여하게 하신 하나님께 감사한다. 그 후 기도 노트를 펼쳐놓고 한 장씩 넘기면서 사람들의 이름을 일일이 호명하며 기도한다.

그런데 그날 아침, 내 기도의 동심원은 "이웃"에게서 멈추었다. 나는 내 책상에서 바라다보이는 집에 살고 있는 가장 가까운 이웃을 위해 기도하고 있었다. 나는 항상 바로 맞은편에 사는 이웃들에게 특별한 친근감을 느낀다. 그들의 이름은 르니, 줄리, 에디였고, 지금은 행크다. 나는 아침에 일어나서 낯익은 자동차가 같은 장소에 주차된 모습을 보는 것이 좋다. 하늘이 밝아 오면 그 집에 사는 사람들은 아침에 으레 하는 일을 하기 시작한다(전등을 켜고, 개들을 밖으로 내보내고, 신문을 수거하고, 손을 흔들어 인사하고, 때로는 한 아이가 길을 건너 달려와서 빈 그릇을 돌려주거나 붉은 작약 한 다발을 가져다주는 것과 같은 일들). 이웃을 사랑하면 위로와 평화가 찾아온다.

그래서 그날도 나는 이웃을 위해 기도하고 있었다. 다른 방에 꺼진 채 놓여 있는 내 휴대 전화에 길 맞은편에 있는 집에서 끔찍하고 무서운 일이 벌어지고 있다는 것을 알리는 문자가 계속 날아들고 있다는 점만 제외하면 여느 아침과 조금도 다르지 않았다. 그곳은 내가 기도하고 있던 이웃 남자의 집이었다.

———

우리집과 행크의 집은 넓은 숲으로 막힌 막다른 길에 위치해 있다. 그는 2014년에 처음 이사왔을 때만 해도 스스로 은둔자를 자처했다. 그는 자기 마당에 구덩이를 여러 개 팠다. 구덩이들은 아무렇게나 판 것처럼 보였지만 완벽한 원형이었다. 우리 아이들은 별다른 특징이 없으면서 좌우 대칭을 이루고 있는 구덩이들과 행크가 땅속에서 파낸 멋진 검은색 뱀들을 보는 것을 재미있어했다. 그는 음악을 크게 틀어 놓았고, 이따금 휴대 전화로 걸려오는 전화에 대고 거칠게 화를 내며 상스러운 말을 큰소리로 했다. 그는 몸무게가 45킬로그램 정도 되는 탱크라는 이름의 핏불테리어를 키웠다. 탱크는 목줄을 하지 않은 채로 거리를 마구 돌아다녔다. 이웃들은 탱크가 전속력으로 자기를 향해 달려오는 것을 처음 보았을 때 모두들 '나는 이제 죽었구나.'라는 생각을 하지 않을 수가 없었다. 행크는 무려 석 달 동안이나 잔디를 깎지 않고 방치했고, 시에서 벌금을 부과했을 즈음에는 일반적인 잔디 깎는 기계로는 잔디를 말끔하게 깎는 것이 불가능한 상태였다.

솔직히 말해, 행크는 에디(이전에 살던 이웃—편집주)가 그 집을 팔고 위스콘신주로 이사했을 때 우리가 기도로 구했던 이웃과는 거리가 멀었다. 그러나 우리는 하나님이 특별한 계획이 있어서 행크를 우리의 이웃으로 보내주셨다고 믿었다. 이웃끼리 친하게 지내는 것이 우리가 알고 있는 복음의 핵심이다. 따라서 행크가 이사 왔을 때, 우리는 그에게 우리의 연락처를 알려주고 우리집 아이들과 개들을 소개하고는 그가 연락해 오기를 기다렸다.

그러나 그는 아무도 자신을 방해하지 못하도록 현관 초인종을 없애 버렸다.

우리는 행크를 위해 기도했다.

우리는 다른 이웃들이 행크의 은둔 생활을 우려하며 불친절하거나 미심쩍어하는 태도를 보일 때면 그들을 부드럽게 나무랐다.

처음 1년 동안은 마치 《앵무새 죽이기》라는 작품 속에서 이웃들의 오해와 편견에 휩싸인 신비의 인물로 묘사된 부 래들리의 맞은 편 집에 내가 살고 있는 것처럼 느껴졌다.

그러던 어느 날 탱크가 집을 나가서 돌아오지 않았다. 하루가 이틀이 되고, 이틀이 일주일이 되어도 녀석은 돌아오지 않았다. 외로운 한 남자가 그의 가장 친한 동반자인 개를 잃을 위기 앞에서 비로소 우리와 그 사이에 유대관계가 형성되기 시작했다. 우리는 도와주겠다고 말했고, 행크는 우리의 도움을 기꺼이 받아들였다. 우리는 네이버후드 리스트서브neighborhood listservs에 탱크에 관한 정보를 올렸고, 이웃들을 모아 행크를 돕게 했다. 열 살 된 내 딸아이는 매일 밤 탱크가 돌아오게 해달라고 울면서 기도하다가 잠들었다. 딸아이는 행크에게 자기가 기도하고 있다는 사실과 하나님의 신실하심에 관해 말했다.

탱크가 마침내 건강한 모습으로 안전하게 돌아오자 우리는 친구가 되었다. 우리는 개들을 데리고 함께 산책하기 시작했고, 곧 함께 밥을 먹었으며, 휴일을 우리집에서 보냈고, 삶을 공유했다. 우리는 행크가 혼자 살고 있고, 만성적인 우울증과 외상 후 스트레스 장애를 비롯해 주의력결핍 과잉행동 장애와 공황 장애를 앓고 있다는 것을 알게 되었다.

행크는 나와 아이들만큼이나 숲을 좋아했다. 겨울이 지나고 봄이 되면 우리는 둥지를 짓는 붉은 어깨 말똥가리, 울음소리를 내는 미국 두꺼비, 이동했다가 돌아오는 지빠귀, 파랑어치, 딱따구리, 방울새, 느릿느릿 걷는 상자 거북 등을 관찰해 기록했다. 행크는 우리집의 죽은 나무들을 잘라 장작을 만들어 쌓는 일을 도와주었다. 행크의 창고에는 누군가가 필요로 할지 모르는 작은 물건들(예를 들면, 밤 중에 달리기할 때 입는 반사광 조끼에 부착하는 작은 손전등이나 개줄에 개 가방을 매 달 때 쓰는 고리 따위)이 항상 비치되어 있었다.

행크의 태도는 일관되지 않았다. 우울증이 그를 그렇게 만들었다. 그는 때로 몇 주 계속 집안에만 틀어박혀 있기도 했다. 그럴 때면 우리는 도와주겠다고 문자를 보냈지만 아무 소용이 없었다. 그가 살아 있다는 증거는 분리수거를 하는 날에 도로 가장자리에 내놓는 쓰레기통이 유일했다.

———

이웃들이 행크의 집에 문제가 발생했다는 문자를 전원이 꺼진 내 휴대 전화로 보낼 무렵, 나는 행크를 위해 기도하는 중이었다.

나는 행크의 구원을 위해 기도하고 있었다.

바로 그때, 마약단속반을 뜻하는 "DEA"라는 문자가 적힌 오렌지색 셔츠를 입은 건장한 남자들이 우리집 뒤쪽에 모습을 드러냈다. 순찰차의 경광등이 고요한 어둠을 부자연스럽게 밝혔고, "범죄 현장"이라고 적힌 노란색 테이프가 여기저기 눈에 띄었다. 나는 시편 42편이 펼쳐진 성경책을 내려 놓고, 황급히 달려가서 켄트와 아이들을 깨웠다. 나는 휴대 전화를 집어 들고 전원을 켰다. "행크의 집에 무슨 일이 있나요? 당신의 집 건너편에 마약 제조 공장이 있다고 하네요."라는 문자가 보였다.

맞은편 집에 사는 성경을 믿는 보수적인 가족은 이런 중대한 위기의 순간에 무엇을 해야 할까? 우리는 이런 일을 어떻게 생각해야 할까? 우리는 어떻게 행동해야 할까?

문을 닫고 집안에 머물면서 자기 자신과 아이들에게 "악한 동무들은 선한 행실을 더럽힌다"(고전 15:33)는 말씀을 상기시키고, 언제라도 선량한 바리새인이 될 준비를 한 채로 우리가 악한 마약 중독자와 같지 않은 것을 하나님께 감사할 수도 있다.

집 주위에 우리 나름의 노란색 범죄 현장 테이프를 둘러치고, 우리는 그들과 달리 항상 좋은 선택을 하는 사람들이고, 그런 어리석은 일을 절대로 저지르지 않을 더 나은 사람들이라는 인상을 풍길 수도 있다.

우리는 "마약 제조 공장이 폭발해 내 딸아이 침실을 날려 버리면 어떻게 하지?"라고 생각하며 두려움에 떨 수도 있다(딸아이의 방은 그 집에서 가장 가까운 위치에 있다).

우리는 "어떻게 우리가 저런 마약 중독자를 친구로 받아들이고, 집안에 들였단 말인가?"라고 생각하며 우리 자신을 질책할 수도 있다.

그러나 예수님은 그렇게 하라고 우리를 부르신 것이 아니다.

우리집 앞마당에 이웃들이 모여들었다. 그곳은 이 엄청난 사건이 진행되는 것을 가장 가까이서 지켜볼 수 있는 장소였다. 나는 스크램블드 에그를 만들고, 커피를 한 주전자 끓이고, 성경책을 몇 권 내놓고서 이웃들을 집안으로 맞아들였다. 성경을 믿는 그리스도인이 아니면 누가 이런 비극적인 일을 구원의 기회로 바꾸어 놓을 수 있겠는가? 삶의 상황이 비참하게 보일 때 누가 하나님의 약속에서 희망을 발견할 수 있겠는가? 이웃의 죄가 아무리 크게 보이더라도 내 이웃의 죄가 아니라 나의 죄가 나를 파멸시킨다는 사실을 다른 누가 어찌 알겠는가?

전례 없는 위기의 때에 이웃들이 피할 수 있는 가정이 그리스도인 가정 외에 달리 또 어디에 있겠는가? 절망적이고, 두렵고, 상처받기 쉽고, 크게 실패했을 때 안전하게 거할 곳을 어디에서 또 찾을 수 있겠는가?

예수님께 희망과 도움과 구원의 목적과 구원의 은혜를 구해야 할 상황에서, 현실을 부정하지 않고 오히려 삶의 현실에 믿음을 적용하는 법을 우리 자녀들에게 달리 또 어떻게 가르칠 수 있겠는가? 만일 커튼을 닫고 매스컴에나 관심을 쏟으며 생각을 마비시키거나, 항상 그 사람이 나쁘다는 것을 알고 있었고 우리는 항상 좋은 선택을 한다면서 혼자 넋두리나 한다면, 우리 자녀들에게 무엇을 물려줄 수 있겠는가? 우리는 거짓으로 우리 자신을 속임으로써 위안을 얻으려고 한다. 그러나 그런 거짓을 믿는 사람은 우리 자신뿐이다.

나는 그날 해야 할 다른 일들이 있었지만 놀란 이웃들을 불러 모아 나의 친구 행크를 위해 기도하는 것보다 더 중요한 일은 아무것도 없었다.

우리집은 신속하게 24시간 위기관리센터로 전환되었다.

학교나 직장에 보고할 필요가 없는 이웃들(어린아이들과 노인들)은 온종일 우리집에 함께 머물렀다.

2

예수님의 역설

손 대접의 중요성

2009년 3월 5일, 버지니아주 페어팩스

입양할 새 양아들이 열여섯 번째 생일을 맞이하기 하루 전날이었다. 남편과 나는 곧 그를 만날 예정이었다.

우리는 익숙하면서도 낯선 갈림길에 서 있었다. 그것이 익숙한 이유는 이미 세 아이를 입양했을 뿐 아니라 그 가운데 하나인 딸아이도 십 대 때 처음 만났기에 어떤 일이 예상되는지 알았기 때문이다. 그리고 그것이 낯선 이유는 낙태를 반대하는 헌신적인 그리스도인으로서 모든 생명이 선물이자 신비이며, 하나님의 형상을 반영하고, 말로 다할 수 없는 가치를 지니고 있다는 것을 알지만, 그 가운데 일부는 벽에 난 구멍과 같은 형태를 띠기 때문이다.

우리가 아직 만나지 못한 양아들은, "치료를 위한 그룹 홈"이라 불리는 곳에서 생활하고 있었다. 그곳은 우리집에서 약 한 시간 정도 떨어진 곳에 있었다. 남편이 일을 마치고 돌아오자 우리는 메리(세 살)와 녹스(여섯 살)를 차에 태우고, 그곳으로 출발했다. 마치 벼랑 끝을 향해 가고 있는 듯한 느낌이었다. 그것은 가장 중요한 노력이자 가장 신성한 위험이요 내가 아는 한 하나님의 언약을 가장 선명하게 보여주는 일이었다.

우리는 안에 있는 사람들이 서로 아무런 혈연 관계가 없다는 점을 제외하고는 여느 집과 똑같이 생긴 집으로 들어갔다. 현관 앞에는 작은 사이즈부터 큰 사이즈까지 아이들의 신발이 가지런하게 정돈되어 있었다. 집안에 사람들이 가득하다는 증거였다. 그곳에 상주하는 사회복지사 가운데 한 명이 우리를 따뜻하게 맞아주었다. 우리는 곧장 식초와 솔 향기가 나는 방향제를 뿌린 거실로 안내되어 자리에 앉았다.

그곳의 모든 방에는 문이 없었다. 발목에 감시 장치를 착용한 아이들이 이곳저곳으로 움직이면 위층에서 경고음이 울렸다. 불협화음이 났고, 모든 움직임이 노출되었으며, 어디를 보아도 탈출구는 없었다.

집 밖으로의 외출은 아무에게도 허락되지 않았다.

모두가 항상 감시를 받았다.

아이들은 화장실 사용도 허락을 받아야 했다.

부엌에 붙어 있는 "규칙 목록"은 감당하기 벅찰 만큼 많은 내용을 담고 있었다. 모든 아이에게 깔끔하게 인쇄된 규칙 목록이 주어졌다. 모두 "다섯 시 반에 일어나 침대를 정리하고 약을 복용한다."
라는 식의 규칙들이었다. 규칙 목록은 부엌에서 복도까지 가득 나
붙어 있었다. 노란색 벽지는 샬롯 퍼킨스 길먼이 20세기 초에 발표
한 단편 소설《누런 벽지》에 등장하는 여주인공처럼 끝없는 실패나
정신병의 가능성을 예고하는 듯 보였다.

6천 단어로 쓰인 여성해방의 고전《누런 벽지》의 화자는 서서히
정신 이상 징후를 보이면서 자신의 정신적 붕괴의 원인을 벽지 탓
으로 돌린다. 벽지의 노란 페이즐리 무늬가 이 그룹 홈의 완벽주의
적 규칙 목록처럼 벽의 하단을 온통 뒤덮고 있었다. 아무튼, 그룹 홈
의 규칙 목록은 주 정부가 아이들을 위한 최선의 행동 규범이라고
생각하는 것을 목표로 제시하고 있었다. 목록에는 "아침 식사"라
는 항목 하에 각각의 아이에게 주어진 목표가 명시되어 있었고, 선
택 사안에는 친부모와의 재결합이나 입양이나 영구적인 위탁 보호
가 있었다. 그것은 이미 신뢰할 수 없는 존재임을 스스로 입증한 사
람들이나 미래의 전망이 의심스러운 낯선 사람들에게 의존해야 한
다는 의미와 다름없었다. 친부모와의 재결합이나 입양은 그처럼 큰
위험이 뒤따르는 일이었다. 따라서 십 대 아이들은 어느 쪽이든 선
택하기가 어려웠다. 그들은 내일 새로운 악몽이 시작될지 아니면
옛날의 악몽이 되풀이될지 알 수 없었기 때문에, 희망을 가질 수 없
었다.

나는 규칙 목록을 보고, 아이들이 그것들을 어떻게 성공적으로
지킬 수 있을지 이해하기 어려웠다. 어떤 사람도 그 규칙 목록을 온
전히 지키기가 불가능해 보였다. 창의력이 조금이라도 있는 아이라

면 그러한 과도한 통제 상태를 유지하기가 어려울 것 같은 느낌이 들었다.

그러나 그곳의 아이들은 로봇이 되어 있었다.

그들은 잠에서 깨고, 학업에 집중하고, 숙소로 돌아오는 지겨운 버스 안에서 차분함을 유지하고, 잠을 자기 위해 약을 복용했다.

그들은 깨진 희망, 불행한 과거, 지워 없애야 할 이름들과 기억들, 손가락 사이로 새어나가는 미래는 모두 잊고, 오직 수학 시간에 배운 것은 기억하기 위해 약을 복용했다.

나는 그 집과 그곳을 운영하는 위탁 부모를 좋아하고 싶었다.

그들 안에서 나를, 내 안에서 그들을 보고 싶었다.

그러나 그곳은 가정이 아니었다.

그곳은 감옥이었다.

그곳은 미국에서 가장 부유한 카운티 가운데 한 곳에 마련된 정부 직영의 가장 훌륭한 "치료를 위한 위탁 홈" 가운데 하나였다.

그 집을 운영하는 사회복지사들은 엄격한 규칙과 규칙적인 약물 투여의 필요성만을 강조했다. 우리 아들 녹스는 마이클을 위해 플라스틱으로 만들어진 황록색 트리케라톱스를 선물로 가져왔다. 그것은 우리가 키우는 샐리라는 골든 리트리버 때문에 한쪽 발이 잘려 나간 상태였다. 상처를 입은 플라스틱 공룡을 보는 순간, 문득 그 보호소 안에는 장난감이 없다는 사실을 알게 되었다. 저 혼자 굴러다니는 레고 조각이나 장난감 차 따위는 전혀 눈에 띄지 않았다. 잡동사니 물건이 어지럽게 널려 있는 흔적은 어디에도 없었다.

물론, 나도 규칙이 중요하다는 것을 알고 있다. 위탁 아동들이 우리집에 들어오는 순간, 한결같이 묻는 첫 번째 질문은 "규칙이 무엇인가요?"였다. 인간의 마음속에는 죄가 지배하고 있다. "내가 죄악 중에서 출생하였음이여 어머니가 죄 중에서 나를 잉태하였나이다"(시 51:5)라는 말씀대로, 우리는 모두 죄인으로 태어난다. 우리의 행동 방식, 심지어는 생존을 위한 행동 방식도 죄의 영향에서 자유롭지가 못하다.

그러나 그곳은 나를 불안하게 만들었다. 벽에는 퀼팅 기법을 이용해 파스텔 색조의 필기체 글씨로 "즐거운 우리집"이라는 어구가 새겨진 태피스트리가 걸려 있었다. 여러 방들에는 철저히 약물에 의해 관리되며 주 정부의 보호를 받는 아이들이 있었다. 그들은 화장실에 다녀오는 것조차도 허락을 받아야 했다.

물론 내 생각이 틀렸을 수도 있다.

많은 위탁 부모가 "나는 이보다 더 잘할 수 있어. 내 사랑은 이보다 더 커. 나는 이 아이를 구원할 수 있어."라고 자신 있게 생각할 것이 틀림없다.

그러나 나는 그렇게 생각하지 않는다.

나는 내 힘으로는 아무도 구원할 수 없다는 것을 안다. 오직 예수님만이 구원하실 수 있다. 내가 할 수 있는 일은 그저 예정된 장소에 나타나는 것뿐이다.

우리는 예정된 장소에 나타나야 한다.

지금 예정된 장소에 나타나서 이 집을 보니 소름이 끼쳤다.

나는 무언가 위협을 느낄 때면 머릿속에 숫자를 떠올린다. 나는 지금 위탁 보호를 받다가 나이가 들어 독립하는 7천 명의 십 대 청소년들(그들은 종종 감방에 가거나 노숙자로 전락하거나 목숨을 잃는다)을 생각한다. 또한 여전히 전국적으로 위탁 보호를 받으며 악몽이 끝나기를 기다리는 105,000명의 아이들에 대해 생각한다. 나는 나의 사회적 계급과 다수 인종이라는 인종적 특권을 지닌 채 이 집에 앉아 있다. 나는 잃어버린 전 인류를 위해 기도한다는 것이 무슨 의미인지 잘 안다. 죄인 중의 괴수로서 나는 하나님이 나를 변화시켜 모든 사람에게 착한 일을 하고, 뭇 사람을 공경하고 사랑할 수 있게 해주시기를 간구한다(갈 6:10; 벧전 2:17).

존스 부인이 마이클을 우리에게로 데려왔다. 그때 나는 지금껏 내가 본 가장 아름다운 아이 중 하나를 보았다. 마이클은 팔다리가 길었고, 키는 나보다 컸다. 캐러멜 사탕과 같은 색깔의 얼굴에는 여드름이 나 있었고, 머리는 길고 둥근 곱슬머리였으며, 눈은 은은한 갈색이었다. 아이는 두려운 기색이 역력했다. 그는 나를 바로 지나쳐 녹스와 메리에게 시선을 고정했다. 그는 그들의 눈높이에 맞게 바닥에 앉았다. 잠시 정적이 감돌다가 갑자기 그의 얼굴이 기쁨으로 환하게 빛났다. 메리가 그를 꼭 안아주었고, 녹스가 그에게 발이 잘린 황록색 공룡을 주었다. 우리가 모두 낯선 사람이었다는 사실만 제외하면 마치 가족들의 재회가 이루어지는 것처럼 보였다.

마이클은 벌떡 일어나더니 감독관에게 자기 방에 가서 가족사진을 가져오게 해달라고 간곡히 부탁했다. 그는 쉴 새 없이 말하면서 제자리에서 빙글빙글 돌았다. 녹스에게 자기 가족들과 형제들을 꼭 보여주고 싶었던 것이 분명했다. 그는 기계처럼 몸을 빙빙 돌리며 애원했고, 마침내 존스 부인은 그의 요청을 들어주었다.

마이클은 잠시 후 손으로 무언가를 소중하게 감싼 채 돌아왔다. 땀에 젖은 손때와 눈물로 얼룩진 한 장의 폴라로이드 사진이었다. 사진의 귀퉁이가 다 말려 올라가 있었다. 마이클이 또 다른 세상에서 또 다른 인생을 살았고, 과거의 세상에서 다 끝내지 못한 일로 인해 무척이나 마음고생이 심했다는 사실을 보여주는 유일한 증거였다. 물론 좋은 추억도 있었을 것이다. 그들은 그의 이름을 부르며 그와 함께 그 사진 속에 나란히 서 있었다. 사진 속의 마이클은 어린 소년의 모습으로 있었다. 그는 그 폴라로이드 사진 속의 세상으로 다시 돌아갈 수 없지만, 그 세상이 없었다면 현재의 세상 안에 존재할 수 없었다. 위탁 보호를 받고 자란 아이들 가운데 내가 아는 모든 아이가 다 그런 사진을 소유하고 있다.

마이클은 그 사진을 나와 남편에게 아주 짧은 순간 보여주고 나서 양손을 컵 모양으로 만들어 그것을 감싼 채로 아이들과 함께 다시 바닥에 앉았다. 그는 폴라로이드 사진을 손에 든 상태로는 더 이상 몸을 빙글빙글 돌리지 않았고, 그 대신 무겁고 긴 한숨을 토해냈다.

녹스와 메리는 그 순간이 신성한 순간이라는 것을 의식했다. 녀석들은 마이클이 손으로 감싼 보물을 보여주기를 기다렸다. 그들은 그가 방금 잡은 두꺼비를 보여주거나 초콜릿 과자를 내어주기를 기대하고 있었다.

두꺼비도 없고 초콜릿 과자도 없는 것으로 드러나자 녀석들은 실망하는 기색을 보이지 않으려고 안간힘을 쓰는 것처럼 보였다. 물론 그들은 사진 속에 있는 세 어린아이를 어떻게 이해해야 할지 알지 못했다. 한 아이는 덥수룩한 곱슬머리를 하고 있었고, 다른 한 아이는 앞니가 없었다. 그리고 가장 작은 아이는 멍한 표정으로 먼 곳을 바라보고 있었는데, 녹스가 카메라의 불빛이 터질 때마다 짓는 표정과 같았다. 먼 곳을 바라보는 아이는 "토머스와 친구들" 티셔츠를 입고, 체크무늬의 붉은색 나비넥타이를 맨 채 베이지색 곰 인형을 들고 있었다. 사진 속의 아이는 방에 있는 두 소년과 놀라울 정도로 닮았다. 하나는 내가 6년 동안 키운 아들이고, 다른 하나는 만난 지 불과 몇 분밖에 안 되는 아들이었다. 그 순간부터 나는 나이가 십 년이나 차이 나는 쌍둥이 아들을 두게 된 셈이었다.

마이클은 "얘는 내 동생 아론이야."라고 말했다.

그러자 녹스는 "얘는 나야. 그런데 나는 저 토머스 티셔츠가 없어."라고 말했다.

그 말에는 "네 형제는 이제 나야. 내가 너의 형제야. 너는 나의 형제야. 얘는 나야."라는 의미가 담겨 있었다.

멀리서 들려 오는 희미한 경보음, 곧 한 아이가 화장실에 가기 위해 방을 나서는 것조차도 허락을 받아야 하는 부당한 통제의 소리를 배경으로, 가족 언약의 신비가 그곳에서 장엄한 기적처럼 펼쳐지고 있었다.

오랫동안 자녀들을 키워오면서 안아주고, 위로하고, 먹이고, 돌보고, 말을 들어주고, 기도를 해주었지만 그러한 경험 때문에 내가 그 순간을 위해 준비된 것은 아니다. 온갖 오해를 받고 분노와 두려움을 느끼며 살아온 한 십 대 소년을 보는 순간, 나의 모성애가 한껏 발현되었다. 그 이유는 나도 알 수 없고, 또 자녀양육을 다룬 그 어떤 책에서도 발견하기 어려웠다. 나는 그들에게 즉시 사랑을 느꼈다. 자녀양육을 다룬 책이나 경험 많은 부모와의 대화나 그 어떤 삶의 경험도 갓 만난 나의 아들, 곧 나보다 키가 30센티미터 더 크고, 깡마른 어색한 모습을 한 용기 있는 한 소년을 처음 보는 순간에 즉시 사랑을 느끼게 된 이유를 설명할 수는 없었다.

위탁 보호를 받는 십 대 청소년들은 자신이 버림을 받았다는 느낌을 받는다. 그들은 나병환자와 같은 심정을 느낀다고 말한다. 그들에게는 대언자이신 예수님이 필요하다. 그들은 종종 낙인이 찍힌 듯한 수치심을 느끼고, 모두가 배척하는 외부인 같은 느낌으로 살아간다. 심지어 보호 체계의 규칙들조차도 그들을 적대시하는 것처럼 보인다. 그들은 은혜가 필요하고, 우리도 은혜, 곧 전염성이 있는 은혜contagious grace가 필요하다.

————

예수님이 세상에 계실 때 가장 무서운 전염병은 나병이었다. 그 병은 불결하고, 치명적인 불치의 질병이었을 뿐 아니라 제멋대로 거침없이 확산되는 전염성까지 지녔다. 그 병은 사랑하는 가족을 사회적 추방자로 전락시켰다. 프랑켄슈타인이 만든 괴물처럼 나병환자의 피부는 힘줄과 근육을 감싸지 못하고 여기저기 고름이 터져 나오면서 하루아침에 사랑스러운 가족에서 혐오스러운 존재가 되어 버린다. 나병환자들은 도덕적, 사회적으로 배척과 멸시를 받아 격리된 채 두려움에 사로잡혀 살았다. 그들은 자기들끼리 모여 고통에 시달리며 살면서 모든 희망을 잃은 채 죽기만을 기다렸다. 나병은 체포와 추방이 가능했던 법정 전염병이었다. 율법의 의식법은 나병환자를 도덕적, 육체적으로 불결하게 여겼다. 나병은 전염성이 있는 피부 질환 이상의 의미를 지녔다. 나병에 걸린 사람은 건강한 공동체의 일원이 될 수 없었고, 예배에 참여할 수도 없었다. 이처럼 예수님 당시에 나병은 원죄의 물리적 현현이자 혐오스러운 징후였다. 그것은 특별한 죄 때문에 발생한 것이 아니었다. 그것은 우리가 지닌 죄의 본성, 우리 내면에 장착된 시한폭탄을 가리켰다. 해결책은 나병환자를 격리하고, 아직 건강한 사람들을 보호하는 것뿐이었다. 레위기 13-14장은 나병의 전염을 억제하고, 치료된 나병환자를 공동체 안으로 회복하는 방법에 대해 상세하게 이야기한다. 이 질병은 사랑하는 아버지나 어머니를 하루아침에 멸시받는 추방자로 전락시킬 수 있었다. 함께 어울리고 부대끼며 존중받으며 살다가도 한순간에 쓰레기와 같은 처지가 될 수 있었다.

나병은 비유가 아니었다.

그것은 빗물 같은 엄연한 현실이었다.

하나님이 자기 아들, 곧 온전한 하나님이자 온전한 사람이신 예수님을 세상에 보내셨을 때 두 가지 놀라운 일이 일어났다.

누가복음 5장에는 "온 몸에 나병 들린 사람"이 예수님을 찾아온 이야기가 기록되어 있다. 그 이야기에서 예수님이 나병환자들 거주지를 방문하지 않으셨다. 그분은 사회적으로 추방된 그들을 찾아가지 않으셨다. 오히려 그 가운데 한 사람이 예수님을 찾아왔다. 그는 나병환자 거주지를 떠나(이것은 모든 사람을 위험에 빠뜨리는 불법적인 행동이다) 곧장 예수님께 나와 엎드려 간구했다. "주여 원하시면 나를 깨끗하게 하실 수 있나이다"(눅 5:12). 나병환자들이 모여 있는 지역을 떠나 마을 한복판에 모습을 드러내는 일은 산을 옮길 만한 믿음과 용기, 곧 선지자적인 믿음과 용기가 필요했다. 그것은 자기의 문화와 자기의 동료들과 정해진 장소가 주는 안전함을 뒤로 한 채 예수님께 나오는 일이었다. 아마도 예수님께 나오는 동안 그의 머릿속에는 '너는 네 자신은 물론, 다른 사람들에게 위험한 존재다. 너는 지금 율법을 어기고 있다. 너는 네가 사랑하는 사람들을 해칠지도 모른다.'라며 스스로를 질책하는 생각이 가득했을지도 모른다. 그러나 그가 예수님을 "주"로 일컬은 것으로 보아, 그의 행동은 믿음에 의한 것임을 알 수 있다. 그가 사용한 칭호인 "주"는 성경에서 오직 신실한 신자들만 사용했던 칭호이다. 예수님을 믿는 믿음이 나병환자로 하여금 상상할 수 없는 행동을 하게 만들었다. 그는 체포당할 위험을 무릅썼다. 그는 공중 보건을 위태롭게 하고, 다른 사람들을 감염시킬 위험과 군중에게서 쫓겨나 다시금 자신이 처한 냉엄한 현실 (자신은 그리스도 외에는 어떤 희망도 가질 수 없는, 온전하지 못한 인간이라는 것)로 되돌아가야 할 위험을 기꺼이 감수했다.

그는 하나님의 형상을 나타내는 면에서 우리보다 더 나았다.

그는 자신이 온전하지 못하다는 것을 알았다.

그는 자신에게 필요한 것이 단지 사회적 신분의 향상이 아닌 예수님이라는 것을 알았다.

예수님은 누가 봐도 제정신이 아닌 듯한 행동을 하셨다.

그 실병이 그 환자의 몸을 상하게 한 이후로 그 누구도 그 사람을 만진 적이 없을 것이다. 그런데 예수님은 그 사람에게 손을 갖다 대셨다. 하나님의 아들께서, 처음에 하얀 발진이 생겨난 순간에 운명이 결정되어 버린 그 사람의 몸을 만지셨다.

"예수께서 손을 내밀어 그에게 대시며 이르시되 내가 원하노니 깨끗함을 받으라 하신대"(눅 5:13).

그 한 번의 만짐이 그 사람을 변화시켰다. 그러나 그 만짐은 더 큰 의미를 지녔다. 그것은 세상을 변화시켰다.

예수님은 나병환자를 만지면서 기존에 없었던 은혜를 새로 만들어 내지 않으셨다. 그것은 항상 존재해 온 성부 하나님의 은혜였다. 우리는 구약성경 곳곳에서 성부 하나님의 은혜를 확인할 수 있다. 심지어는 하나님의 은혜로 나병이 치유된 사실도 나온다. 나병환자였던 수리아의 군대 장관 나아만은 이스라엘 땅에 병을 고치는 기적을 행하는 선지자가 있다는 히브리 여종의 말을 듣고 엘리사를 찾아와 나음을 얻었다(왕하 5:1-14). 예수님은 누가복음 4장 27절에서 "또 선지자 엘리사 때에 이스라엘에 많은 나병환자가 있었으되 그 중의 한 사람도 깨끗함을 얻지 못하고 오직 수리아 사람 나아만뿐이었느니라"라고 말씀하셨다. 나는 엘리사가 그 무명의 히브리 여종 때문에 나아만을 치료해준 것이 아닌가 생각한다. 그녀의 믿음은 강력했고, 주인의 나병보다 전염성이 더 강했다. 그녀의 믿음 때문에 엘리사는 전에 한 번도 하지 않았던 기적을 일으켰다. 그녀의 믿음은 참믿음이 무엇인지를 여실히 보여준다. 참믿음이란 아직 이루어지지 않은 하나님의 약속을 굳게 확신하는 것을 의미한다.

치유와 구원이 하나님의 손에서 나올 때 그것이 무엇을 의미하는지 아는 것은 중요하다.

예수님이 무엇을 행하셨는지 볼 줄 아는 눈을 갖는 것이 중요하다.

예수님이 무엇을 행하지 않으셨는지 아는 것도 또한 중요하다.

예수님은 나병환자에게 하나님이 그의 모습 그대로를 사랑하고 인정하신다고 말씀하지 않으셨다. 예수님은 나병이 사회 구성원들의 생각에 근거하는 '사회 구성상의 문제'(객관적 현실로는 존재하지 않으나 사람들의 상호작용의 결과로 존재하는 것, 말하자면 사람들이 그것이 존재한다고 합의했기에 존재하는 것─편집주)라거나 지금은 '은혜'의 시대이므로 '율법'은 더 이상 구속력을 갖지 않는다고 말씀하지 않으셨다. 그분은 나병환자에게 자긍심을 좀 더 크게 가지라고 권유하지도 않으셨고, 나병환자들을 불합리하게 금기시한(나병공포증) 믿음의 공동체를 꾸짖지도 않으셨다. 문제는 전염성이었다. 전염성은 사회 구성상의 문제가 아니다. 전염성은 실제로 위험했다.

예수님은 세상에 계시는 동안 상처받은 사람들과 접촉하는 것을 겁내지 않으셨다.

그분은 사람들을 가까이하셨다.

그분은 텅 빈 사람들을 만나 충만하게 채워서 보내셨다.

예수님은 모든 것을 완전히 거꾸로 뒤집어 놓으셨다.

이것이 예수님의 역설이다. 예수님의 만짐을 통해 은혜가 전염되어 사람들이 믿고, 회개하고, 돌이켜 순종하는 역사가 일어난다. 은혜의 전염성 덕분에 신자들은 자기를 미워하는 사람들을 사랑하고, 기도하고, 섬기고, 자신을 희생함으로써 무명의 히브리 여종처럼 다른 사람들에게 하나님이 살아 계셔서 도움을 구하는 사람들을 구원하신다는 사실을 일깨워준다.

예수님의 만짐을 통해 은혜가 전염될 수 있는 이유는, 하나님의 아들께서 하나님의 율법을 온전히 이루셨을 뿐 아니라, 스스로를 구원할 수 없는 죄인에 불과한 자기 백성을 긍휼히 여기시기 때문이다. 원죄는 지정의를 왜곡시킨다. 자범죄는 우리의 주의를 흐트러뜨린다. 우리 안에 내재하는 죄는 우리를 마음대로 조종하려 한다. 그런데 예수님은 원죄, 자범죄, 내재하는 죄의 영향을 전혀 받지 않으셨다. 예수님은 우리가 종종 그러는 것과는 달리 사탄이 조종하는 줄에 매달린 꼭두각시가 아니셨다. 예수님은 십자가의 죽음으로 율법을 온전히 이루시고, 자신의 능력으로 다시 살아나사 하나님의 오른편에 앉으신 후에 자기 백성에게 그들을 속박하는 죄를 극복할 능력을 주셨다. 그분은 자신의 피로 우리의 죄를 씻어주시고, 말씀으로 우리를 가르치고 치유하시며, 성령을 보내 죄를 깨닫고 회개하게 하시고, 자신이 베푸는 구원의 사랑이 바위처럼 견고하다는 확신으로 우리를 위로하신다. 그분은 또한 우리가 전능하신 하나님의 양자가 되어 기업을 상속받게 하신다.

그러나 예수님은 우리가 작고 고립된 은혜의 대리인이 되어 우리 "임의대로의 친절"을 베풀며 살도록 놔두지 않으셨다. 그분은 우리에게 자신의 신부인 교회를 허락하셨다. 믿는 자는 교회에 등록함으로써 멤버십 언약을 맺고, 한 가족이 되고, 세상으로부터 구별되어 세상 안에서 선교 사역을 행하고, 그리스도 안에서 형제자매가 된 사람들을 일상에서 돌보며, 필요할 때마다 교훈과 책망을 받고, 권징을 행하는 목회자와 장로들을 지원하며, 하나님의 가족처럼 행동하고, 아직 하나님의 귀한 은혜를 알지 못하는 사람들을 우리의 가정과 가족과 교회로 인도하는 일을 실천하도록 부르심을 받는다.

예수님의 역설(Jesus paradox)은 특히 오늘날과 같은 포스트크리스천 세상에서 우리와 같은 평범한 사람들을 통해 전달되는 전염성 있는 은혜가 절실히 필요하다는 사실을 분명하게 일깨워준다.

그렇다면 그리스도인인 우리는 어떻게 하면 전염성 있는 은혜 안에서 살 수 있을까?

그런 은혜가 행해지는 현장을 보려면 요한복음을 펼쳐 예수님이 행하신 첫 번째 기적(가나의 혼인 잔치에서 물로 포도주를 만드신 기적)을 살펴봐야 한다. 예수님은 급진적이고, 부인할 수 없는 손 대접 행위를 통해 전염성 있는 은혜를 전하는 방법을 친히 보여주셨다. 그로 인해 하찮은 작은 마을에서 벌어진 평범한 결혼식이 우리를 텅 빈 상태에서 충만한 상태로 변화시키는 기적의 현장이 되었다.[1] 당시에 마리아가 "너희에게 무슨 말씀을 하시든지 그대로 하라"(요 2:5)고 말한 대로 우리가 행한다면, "전염성 있는 은혜" 곧 주변부에 있는 사람들을 중앙으로 옮겨주는 은혜, 미래를 두려워하지 말라고 명령하는 은혜, 예수님이 주님인 한 우리를 겸손하게 만드는 것이 우리를 해칠 수 없다는 것을 보여주는 은혜가 우리의 것이 된다.

간단하지 않은가? 그러나 사실은 그렇지가 않다. 우리는 하나님이 요구하시는 내면에서 우러나는 순종을 행할 의지를 스스로 만들어 낼 수 없다. 우리는 은혜를 받고 우리의 십자가를 짊어지기 전에는 순종할 수 없다. 속되고 그릇된 우리의 정체성과 우상들을 우리의 목숨과 함께 버릴 각오가 되어 있지 않으면 순종할 수 없다. 복음은 우리가 한때 사랑했던 것들을 버리는 것과 함께 온다는 사실을 깨달아야만 비로소 순종할 수 있다. 우리는 자아에 대해 죽을 때 비로소 순종할 수 있는 자유를 발견한다. 수잔 헌트는 "하나님의 은혜가 우리를 반역자에서 구속받은 자로 변화시킬 때, 우리는 하나님의 성령을 통해 순종할 수 있는 능력을 받는다. 우리는 마음을 새롭게 함으로 변화를 받아(롬 12:2) 그리스도의 형상을 닮게 된다(고후 3:18). 즐거운 순종은 우리가 예수님을 사랑한다는 증거다(요 14:15)." 라고 말했다.[2]

하나님의 구원의 은혜를 받으면 우리도 그렇게 할 수 있을까? 우리는 베푸는 것이 상처가 될 때까지 베풀 수 있을까? 그렇다. 하나님이 우리가 강하다고 말씀하시기 때문이다. "청년들아 내가 너희에게 쓴 것은 너희가 강하고 하나님의 말씀이 너희 안에 거하시며 너희가 흉악한 자를 이기었음이라"(요일 2:14). 우리는 우리가 생각하는 것보다 더 강하다. 심지어 죄와 싸울 때도 하나님은 자기의 자녀인 우리가 강하다고 말씀하신다.

예수님께 대한 순종(이것은 자아에 대한 죽음이요, 육신의 정욕에도 불구하고 그분이 원하시는 일을 하는 것이다.)은 자유를 가져다준다. 그래서 버림받고 멸시받는 사람을 보면 우리도 한때는 그런 사람이었다는 것을 기억하고 안타깝게 여겨 양팔을 활짝 벌려 환영하고 빵과 고기를 나눠줄 수 있게 된다. 이것은 예수님이 이 땅에 계실 때도 그러했고, 기독교 신앙을 무시하거나 멸시할 뿐 아니라 기독교적 가치가 참된 동정심과 관심과 다양성을 해친다고 생각하는 오늘날의 포스트크리스천 세상에서도 여전히 마찬가지다.

급진적으로 일상적인 손 대접이란 무엇인가

급진적으로 일상적인 손 대접이란 매일같이 우리의 가정을 활용해 낯선 사람을 이웃으로, 이웃을 하나님의 가족으로 만드는 것을 말한다. 이러한 손 대접은 하나님을 영화롭게 하고, 다른 사람들을 섬기며, 말과 행동으로 복음을 실천한다. 만일 주거 공간을 그런 식으로 활용하는 것이 불가능할 때는 그런 일을 하는 다른 교인들을 도우면 된다. 급진적으로 일상적인 손 대접의 목적은 사람들을 성경을 믿는 지역 교회로 인도하고, 우리가 아는 모든 사람에게 이 땅의 유익과 영적인 유익을 베풂으로써, 하나님의 가족을 형성하고, 신앙이 깊어지게 하고, 견고하게 하는 것이다.

기독교 가정들이 가정을 개방하여 손 대접을 실천하면, 그리스도께서 우리의 몸과 우리의 가족과 우리의 세계에 어떤 일을 하고 계시는지 주변 세상에 투명하게 보여줄 수 있게 된다. 우리가 하나님의 가족과 매일 유기적이고 개방적이고 공동체적인 방식으로 함께 모이면서 그리스도를 알지 못하는 사람들을 그 모임에 초대할 때, 우리는 서로의 고난에 동참한다. 우리는 서로의 짐을 나누어 진다. 우리는 열정적인 기도 소리를 세상 사람들에게 들려줄 수 있다(열정적인 기도란 우리가 그리스도의 공로를 통해 하나님과 올바른 관계를 맺고 있고, 또 그분이 우리의 일상적인 필요에 관심을 기울이신다는 확신 가운데 그분과 대화를 나누는 것을 의미한다). 개방된 기독교 가정들을 통해, 구원받지 못한 우리 이웃들은 우리가 우리 자신의 죄와 날마다 싸우는 모습을 볼 수 있다.

우리를 신뢰하지 않는 세상 사람들에게 참된 기독교적 증언을 나타내 보이려면, 우리는 우리 자신의 실제 모습을 투명하게 드러내며 손 대접을 해야 한다. 신앙생활은 십자가를 짊어지는 삶이다. 하나님의 말씀은 거룩한 삶을 살라고 요구하고, 또 그렇게 살 수 있는 능력을 준다. 우리의 모든 이웃들은 우리가 세상과는 다른 방식으로 살고 있다는 것을 알아야 한다. 우리가 은혜의 수단을 활용하며 등록 교인으로서 교회의 권위에 순종하며 살아갈 때, 그들은 그것을 알아차릴 것이다. 따라서 우리는 항상 손 대접을 실천해야 한다.

첫째, 다른 사람들에게 다르게 살라고 요구하려면 우리가 먼저 하나님과 교회의 권위에 순종해야 한다. 즉, 우리는 성경을 믿는 교회의 등록 교인으로서 교회 언약에 따라 십일조 헌금을 하며, 필요할 때마다 기꺼이 교훈과 책망을 받으며, 기꺼이 가르침 받고자 하는 자세를 견지해야 한다. 우리가 그렇게 살지 않으면서 이웃들에게 변화된 삶을 살라고 말하는 것은 있을 수 없는 일이다.

둘째, 우리의 이웃이 어떤 사람들이고, 그들이 어떤 어려움을 겪고 있는지를 알기 위해 힘껏 노력해야 한다. 우리는 이웃들을 존중하며 도움의 손길을 내밀어야 한다. 그리스도인들은 이 점을 오해할 때가 많다. 그들은 종종 "이웃이 하는 모든 일을 내가 다 용인한다는 그릇된 생각을 부추기지 않으면서 그들을 사랑하려면 어떻게 해야 하나요?"라고 묻는다. 우선 기억해야 할 것은 잘못된 질문에 대해서는 좋은 대답을 제시할 수 없다는 것이다. 다른 사람들이 하는 일을 모두 다 용납할 사람은 아무도 없다. 그것은 올바른 질문이 아니다. 그보다는 "이기적인 욕구에 휘둘리지 않고 하나님의 권위에 순종하며 살고 있는 나의 모습을 보고 이웃들이 자기들의 비밀을 내게 알려주어도 안전하리라고 생각하게 하려면 어떻게 해야 할까요?"라는 질문이 더 낫다. 이 질문에 대한 대답은 간단하다. 죄인들을 사랑하고, 당신 자신의 죄는 미워하라는 것이다. 예수님은 "너희 속에 소금을 두고 서로 화목하라"(막 9:50)고 말씀하셨다.

급진적으로 일상적인 손 대접은 자유주의 교회의 사회 복음이나 비기독교 자선 단체의 활동과 유사해 보일 수 있다. 즉, 우리는 사람들과 가까이 어울리고, 가난한 자들을 먹이고 입히며, 사람들을 있는 그대로 받아들이고, 육체적 필요를 보살피며, 각 사람의 존엄성 회복을 위해 노력한다. 그러나 한 가지 큰 차이가 있다. 성경적인 그리스도인들이 행하는 급진적으로 일상적인 손 대접은, 고통 가운데 있는 사람들을 하나님의 형상을 지닌 존재로 간주하며 그들에게 회개, 믿음, 교회 안의 언약적 가족이 필요하다는 것을 직시한다. 성경을 믿는 그리스도인들은 한차례 수염을 깎아주고, 한 끼 식사를 제공하는 것만으로 사람들에게 궁극적인 도움을 베풀 수 있다거나 인간의 부패한 본성을 치유하는 속죄를 이룰 수 있다고 믿지 않는다.

소외 계층의 사람들은 우주의 하나님이 부여하신 존엄성을 지니고 있을 뿐 아니라 아담의 죄를 물려받은 상태에 있다. 말과 행동으로 복음을 전하려면, 우리 모두가 죄로 인한 파괴와 불의와 가난과 고통뿐 아니라 지옥의 형벌을 받아 마땅한 죄인이라는 사실을 인정하고, 오직 자기 백성의 죄를 속량하기 위해 쏟으신 그리스도의 피와 그분을 죽은 자 가운데서 다시 살리신 하나님의 능력(이 능력은 성경의 권위에 순종하는 모든 사람에게 주어진다)으로 구원받는다는 사실을 인정해야 한다. 그리스도인들이 함께 연대해서 기독교 가정을 통해 사람들 옆으로 교회를 가져간다.

기독교적 손 대접은 식탁 교제를 가로막는 통상의 경계선을 허문다. 나의 대학원 시절에 학생들은 모두 문화 인류학자 메리 더글러스의 책들을 탐독했다. 그녀의 《순수와 위험》*Purity and Danger*은 내부인과 외부인, 소속과 배척을 비롯해 가정의 경계선과 습관 habitus(우리의 마음과 가정과 공동체를 구성하는 규범, 성향, 능력, 성질)에 관한 나의 사고 형성에 많은 영향을 미쳤다.[3]

더글라스의 에세이 "식사 판독Deciphering a Meal"은 혼란스럽고 끔찍했던 1980년대와 90년대, 곧 에이즈가 "동성애자의 암"으로 불리고, 동성애자들이 그 질병을 옮기는 매개체로 간주되던 시절에 그들을 하나로 결속시키는 급진적인 손 대접을 크게 독려했다.[4] 더글라스는 식사가 어떻게 서로 다른 문화적 규범을 공유하는 사람들 사이에 경계선을 설정하고, 음식 규정이 "사회 구성체"를 어떻게 단속하는지 설명했다. 나는 그 글을 항상 좋아했다. 그러나 그리스도인이 되고 나서 몇 년 지나지 않아서 이미 "정체성 정치학"이 사람들을 어떻게 분열시키는지를 이해할 수 있었다. 동일한 정체성에 의존하는 식탁 교제는 인간의 본질personhood에 관한 그릇된 이해에 근거한다.

하나님이 우리의 정체성을 선언하신다. 우리는 거룩하신 하나님의 형상을 보유한 인간으로서 영원불멸의 영혼과 남녀로 구분된 육체를 지니고 있다. 믿음과 회개를 통해 예수님께 소망을 둔 사람들은 예수님의 재림 후에 새 예루살렘에서 새 몸을 얻어 영화롭게 될 것이다. 그와는 달리 정체성 정치학에서는 사회적 자아가 가장 중요하고, 개인은 정치 단체의 구성원으로서의 의미가 사적인 시민으로서의 의미에 우선한다.[5] 기독교적 세계관은 손 대접에 관한 나의 사고에 혁명적 영향을 미쳤다. 교회의 권징과 관련된 것 외에(이것은 중요한 예외다. 나는 이 문제를 6장에서 좀 더 자세히 다룰 생각이다.) 다른 임의의 이유를 내세워 사람들을 식탁 교제에서 배제하는 것은 파괴적이고 적대적이다. 그런 일은 믿음을 말살하고, 신자들을 낙심시킨다. 그 것은 성경의 메시지(하나님의 백성도 한때는 낯선 나그네였다는 메시지)와 상 충된다. 우리는 그런 행동이 어떤 상처를 주는지 익히 알고 있다.

식탁 교제가 내게 일상적인 일이 되었기 때문에, 나는 요즘 메리 더글라스에 대해 많이 생각한다.

남편과 내가 매일 일상적으로 손 대접을 베푸는 이유는 그렇게 하는 것이 당연한 일이기 때문이다. 우리는 외로움이 무엇인지 알고 있다. 주일에는 우리가 하나님의 가족이라는 말을 듣고, 주중에는 마치 빵을 구걸하는 고아처럼 절름거리며 걷는 것은 큰 모순이다. 만성적인 외로움은 사람들을 죽일 수 있고, 그들의 믿음과 소망을 파괴할 수 있다. 우리는 독신을 향한 고귀한 부르심조차도 집을 개방하여 저녁마다 음식을 나눠 먹으며, 성경을 읽고, 기도하는 공동체적인 삶을 가능한 한 더 많이 살라는 의미로 받아들인다. 금식이라는 믿음의 훈련도 교제의 식사와 기도가 필요할 때는 중단하는 것이 최선이다. 우리는 그리스도의 피가 물보다 더 진하다고 믿는다. 교인들과 이웃들을 불러 모아 매일 손 대접을 베푸는 것이 곧 매일의 은혜다.

우리는 급진적으로 일상적인 손 대접이 한 손에는 성경을 들고

기꺼이 돕고자 하는 마음으로 행하는 방법을 알고 있는 하나님의
가족에게 의존한다고 믿는다. 그리고 우리가 그렇게 믿는 이유는
급진적으로 일상적인 손 대접의 목적이 낯선 사람의 손을 이끌어
그리스도의 손을 붙잡게 하고, 적대적인 세상들을 서로 연결함으로
써 하나님의 가족을 늘리는 것이기 때문이다.

우리는 동네에서 보수적인 그리스도인으로 잘 알려져 있다. 우리
는 외부에서 볼 때 기독교 공동체처럼 보이게 집을 운영하고 있다.
우리는 이것이 지나치다고 생각하지 않으며, 오히려 성경적 관점에
서 "정상"이라고 믿는다. 그리스도인들은 하나님 안의 한 가족으로
살면서 음식과 기도로 낯선 사람들과 이웃들을 교제권 안으로 불러
들여 아직 주님을 모르는 사람들에게는 하나님의 은혜가 부어지고,
주님을 아는 사람들은 격려받고 힘을 얻기를 추구해야 한다. 우리
가 서로 협력해야 하는 이유는 마땅히 그래야 하기 때문이다. 그리
스도인들은 미국 서부영화에 나오는 고독한 총잡이가 아니다.

물론, 매일 손 대접을 베푸는 것은 많은 비용과 불편을 초래한다.
또한 세상 지위보다 교인들과 이웃들에게 더 많은 관심을 쏟아야
한다. 그러나 매달 식료품비 청구서를 확인할 때면, 우리를 겸손하
게 만드는 것은 우리에게 해를 끼칠 수 없지만 우리를 교만으로 부
풀게 하는 것이 우리를 해롭게 한다는 것을 새롭게 깨닫곤 한다.

급진적으로 일상적인 손 대접을 베푸는 삶을 살려면 다른 사람들
과의 관계가 우리의 말만큼 강해야 한다. 이 균형이 무너지면 안 된
다. 말만 강하고 관계가 약한 것은 강포함이다. 그것은 소셜 미디어
시대의 강포한 무관심을 반영하는 것에 지나지 않는다. 그런 식의

대화는 도움이 안 된다. 하나님의 형상을 지닌 사람들은 그런 식으로 관계를 맺어서는 안 된다. 급진적으로 일상적인 손 대접은 관계를 맺고, 다리를 이어주고, 과거의 죄를 회개하고, 서로 화목하는 일에 투자하는 시간을 귀하게 여긴다. 다리를 이어주고 친구 관계를 회복하는 일은 단번에 이루어지지 않는다.

"친절"은 "낯선 이에 대한 사랑"을 뜻하는 헬라어 "필록세니아 *philoxenia*"와 그 의미가 비슷하다. 포스트크리스천 시대의 그리스도인들은 불시의 타격에 뒤로 물러나 움츠러들기보다는 급진적으로 일상적인 손 대접을 통해 믿음의 결심을 새롭게 해야 한다. 우리 가운데 너무 많은 사람들이 두려움에 뒤로 물러선다. 우리는 사람들이 우리를 다치게 할까봐 두려워한다. 우리는 사람들이 우리의 자녀들에게 부정적인 영향을 미칠까봐 두려워한다. 또한 우리는 새로운 시대의 독특한 언어와 새로운 사람들을 이해하지 못할까봐 두려워한다. 그렇게 움추려든 채로 그저 좋았던 지난 시절을 그리워한다. 이러한 정서는 우리를 어리석게 만든다. 우리는 그런 자기 연민의 감정을 떨쳐버려야 한다. 우리에게 가장 좋은 날은 미래에 있다. 예수님이 앞장서서 인도해 가신다.

하나님은 급진적으로 일상적인 손 대접을 도구로 사용하여 자기 백성에게 은혜롭고 희생적인 삶을 가르치시고, 자신의 영광과 우리의 복을 위해 세우신 실천사항들과 아이디어들과 문화를 보존하시고, 어둠 속에서 고통스러워하는 사람들을 기독교 가정과 기독교적 우정 안으로 받아들이시고, 하나님의 뜻이면 세상을 바꾸기도 하신다. 급진적으로 일상적인 손 대접은 은혜 안에 토대를 두어야 한다.

즉, 교회 멤버십, 개인 기도, 금식, 조용한 묵상, 회개, 성경 읽기, 성경 암송, 찬양 등에 기반해야 한다.

급진적으로 일상적인 손 대접을 베풀기 위한 영적 준비

그냥 관심만 있다고 해서 급진적으로 일상적인 손 대접을 베풀 수 없다. 이에는 영적 준비가 필요하다. 성경은 영적 준비를 "전쟁"으로 일컫는다. 급진적으로 일상적인 손 대접은 영적 전쟁이다.

우리의 손 대접은 교양을 중시하는 상류 사회의 손 대접 개념과는 전혀 다른 형태를 띤다. "손 대접"이라고 하면 뜨개질로 만든 인형과 청백색의 페이즐리 문양이 그려진 본차이나 찻잔으로 차를 마시던 빅토리아 시대의 광경을 연상시키고, "급진적인"이라는 말은 "뿌리에까지 미치는 근본적인 변화"라는 뜻에서 출발하여 보수적인 그리스도인들을 깜짝 놀라게 만드는 정치-사회적인 격변을 의미하며, "일상적인"이라는 말은 "매일의, 흔해 빠진, 예측 가능한, 믿을 수 있는, 정기적인"이라는 의미를 지닌다. 그리고 "영적 전쟁"이란 유혹이 우리를 강타하고 사탄이 기독교적 증언과 우리와 우리의 가족들을 무참하게 허물며 승리하고 있을 때 우리가 수행하는 싸움을 가리킨다. 오직 예수님의 역설 안에서 이런 모순된 개념들이 하나로 연결될 수 있다. 그리고 이 개념들은 반드시 하나로 합쳐져야 한다.

급진적으로 일상적인 손 대접

내 경우에는, 정교한 본차이나 그릇과 뜨개질로 만든 인형들은 모두 상자 속에 넣어 다락에 보관하고, 그 대신 실용적인 면 제품과 잘 깨지지 않는 코렐 그릇들을 주로 사용한다. 그리고 때로는 겉만 번지르르한 싸구려 세라믹 유리잔들과 짝을 이루어 견고한 웨지우드 접시와 그릇들을 사용하기도 한다. 나의 손 대접은 실용적이고, 단순하며, 일관적이다. 때로는 하나님의 명령에 순종하며 주인 역할을 하기도 하고, 때로는 대접과 보살핌을 받으며 손님 역할을 하기도 한다. 그러나 우리는 항상 이쪽 아니면 저쪽이다. 즉, 주인이 아니면 손님이다. 기독교적 삶은 방관자나 세입자나 독립 에이전트와 같은 태도를 용납하지 않는다. 그리스도의 피로 씻음을 받은 사람은 모두 다 이해당사자이다.

일상적인 손 대접은 십일조의 원리에 근거한다. 하나님은 그분이 베풀어 주신 소득의 10퍼센트를 교회에 바치거나 그럴 수 없을 만큼 형편이 어려울 때는 교회로부터 도움을 받으라고 말씀하신다. 주는 것과 받는 것이 모두 교회를 축복한다. 십일조나 손 대접을 통해 주는 일 또는 받는 일에 참여하지 않으면 하나님의 것을 도둑질하는 셈이 된다.

이런 원리가 손 대접에도 똑같이 적용된다. 우리는 주인이자 손님으로서 손 대접을 베풀어야 한다. 우리의 주고받는 것을 통해 공동체가 형성되고 하나님이 영광을 받으시는 원리를 이해해야 한다. 하나님의 나라에는 세입자나 방관자나 구경꾼은 존재하지 않는다. 우리는 주인이자 손님이다. 관대하게 베푸는 것과 기꺼이 받는 것이 모두 하나님을 영화롭게 한다.

하나님이 우리에게 손 대접을 실천하라고 명령하시는 이유는, 우리가 사랑이 넘치는 기독교 공동체를 건설하고, 하나님의 형상으로 창조된 동료들과 식탁 교제를 나누며, 고아와 과부와 죄수의 고통을 덜어주고, 교회 장로의 자격요건을 갖추며, 주 예수 그리스도의 인격과 사역과 본보기와 순종과 고난을 통해 하나님이 우리에게 주신 모든 좋은 것들을 충실하게 관리하는 착하고 신실한 청지기가 되게 하기 위해서이다. 낯선 사람을 이웃으로, 이웃을 하나님의 가족으로 만들라는 복음의 부름은 성경, 특히 사도행전을 읽어보면 명확하다. 이 복음의 부름은 주인과 손님 모두를 필요로 한다. 우리는 주인이나 손님이 아닌 주인이자 손님으로서 참여해야 한다. 주기도 하고 받기도 하는 것은 선하고, 신성하고, 사람들과 공동체들을 유의미하게 연결시킨다.

그러나 이것이 전부가 아니다. 하나님은 손 대접을 시간이나 재정이 허락하는 한도에서 이따금 한 번씩 실천하는 활동이 아니라 일상생활 속에서 늘 실천해야 할 일로 간주하신다. 급진적으로 일상적인 손 대접이 의미하는 것은 이것이다. 하나님은 고독한 자들을 가족과 함께 살게 하겠다고 약속하시며(시 68:6), 당신의 집을 그 살아 있는 증거로 사용하길 원하신다.

영적 전쟁

급진적으로 일상적인 손 대접은 사람들 사이에 친밀감을 조성해 서로의 다른 점들을 솔직하게 이야기할 수 있게 해준다. 그리스도인들은 이 세상을 악의 권세와의 전 우주적 싸움이자, 육과 영 사이의 싸움이 진행되고 있는 곳으로 여긴다. 우리는 이러한 세상 속에서 살면서 이 세상을 복음의 은혜로 아름답게 만들라는 부르심을 받고 있다. 손 대접이 영적 전쟁이라 함은 폭력을 사용하거나 성난 함성을 내질러야 한다는 의미가 아니다. 성경에 언급된 영적 전쟁은 신자들이 성경을 펼치거나 은혜의 보좌 앞에 나아가 간구할 때마다 내세의 능력을 맛보는 것을 의미한다. 부활하신 그리스도의 능력을 이웃들에게 전할 때마다 그 이면에서는 영적 전쟁이 벌어진다. 이 영적 전쟁이 현실인 이유는 인간의 마음과 세상 안에 악이 도사리고 있기 때문이다. 영적 전쟁을 수행하는 것은 우리가 믿는 것을 실천하여 "선으로 악을 이기는 것"(롬 12:21)을 추구함으로써 그리스도의 통치를 소환하여 악을 물리치는 것을 뜻한다.

첫째, 급진적으로 일상적인 손 대접은 당신이 하는 말들이 당신이 그리스도의 소유임을 드러내야 한다는 의미이다. 당신은 사람들을 기쁘게 하는 자가 아니다. 비록 많은 친구들은 당신을 일시적으로 떠나갈 수 있으나 당신과 그리스도 간의 연합은 흔들림 없이 견고하다.

> "내가 확신하노니 사망이나 생명이나 천사들이나 권세자들이나 현재 일이나 장래 일이나 능력이나 높음이나 깊음이나 다른 어떤 피조물이라도 우리를 우리 주 그리스도 예수 안에 있는 하나님의 사랑에서 끊을 수 없으리라"(롬 8:38-39).

위의 본문은 급진적으로 일상적인 손 대접이 그리스도와의 더 깊은 연합으로 나아가게 해준다는 것을 보여준다. 급진적으로 일상적인 손 대접은 우리의 믿음을 새롭게 하고 소망을 되살린다.

둘째, 급진적으로 일상적인 손 대접은 다른 사람들을 희생적으로 섬기게 함으로써 우리를 거룩하게 한다. 이 손 대접은 신중하게 행동하게 한다. 그것은 당신의 가정 안에 있는 모든 다음 세대를 위한 삶의 패턴이 될 수도 있다.

"형제들아 너희가 자유를 위하여 부르심을 입었으나 그러나 그 자유로 육체의 기회를 삼지 말고 오직 사랑으로 서로 종 노릇 하라 온 율법은 네 이웃 사랑하기를 네 자신 같이 하라 하신 한 말씀에서 이루어졌나니 만일 서로 물고 먹으면 피차 멸망할까 조심하라 내가 이르노니 너희는 성령을 따라 행하라 그리하면 육체의 욕심을 이루지 아니하리라 육체의 소욕은 성령을 거스르고 성령은 육체를 거스르나니 이 둘이 서로 대적함으로 너희가 원하는 것을 하지 못하게 하려 함이니라 너희가 만일 성령의 인도하시는 바가 되면 율법 아래에 있지 아니하리라 육체의 일은 분명하니 곧 음행과 더러운 것과 호색과 우상 숭배와 주술과 원수 맺는 것과 분쟁과 시기와 분냄과 당 짓는 것과 분열함과 이단과 투기와 술 취함과 방탕함과 또 그와 같은 것들이라 전에 너희에게 경계한 것 같이 경계하노니 이런 일을 하는 자들은 하나님의 나라를 유업으로 받지 못할 것이요 오직 성령의 열매는 사랑과 희락과 화평과 오래 참음과 자비와 양선과 충성과 온유와 절제니 이같은 것을 금지할 법이 없느니라 그리스도 예수의 사람들은 육체와 함께 그 정욕과 탐심을 십자가에 못 박았느니라 만일 우리가 성령으로 살면 또한 성령으로 행할지니 헛된 영광을 구하여 서로 노엽게 하거나 서로 투기하지 말지니라"(갈 5:13-26).

셋째, 급진적으로 일상적인 손 대접은 우리가 입어야 할 영적 갑옷의 일부이다. 이를 통해 우리는 심령이 상한 사람에게 다가갈 수 있으며, 하나님의 영께서 부족한 우리를 통해 역사하시게 할 수 있다.

"끝으로 너희가 주 안에서와 그 힘의 능력으로 강건하여지고 마귀의 간계를 능히 대적하기 위하여 하나님의 전신 갑주를 입으라 우리의 씨름은 혈과 육을 상대하는 것이 아니요 통치자들과 권세들과 이 어둠의 세상 주관자들과 하늘에 있는 악의 영들을 상대함이라 그러므로 하나님의 전신 갑주를 취하라 이는 악한 날에 너희가 능히 대적하고 모든 일을 행한 후에 서기 위함이라 그런즉 서서 진리로 너희 허리 띠를 띠고 의의 호심경을 붙이고 평안의 복음이 준비한 것으로 신을 신고 모든 것 위에 믿음의 방패를 가지고 이로써 능히 악한 자의 모든 불화살을 소멸하고 구원의 투구와 성령의 검 곧 하나님의 말씀을 가지라"(엡 6:10-17).

넷째, 급진적으로 일상적인 손 대접은 하늘에 있는 수많은 증인들의 대열에 동참할 수 있게 해준다.

"이러므로 우리에게 구름 같이 둘러싼 허다한 증인들이 있으니 모든 무거운 것과 얽매이기 쉬운 죄를 벗어 버리고 인내로써 우리 앞에 당한 경주를 하며"(히 12:1).

바울은 감옥에서 급진적인 손 대접을 실천했으며, 그가 결박당한 것이 오히려 그를 담대하게 만든다는 것을 옳게 이해했다. 우리는 그를 우리의 형제요 본보기로 생각한다. 그는 에베소서 6장 20절에서, 담대히 말씀을 전하기 위해 자신이 "쇠사슬에 매인 사신"이 되었다고 말했다. 바울은 골로새 교회의 신자들에게 보낸 편지에서도 "내가 매인 것을 생각하라"(골 4:18)는 말로 편지를 마무리했다. 우리는 무슨 사슬에 매여 있는가? 그것이 우리를 담대하게 만드는가? 마땅히 그래야 한다. 포스트크리스천 세상이라는 쇠사슬은 우리를 수치스럽게 만들기는커녕 오히려 담대하게 만들 뿐이다. 구름 떼와 같은 증인들과 바울을 본받을 때, 이기적인 문화적 편향과 그 영향에서(요즘 사람들은 물질적인 번영만을 중시하고 이 세상의 것을 지나치게 우러른다) 멀찌감치 벗어날 수 있다.

급진적으로 일상적인 손 대접을 실천하면, 포스트크리스천 시대를 살아가는 이웃들의 신뢰를 얻을 수 있다. 이 손 대접을 실천하면 이웃의 말을 귀담아들으며 비밀을 지키는 안전한 친구가 되어줄 수 있고, 어둠에 처한 그들에게 은혜의 말을 전할 수 있다. 포스트크리스천 시대에는 관계의 깊이에 따라 말의 힘이 달라진다. 열린 대문, 정성껏 차린 식탁, 신선한 커피, 눈물을 닦아줄 휴지 한 통이야말로 우리의 가장 효과적인 무기가 아닐 수 없다.

"우리의 싸우는 무기는 육신에 속한 것이 아니요 오직 어떤 견고한 진도 무너뜨리는 하나님의 능력이라 모든 이론을 무너뜨리며 하나님 아는 것을 대적하여 높아진 것을 다 무너뜨리고 모든 생각을 사로잡아 그리스도에게 복종하게 하니 너희의 복종이 온전하게 될 때에 모든 복종하지 않는 것을 벌하려고 준비하는 중에 있노라"(고후 10:4-6).

급진적으로 일상적인 손 대접을 일종의 영적 전쟁으로 이해하면, 그리스도인들이 자신의 역할을 보다 유연하게 해석하고 적용하는 데 도움이 된다. 그리스도인들은 이 세상의 주인의 입장에서 손 대접을 실천할 뿐 아니라 더욱 중요하게는 멸시받는 손님의 입장에서 급진적으로 일상적인 손 대접을 실천하는 방법을 터득해야 한다. 솔직히 말해, 우리는 포스트크리스천 세상에서 달갑지 않은 손님과 같은 존재가 되었다. 우리의 자녀들은 보수적인 기독교를 부적절하고, 불합리하고, 차별적이고, 위험한 것으로 간주해 무시하거나 비난하는 동네에서 살고 있다. 우리 중에 많은 사람이 "감수성 훈련 sensitivity training"이 전체주의적인 악몽처럼 되어 버린 곳에서, 성적 지향sexual orientation을 인격성의 참된 범주(인간의 진정한 정체성)로 간주하는 곳에서, 또는 생물학적인 성별의 차이를 하나님이 모든 인류를 위해 계획하신 축복을 전달하는 실제적인 현실이 아닌 한갓 심리적인 현실(개인의 주관적인 감정에 따라 그 의미가 달라지는 것)로 간주하는 곳에서 직장 생활을 하며 살아간다. 이런 문화를 지지하는 사람들은 기독교적인 상식을 "혐오 발언hate speech"으로 받아들인다. 옛 규칙들은 더 이상 적용되지 않는다. 많은 그리스도인은 믿지 않는 이웃들에게 무슨 말을 해야 할지 알지 못한다. 언어와 논리가 거의 하룻밤 사이에 바뀌었다. 상황이 이렇다 보니 우리를 경멸하는 사람들을 우리의 가정에 초대한다는 것이 끔찍한 일처럼 생각될 수 있다.

한 가지 방법은 담을 더 높이 쌓고, 더욱 큰 목소리로 우리의 가정이 우리의 요새라고 외치며, 세상은 당연히 지옥으로 떨어질 것이기 때문에 우리들의 성 주위에 해자를 허락하신 하나님께 감사하며, 다리를 높이 들어 올린 채 우리의 성채 안에 머무는 것이 상책이라고 생각하는 것이다. 그러나 그것은 세상과 싸우는 방법의 하나일 수 있겠지만, 엄밀히 말하면 어둠을 몰아내고 복음의 친절함을 전하는 영적 전쟁이 아니다. 전략적으로 벽을 쌓는 것은 세상과 그 안에 있는 사람들을 정죄할 뿐이다. 그런 싸움은 우리의 믿음을 무력하고, 활기 없고, 공허하게 만든다.

또 한 가지 방법은 그리스도의 피를 멸시하고 "공존"이라는 범퍼 스티커에 걸맞는 변질된 기독교를 재창조함으로써, 불명예스럽고 수치스러운 십자가를 내버리고 소비자주의와 성적 자치성 등 우리 시대의 우상들에게 절하는 모양새 좋은 종교를 선택하는 것이다. 이런 조작 전략은 성경 말씀을 반성경적으로 사용하는 것이다. 이 전략은 성경적인 기독교와 외부적 표현은 비슷하지만 그 의미는 전혀 다르다. 이 방법도 동일하게 끔찍한 방법이다. 하지만 이 또한 만연해 있다.

급진적으로 일상적인 손 대접을 영적 전쟁으로 받아들여 실천하려면, 은혜의 수단 활용에 깊이가 있어야 하며, 하나님의 율법과 하나님의 은혜를 타협하거나 분리하지 않는 방법에 능숙해야 한다. 우리는 기독교 신앙이 정한 경계 안에서 그리스도 안에서 새로워지고, 재충전하고, 회개하고, 성장하기 위해 충분한 시간을 들이고 있는가? 그리고 자녀들에게 우리가 이 새로운 세상 문화 속에서 외국인과 같다는 사실을 일깨워주기 위해 충분한 시간을 들이고 있는가? 당연히 그렇게 해야 한다. 우리는 강력한 기독교 인프라를 구축하고, 그것을 딛고 힘차게 나아가야 한다.

그것이 "우리의 싸우는 무기는 육신에 속한 것이 아니요 오직 어떤 견고한 진도 무너뜨리는 하나님의 능력이라"(고후 10:4)라는 말씀에 순종하는 길이다.

그렇다면 어떻게 해야 할까? 아이와 개의 흙투성이 발자국이 집안 곳곳에(특히 하얀 카펫 위에) 찍혀 있는 것을 "좋은 소식을 전하는 자의 발"(사 52:7 참조)이 되어 걷고 있다는 영적 증거로 간주해야 할까?

그렇지 않다.

하나님은 우리가 다른 사람들을 섬기고, 구원의 길로 인도하기 위해 힘든 수고를 기꺼이 감당하기를 바라신다.

급진적으로 일상적인 손 대접이란 구원받은 생명의 힘으로 다른 사람들을 즐거이 대접하는 것을 의미한다. 그런 손 대접은 아무런 두려움도 없고, 항상 신실하다. 러셀 무어는 문화와 관계를 맺는 것과 관련하여 "권력 앞에서 눈 하나 깜짝이지 않고, 또 권력을 모방하려고 애쓰지도 않는다."라는 말을 했다.[6]

그렇다면 어디서부터 시작해야 할까? 목록을 만드는 데서부터 시작하면 어떨까 싶다.

나는 목록 만들기를 좋아한다.

나의 목록에는 라틴어 어휘, 읽고 싶은 책들, 편지를 써 보내야 할 사람들, 집안일, 뜨개질 목표, 아이들의 옷과 신발 크기, 내가 좋아하는 사람들의 음식 알레르기, 감옥에 있는 친구들에게 보내는 편지에 포함시킬 생명의 말씀, 기도 제목, 이웃 아이들의 생일 날짜와 녀석들이 좋아하는 과자 이름, 뒷마당에 격리시켜 놓거나 내 소파 위에서 잠을 자는 개들의 성격과 이름 등이 포함된다. 때때로 이런 목록은 "방과 후에 마트에 갈 계획인데요. 필요한 물건이 있으면 목록을 보내세요. 돌아오는 길에 물건을 전해줄게요."라는 식으로 동네의 여성들에게 보내는 단체 문자 메시지의 형태를 띠기도 하지만, 대개는 가방 속에 뜨개질 거리, 성경책, 지갑과 함께 들어 있는 노트에 적혀 있다. 나는 그 노트를 가방에 넣어 들고 다니다가 집에 도착하면 꺼내서 부엌 조리대 위, 커피 주전자 옆에 놓아둔다.

나는 휴대 전화로 목록을 만들지 않는다.

그렇게 하면 아무도 그것을 볼 수 없기 때문에 같이 해줄 사람도 구할 수 없다.

나는 몸을 움직여 일하는 것을 좋아한다.

나의 손 대접 목록에는, 필요한 식료품 목록, 동네 친구들이 원하는 식료품 목록, 내놓을 음식들, 그 주간에 섬기고 싶은 사람들의 이름이 포함되어 있다. 나는 단 하루도 손 대접과 식탁 교제를 생각하지 않고 그냥 지나가지 않는다. 손 대접과 식탁 교제는 교제권 밖에 소외되어 있는 사람들을 교제권 안으로 불러들이는 기독교적 사랑의 기술이며, 기독교 가정이 어떤 것인지를 증거하는 증거이며, 상심한 마음을 달래주어 하나님을 통해 새로워지게 초청하는 것이다. 나는 몸을 움직여 일하면서, 낯선 사람들과 친구들이 나의 식탁에서 떡을 떼면서 생명의 말씀을 들음으로써 예수님이 머리 두실 곳이 마련되기를 기도한다.

　나의 손 대접 목록은 일정과 밀접하게 관련되어 있다. 나의 일정은 다음과 같다.

　　주일. 우리는 주일을 거룩하게 지킨다. 하루를 온전히 구별해 예배와 교제에 힘쓴다. 주일마다 교회와 우리집에서 교제를 나눌 때 먹을 음식을 준비한다. 주일 저녁에는 10-30명쯤 되는 사람들이 함께 모여 음식을 먹는다.

　　월요일. 월요일은 홈스쿨링으로 분주하지만, 갑작스레 친구들이 찾아오면 교육을 종료한다. 또한 개를 데리고 한참 동안 산책을 하거나 자전거를 타기도 한다. 집에 돌아와서는 아이들이 밖에서 노는 동안 이것저것 음식을 챙겨서 어려운 이웃에게 가져다준다.

　　화요일. 홈스쿨링과 피아노 레슨을 하고 나서, 이웃들과 동료 교인들과 함께 저녁을 먹고 오랫동안 기도하며 성경을 공부하는 것이 화요일의 일상이다. 우리 모두는 저마다의 어려움에 직면해 있고 우리는 성경을 공부하며 기도하는 것이 참으로 필요하다. 요즘에는 공공 정책이 부지불식간에 기독교를 주변으로 몰아내고 있는 작금의 현실에 관해 대화를 나눈다. 나는 화요일에 사람들이 찾아올 것에 대비해 10인분의 음식을 준비한다. 화요일 저녁에는 지역사회 기도회가 열리기 때문이다.

수요일. 수요일에는 홈스쿨링을 더 많이 하고, 방과 후에는 집을 청소한다. 때로는 지역 교도소에 수감된 친구(에이미)를 위해 밤 날씨가 추워지면 스웨터를 사 입을 수 있도록 영치금을 넣어준다. 그 일을 할 때는 아이들을 함께 데려간다. 아이들이 나와 함께 감옥에 있는 이웃들을 위해 기도하고 있기 때문이다. 수요일은 교회에서 열리는 저녁 7시 기도회로 하루를 마친다.

목요일. 목요일에는 홈스쿨링을 더 많이 하고, 오후 4시쯤에 홈스쿨링이 끝나면 도서관이나 지역의 과학 박물관을 방문하기도 한다. 날씨가 좋으면 저녁 7시에 이웃들과 함께 산책하며 기도하는 시간을 갖고, 날씨가 좋지 않으면 우리집 거실에서 기도회로 모인다. 우리는 수년 동안 목요일을 "이웃의 밤"으로 지정해 놓았다. 때때로 새로운 사람들이 기도하고 교제하기 위해 우리집을 찾아온다.

금요일. 여러 가정이 협력해서 홈스쿨링을 하는 날이다. 나는 때로 홈스쿨링을 하는 다른 어머니들과 정오에 만나 라틴어 문법을 복습한다. 우리는 우리의 흐트러진 생각을 라틴어로 다시 추스른다. 라틴어 문법은 내게 매우 중요한 것이 되었다. 그것은 추상적이지 않고, 구체적이다. 요즘 나는 구체적인 것들이 더 많이 필요하다. 방과 후 저녁에는 마트에 간다. 수산나와 딸 메리도 함께 간다. 그러고 나서는 이웃들 및 아이들과 늦은 저녁에 함께 식사를 한다. 홈스쿨링을 하는 방 안에 놓여 있는 그림 그리는 탁자와 뒷마당에 설치된 트램펄린에서 한바탕 큰 웃음소리가 터져 나오면 온 세상을 다 채울 것 같은 우정이 꽃핀다.

토요일. 토요일에는 이웃들과 개를 데리고 아침 산책을 하는 것으로 하루 일과를 시작한다. 동네 아이들이 와서 우리 아이들과 뒷마당에 요새를 건설하고 광검을 든 기사단 놀이를 하다가 돌아간다. 나는 적당한 때에 성찬식에 쓸 빵을 만들고, 집을 청소한다. 때로는 장남과 며느리와 손자와 함께 나들이하러 나갔다 오기도 한다. 저녁에는 교인들과 이웃들과 함께 모여 음식과 기도로 주일을 준비한다.

나의 목록은 고정되어 있지 않고, 사람들의 필요와 고통과 상처와 감당하기 어려운 비밀에 따라 그때그때 달라진다. 나의 목록 가운데 일부는 평범한 식료품 목록처럼 보이지만 그것은 단지 표면에 드러난 것일 따름이다. 이웃과 좋은 관계를 맺는 데 삶을 헌신하는 일은 예술이자 과학이다. 나는 항상 전문가가 되어야 한다. 나의 전문 분야는 음식과 믿음을 결합해 사람들의 외로움을 달래주고, 회개하도록 이끌며, 하나님이 열어주시는 마음의 눈으로 하나님의 가족을 바라보는 것이다. 요즘에 내가 하는 특별한 일은 하나님과 이웃을 사랑하기 위해 하루에도 수천 번씩 나를 부인하는 죽음을 경험하는 것이다.

저녁 식사 후에 모든 순서는 성경과 시편 찬송책을 펼쳐놓고, 남편은 가르치고, 우리(모인 이웃들과 하나님의 가족들)는 듣고, 질문하고, 울고, 찬양하고, 웃고, 말씀을 받고, 기도하는 것으로 마무리된다. 예수님이 대화에 참여하신다. 그것은 반대를 막기 위해서가 아니라, 대화를 더욱 깊이 있게 이끌어 빛을 향해 우리 마음을 활짝 열어놓으시기 위해서다. 이 모든 목록은 낯선 사람들이 그리스도 안에서 형제자매가 되어 겸손히 머리를 조아리는 순간으로 이끈다. 그 순간 성령께서 역사하시고, 예수님은 말씀하시고, 우리는 그 말씀을 받는다.

"기독교적 손 대접"은 때로는 오해를 불러일으키는 특이한 표현이지만 이것을 통해 신비가 드러나고, 공동체가 형성되며, 진실을 말하는 태도가 널리 확대된다. 우리는 진실을 말하기를 극도로 싫어하지만 손 대접은 바로 그것을 요구한다. 손 대접은 매우 가정적인 의미로 들리지만 이는 매우 강한 힘을 지녔다. 진실로 당신이 음식을 대접하고, 붙들어 주고, 사랑하는 사람들의 영혼을 위해 천국의 문을 뒤흔들 만큼 강력하다. 사야할 음식 재료의 목록을 만들고 식료품을 사는 일은 나를 작고, 빈약하고, 복잡하게 만든다. 그것은 나를 가정과 부엌에 묶어 두고, 예산의 적절한 사용을 항상 요구한다. 매일 식탁 교제를 위해 바쁘게 준비하는 일을 통해 예수님이 머리 두실 곳을 만들려면 50%의 기도와 40%의 조직적인 활동과 10%의 용기가 필요하다. 남편과 나와 아이들이 50%의 기도를 하고, 내가 40%의 조직적인 활동을 하고, 갖가지 방해 요인과 갈등과 예측하지 못한 상황이라는 나머지 10%가(모든 일상, 모든 목록, 어린아이의 볼에 하는 모든 입맞춤, 세상이나 주님으로부터 비롯하는 모든 책망, 모든 실패, 외롭고 차가운 모든 의심의 손가락) 배경을 형성한다. 예수님을 믿는 믿음은 이렇게 말하게 한다. "나는 이웃을 사랑한다. 그 사람이 사랑으로 갚을 것을 기대해서가 아니라 그가 나의 이웃이기 때문이다."

3

우리의 포스트크리스천 세계

손 대접의 친절

1997년 7월, 뉴욕주 시러큐스

그리스도인 가정에서 저녁 식사를 하는 것은 내가 바라던 활동 목록 중 우선순위에 없었다. 커밍아웃한 레즈비언 페미니스트이자 LGBTQ 인권 운동의 리더요, 최근 시러큐스대학교에서 시행된 동성 커플의 동반자를 결혼 관계 안의 배우자처럼 대우하는 정책의 공동주창자이며, 머지않아 종신직 교수로 임명될 예정인 급진주의자였던 나는 원수와 친구가 되고 싶지 않았다. 내게 있어 그리스도인들은 편협하고, 몰인정하고, 부도덕한 무리처럼 보였다. 그들은 고기를 먹고, 체벌을 지지하며, 인권과 환경을 마구 파괴하고, 여성의 선택권(낙태할 선택권을 의미함—편집주)을 부인하며, 온 세상이 성경

(인종 차별과 성차별과 동성애 혐오로 가득한 고대의 책)을 맹종해야 한다고 믿는 사람들이었다. 그들은 "죄"에 관한 미신을 믿을 뿐 아니라 조장하기까지 했다. 나는 프로이트가 말한 대로 죄는 단지 보편적인 강박신경증에 짓눌린 얼간이들이 주장하는 문화 공포증의 일종일 뿐이라고 생각했다. 나는 그리스도인들이 죽기보다 더 무서웠다. 나와는 세계관(사물을 인지하기 위해 사용하는 도덕적 렌즈)이 완전히 달라 도무지 서로 양립할 수 없었다.

나는 그들의 집 앞에 "미국 낙태 권리 운동 연맹"이라고 적힌 범퍼 스티커와 레즈비언을 나타내는 양날 도끼 문양 스티커가 부착된 나의 빨간색 트럭을 멈춰 세웠다. 나는 트럭 안에 앉아서 현관문을 두드릴 마음의 준비를 했다. 나는 나의 "죄"(그리스도인들이 항상 집착하는 것)와 관련된 대화는 일절 피하고, 그리스도인들이 성경을 문자 그대로 믿는 이유(내가 보기에 맹목적이고, 조잡하고, 발전성이 없고, 우둔하기 짝이 없는 해석학적 태도)에 논의를 집중할 전략을 궁리했다. 나는 포스트모던 시대의 "독자 반응" 비평가였다. 나는 모든 글은 독자의 해석 안에서 그 의미를 발견한다고 믿었다. 사람들이 생일 파티 초대장을 단시(短詩)의 규칙에 따라 읽는 것처럼(그렇게 읽으면 올바른 이해에 도달할 수 없다. 파티 초대장에는 시에서나 발견되는 "약강 5보격"의 운율이 없기 때문이다.) 문학 작품을 장르와 상관없이 읽는 것을 보면 짜증이 났다. 그리스도인들은 성경 본문의 독특한 장르를 무시하고 그것을 단지 교훈적인 의미를 담고 있는 하루 한 구절 명령으로 받아들인다. 참으로 반지성적인 태도가 아닐 수 없다. 나에게 있어, 인간은 본디 선하다는 이론(루소는 그렇게 가르쳤다), 다윈 이후에 이루어진 과학의 값진 발전들, 프로이트 이후로 발전된 인간성에 대한 유익한 심리학적 이해, 마르크스 이후에 전개된 경제적 공정성에 근거한 평등한 사회주의적 문화는 인간의 자율성(human autonomy : 하나님에게 순종할 필요 없이 인간이 인간의 주인이라는 사상—편집주)이 인류의 번영과 건강하고 행복한 세상의 원천이라는 사실을 확실하게 입증하는 증거였다.

나는 그리스도인들이 성인들 간의 합의를 통해 즐겁고 번영된 삶을 누리도록 가만히 놔두지 않는 이유를 도통 이해할 수가 없었다.

이런 이유로 나는 한 그리스도인의 집 앞에 트럭을 멈춰 세우고, 내가 당시에 집필하고 있던 책에 대해 곰곰이 생각하는 시간을 가졌다. 그 책은 기독교 우파의 정책과 실천사항에 관한 책으로, 특히 나 같은 사람들에 대한 혐오 내러티브를 주제로 한 책이었다. 나는 그러한 책을 쓰기 위해 성경을 읽고, 참 신자의 머릿속에 무엇이 들어 있는지 확인하는 작업이 필요했다. 나는 나의 레즈비언 공동체에서 찾아볼 수 있는 친절, 자선, 선한 행위, 개방적인 가치관, 그리고 개인적인 경험보다 고대의 책(성경)이 현 시대에도 우리에게 더 적실하고 더 현실적이라고 믿는 사람들을 미치광이나 바보로 여겼다.

그러나 나는 또한 진지한 학자, 곧 많은 훈련과 연습을 거친 영어학 교수였다. 나는 학생들에게 적의 책을 읽어야만 비로소 비판할 자격이 있다고 말하곤 했다. 적의 책을 읽지 않았다면 그것을 해석할 권한이 없다. 나는 성경의 원어인 헬라어와 히브리어를 읽을 줄 몰랐기 때문에 그것을 잘 아는 누군가가 필요했다. 나는 모든 것을 다 확인하고 싶었다. 나는 정확하고, 합리적인 방식으로 성경을 공격하고 싶었다. 학자는 위험을 무릅써야 한다는 것이 나의 신념이었다. 학자는 틀릴 위험을 감수해야 하고, 자신의 비위를 거스르는 것들을 기꺼이 읽을 준비가 되어 있어야 한다. 반대자들을 존중하면서 조리 있게 논박하려면 그런 성실한 학자가 되는 것이 필요하다. 따라서 나는 새로운 책을 쓰기 시작한 시점에 그곳에 갔다. 나를 정죄하며 가증스럽다고 일컬을 뿐 아니라 나를 사정없이 후려치며 영원히 지옥에 던져 넣는 책과 싸우는 것이 필요했다.

도대체 내가 어떻게 그곳에 가서 적의 집 앞에 차를 멈춰 세우게 되었는지 궁금해할 사람들을 위해 약간의 설명을 덧붙이겠다.

내가 그곳에 간 이유는 나를 저녁 식사에 초대한 친절한 그리스도인들에게 흥미를 느꼈기 때문이다. 켄 스미스 목사는 내가 〈시러큐스 포스트 스탠다드〉에 발표한 논평과 관련해 내게 편지를 보내 왔다.[1] 나는 그 글에서 그리스도인 남성들의 운동 단체인 "약속을 지키는 사람들Promise Keepers"이 퇴행적인 여성혐오적 성 정책을 주창하면서 민주주의를 위협하고 있다고 비판했다. 나는 나를 피학대 음란증 환자로 일컬으며 비난하는 편지를 항상 읽어 왔다. 그런데 켄 목사가 나의 의견에 반대하는 의견을 적어 보낸 편지는 내가 지금까지 받아본 편지 중에서 가장 친절한 편지였다. 더욱이 켄 목사는 나의 연구 활동을 도와줄 수 있는 올바른 자격을 갖춘 사람처럼 보였다. 따라서 켄 목사와 그의 아내 플로이가 나를 저녁 식사에 초대했을 때 나는 기꺼이 응했다. 나의 동기는 분명했다. 나의 연구 활동에 유익을 얻고자 한 것이다. 나는 켄 스미스 목사를 무보수로 봉사해줄 잠재적 연구 조교로 간주했다.

그러나 막상 맞닥뜨려야 할 상황은 그다지 만만하지가 않았다.

그래서 나는 선뜻 차에서 내려 그 집의 현관문을 두드리지 못하고 트럭 안에 그렇게 오랫동안 앉아 있었던 것이다. 나는 용도폐기된 책 한 권을 바탕으로 선한 사람들의 욕구를 억압하는 그들의 논리를 이해심 있게 들어주고 나서 감정이 상하지 않은 상태로 식사 자리에서 일어날 수 있어야 했다. 개인의 정체성 때문에 미움을 당한다는 것은 음험한 폭력 행위다. 나는 전에도 그리스도인들에게서 그런 피해를 겪은 적이 있었다. 그리스도인들을 상대하는 것은 해로운 일이었다. 마치 심해 잠수의 경우처럼 나는 장기적인 후유증이 발생하지 않을 정도만 그 자리에 머물러 있어야 했다. 나는 그리스도인들이 나를 그토록 혐오하는 이유를 알고 싶었고, 나의 입장을 진솔하게 주장하고 싶었다. 그런 생각을 하니 갑자기 속이 메스꺼웠다.

나는 숨을 깊이 들이마시고 나서 아침 달리기로 뻐근해진 허벅지 근육을 살살 달래며 트럭에서 빠져나왔다. 그러고 나서 이례적으로 습기가 많은 7월의 공기를 가르며 현관문 앞으로 다가가서 대문을 두드렸다.

그들의 세계로 향하는 문턱은 여느 집 문턱과 같지 않았다.

그들의 세계로 향하는 문턱은 나를 십자가 발치로 인도했다.

그날 밤에 있었던 일 가운데 내 각본대로 된 것은 아무것도 없었다. 어떤 것도 내가 기대했던 방식대로 진행되지 않았다. 그날 밤만 그런 것이 아니었다. 수년이 지나고, 수백 차례의 식사를 하고, 밤중에 오랫동안 시편을 찬송하며 기도를 할 때도 교회와 대학교에서 온 신자들이 그 집을 자유롭게 드나들었다. 나는 아무런 준비도 없이 그런 개방적인 분위기와 진실을 접했고, 이 소박한 그리스도인의 가정에서 날마다 베풀어지는 손 대접을 통해 드러나는 예수님의 사랑과 그 무엇도 막을 수 없는 복음에 직면했다. 이 그리스도인의 가정은 그 후 2년 동안 나의 피난처이자 중간 기착지가 되었다. 나는 교회의 문을 열고 들어가기 오래전부터 그 집에서 성경과 씨름했고, 예수님이 과연 그분 자신이 말씀하신 그런 분인지를 고민했으며, 결국에는 나의 성적인 죄라는 예리한 칼날 위에서 예수님을 마주해야 했다. 나는 이 그리스도인의 가정에서 나의 성적 정체성과 씨름했으며, "레즈비언이 진정한 나인가, 아니면 아담의 타락으로 인해 내가 그렇게 변질된 것인가? 이것이 나의 진정한 정체성인가, 아니면 아담으로부터 전가된 원죄(나의 심원한 감정을 신뢰할 수 없게 만들고 거짓되게 만든 죄)로 인해 왜곡되어진 결과인가?"라는 질문들을 처음으로 생각했다.

켄 스미스 목사의 집에 처음 발을 들여놓았을 때만 해도, 나는 종교의 자유란 그리스도인들이 아무 댓가 없이 문화적 자본cultural capital 을 획득하기 위해 사용하는 책략이라고 생각했다. 만일 누군가가 20년 전에 내게 종교의 자유는 이웃을 위한 친절의 한 형태라고 말했다면 나는 그 사람의 면전에서 큰 웃음을 터뜨렸을 것이다. 그러나 지금은 나도 진정으로 그렇게 믿는다. 왜일까? 왜 그리스도인들은 종교의 자유를 친절의 한 형태로 생각하는 것일까? 이 사실을 믿지 않는 이웃들에게 어떻게 입증할 수 있을까? 우리 사회의 도덕적인 변화는 하나님의 친절을 반영한 것일까, 아니면 무언가 다른 것을 반영한 것일까?

최근에 기독교 저술가이자 블로거인 팀 챌리스^{Tim Challies}는 도덕 혁명의 세 가지 특징에 대해 다음과 같이 말했다. 그 내용은 《*Reinventing Liberal Christianity*》라는 테오 홉슨의 책에 소개되어 있다.[2]

1. 과거에 보편적으로 정죄되던 것이 지금은 환영받는다.
2. 과거에 보편적으로 환영받던 것이 지금은 정죄된다.
3. 이 추세를 환영하기 거부하는 사람들은 정죄받는다.

팀은 한 가지 숙제를 남겼다. 그는 "이것이 도덕 혁명인지 아닌지는 스스로 판단하라."고 말했다.[3] 오늘날의 세상이 포스트크리스천(post-christian : 기독교 시대 이후의 시대를 의미함—편집주) 세상인지 스스로 판단하라. 또 하나님의 인도를 더 이상 필요로 하지 않거나 더 나쁘게는 그분의 말씀이 사실이 아니라는 주장으로 그분을 모욕하고 있지는 않은지 스스로 판단하라.

2015년은 미국의 시대 풍조가 바뀌었다는 결정적인 징표가 드러난 해이다. **오버게펠 대 호지스**^{Obergefell V. Hodges} 판결로 불리는 2015년 연방대법원 판결이 동성 결혼을 합법화하였고, 성적 지향^{sexual orientation}이 개인의 참된 정체성을 결정한다고 인정했다. 이것은 그야말로 획기적인 판결이었다. 이 판결을 지지하든 않든 상관없이 이 판결은 세상을 이전과는 다르게 바꾸어 놓았다.

어떤 사람들은 **오버게펠** 판결이 사회적인 오류를 바로잡아 이 세상을 더 나은 곳으로 만들었다고 생각한다. 지지자들은 "사랑이 승리한다." 또는 "사랑이 가정을 만든다." 등의 선전 구호를 내세우면 서 "결혼의 평등"(동성 결혼과 이성 결혼을 법적으로 동등하게 인식해야 한다는 정치적 주장-편집주)을 주장했다.

오버게펠 사건 이후로 복음은 성적 지향이 개인의 정체성을 결정한다는 개념과의 충돌을 피할 수 없었다. 개인의 정체성을 거룩하신 하나님의 형상이 아닌 성적 욕구를 통해 더 잘 발견할 수 있다는 개념은 프로이트가 19세기에 처음으로 성적 지향에 관한 문화적 개념을 도입한 이후로 수면 밑에서 서서히 무르익어 왔다.[4] 그로 인한 갈등이 지금은 온 세상으로 확대되었다.

"결혼의 평등"은 성적 지향이 개인의 본질을 규정한다는 개념, 곧 동성애가 개인의 정체성을 규정한다는 개념에 근거한다. 결혼의 평등을 지지하는 사람들은 성적 정체성이 인간성을 결정하기 때문에 공민권 정책을 통해 보호되어야 한다고 주장한다. 그러나 이것이 과연 사실일까? 인간성을 결정하는 것이 성적 욕구일까(프로이트의 입장), 아니면 하나님의 형상을 따라 남녀로 창조된 사실일까(창 1:27)?

성경적인 결혼은 하나님이 결혼 제도를 만드셨지만 모든 사람이 다 결혼하도록 계획된 것은 아니라는 개념에 근거한다. 결혼은 하나님의 계획에 근거한 창조 규례로, 국가가 아무리 바꾸려고 해도 절대 바꿀 수 없다. 그것은 모든 사람이 인지하기 이전에 구축된 것이다. 그것은 가정의 성장 안에서 빛날 뿐 아니라, 더욱 중요하게는 그리스도와 교회의 결혼이라는 신비 안에서 빛난다.

그렇다면 우리는 막다른 길에 부딪힌 것일까? 서로의 차이를 극복하는 것은 불가능할까? 스미스 목사 부부와 나는 어떻게 서로 참된 친구가 될 수 있었을까? 만일 나처럼 종교의 자유가 성경적인 친절을 반영하는 것이라고 믿는다면 다음의 몇 가지 원칙을 실천해보기 바란다.

1. 이웃의 삶의 현실을 존중하라

스미스 목사 부부(켄 스미스와 플로이 스미스)는 나를 조심스레 대했다. 서로 친구가 된 처음부터 켄 목사는 포용acceptance과 인정approval을 구별했다. 그는 나를 있는 그대로 받아주지만 인정하지는 않는다고 말했다. 공평한 말처럼 들렸다. 그렇다면 그 말은 오늘날에도 공평한가?

작년에 나의 오랜 친구는 내게 자신이 레즈비언이라고 밝혔다. 그녀는 전화로 이렇게 말했다. "너한테 그동안 숨겼지만 나는 사실 여자를 좋아해. 나는 네가 인정해주지 않을 것을 알아."

나는 그녀가 내게 전화해준 것이 고마웠다. 그녀는 사랑스러운 오랜 친구이고, 나는 그녀를 사랑한다. 따라서 나는 그녀에게 "내가 이해 못할 거라고 생각하니?"라고 간단히 물었다.

친구 : "아니, 이해해줄 거라고 생각해. 그런데 네게서 인정받길 기대할 수 없다는 걸 알아. 네가 나를 인정하지 않을 것을 아니까 견딜 수가 없어."

나 : "우리가 항상 서로를 인정했었니?"

친구 : "아니. 그렇지 않아."

나 : "우리는 영화나 치킨 너겟이나 체벌 문제 등, 늘 의견이 엇갈

렸었어. 우리가 서로를 인정한 적은 한 번도 없었지. 하지만 우리는 서로를 항상 사랑했어. 맞지?"

친구 : "맞아. 우리는 한 번도 서로를 인정하지 않았지만, 항상 사랑했어."

나 : "그런데 왜 그 규칙을 바꾸려고 하는 거야?"

친구와 나는 같은 동네에서 10년 동안 친구로 지내면서 함께 울고, 웃고, 다투었다. 그러나 이제는 서로 멀리 떨어져 살고 있고, 세계관도 달라서 전처럼 가깝게 지낼 수가 없다. 우리는 여전히 친구이지만 예전과는 다르다. 그러나 우리는 우리의 우정을 소중하게 여겼고, 우정을 오랫동안 유지해 왔다. 사랑과 인정이 서로 짝을 이루어야 한다는 개념을 거부하는 것이 중요하다. 자녀들을 사랑하는 부모는 자녀들의 모든 행동을 다 인정하지는 않는다. 그리스도 안에서 책임 있는 형제자매가 된다는 것은 그릇된 질문에 긍정적인 대답을 줄 수 없다는 것을 의미한다.

물론, 우리를 갈라놓는 문제는 분명하게 처리해야 한다. 포용(받아들임)과 인정이 같은 개념인가? 20년 전에 켄 목사가 나를 받아들이지만 인정하지는 않는다고 말했을 때, 나는 조금도 기분이 상하지 않았다. 과거의 문화에서 그 둘은 혼동되지 않았다. 그러나 지금은 상황이 달라졌다. 이 점을 이해하는 것이 중요하다. 오늘날, 자신을 LGBTQ로 인식하는 사람들을 포용하고 인정하기를 거부하는 것은 곧 인간성의 의미를 그들 스스로 결정할 수 있는 권리를 부인하는 것으로 간주된다. 바로 이것이 세계관의 균열을 일으키는 진원지다. 우리는 누구의 형상을 지니고 있는가? 하나님의 형상인가, 아니면 성적 자율성^{sexual autonomy}(성과 관련하여 하나님의 규율에 복종하지 않고 스스로 자치적으로 행할 자유를 인정하는 사상—편집주)이라는 형상인가?

불신자들은 우리에게서 진정한 포용, 진정한 받아들임을 볼 필요가 있다. 그들은 진정한 사랑을 볼 필요가 있다. 그들은 하나님의 형상으로 만들어진 것이, 믿음과 삶을 위한 자기 나름의 규칙을 스스로 고안하는 것보다 더 큰 존엄을 부여하는 더 높은 소명^{higher calling}임을 볼 필요가 있다.

나도 나의 믿지 않는 친구들을 조심스레 대한다. 예를 들어, 나는 "LGBTQ 커뮤니티"의 규칙을 존중한다. 나는 그 규칙을 잘 안다. 그것을 만드는 데 내가 일조했다. 나는 이름들을 잘 기억하기 때문에 LGBTQ 가정에서 자란 아이들을 혼동하지 않는다. 나는 누가 "마마"^{Mama}이고, 누가 "마미"^{Mommy}인지를 알고 있고, 나의 아이들에게도 그 의미를 옳게 구별하도록 가르친다. 나는 이웃들을 존중하는 태도로 "당신들은 서로에게 아내입니까, 아니면 동반자입니까?"라고 묻는다. 내가 그렇게 묻는 이유는 그만큼 마음이 쓰이기 때문이다. "나는 사람들이 그들의 일상생활의 진정한 어려움을 안심하고 공유할 수 있는 사람인가, 아니면 기독교적 포용가능성이라는 은밀한 특권 의식에 사로잡혀 나의 손에 날선 단검을 들고 있는 것조차 못 보고 있는가?" 나는 안전한가? 만일 그렇지 않다면 그 이유는 무엇인가? 심지어 포스트크리스천 세상에서조차도 우리는 지나간 과거에 대한 감상적인 추억에 뿌리를 둔 관습적인 특권을 주장할 수 있다. 다시 말해, 1950년대의 미국이나 중세 시대 수도원과 같은 것을 갈망할 수 있다. 그러나 그런 감상적인 추억은 현실에 대한 불만족을 가져올 뿐이다. 따라서 믿음의 눈을 크게 뜨고, 현실을 직시하는 것이 최선이다.

2. 이웃이 겪고 있는 마음의 고민을 들어줄 수 있는 안전한 사람이 되게 해달라고 기도하라

사랑하는 이웃이 자신의 동반자가 자기를 못생겼다고 놀렸다면서 눈물을 흘릴 때면, 따뜻한 손으로 김이 모락모락 나는 진한 커피잔을 내밀며 부드러운 태도로 이웃의 눈을 똑바로 바라보고, "예수님은 절대로 당신을 그렇게 대하지 않으실 거예요. 예수님은 그분의 딸들을 온전히 사랑하신답니다."라고 말할 수 있어야 한다. 그렇다면 나는 그렇게 짤막하게 말할 수 있는 은혜로움을 지니고 있는가, 아니면 항상 어떤 주제에 대해 하고 싶은 말을 모두 다 하려고 드는가? 만일 후자라면 나는 짐승이요 멧돼지나 다름없다. 나는 은혜로 나의 입을 잘 단속하고, "무릇 더러운 말은 너희 입 밖에도 내지 말고 오직 덕을 세우는 데 소용되는 대로 선한 말을 하여 듣는 자들에게 은혜를 끼치게 하라"(엡 4:29)라는 말씀을 통해 내가 행할 바를 깨닫게 해달라고 기도해야 한다. 나의 말이 듣는 이들에게 은혜를 끼칠 수 있기를 바라야 한다. 나의 말은 격려 연설이 아니다. 나는 내 말이 그저 나의 말이 아닌, 나를 통해 그리스도께서 하시는 말씀이기를 원한다. 멀리 보고 이웃들에게 투자하라. 수백 번의 대화가 동네를 아름답게 만든다. 이웃과의 대화를 그들의 은밀한 죄를 파고들어 몇 마디 복음을 전하려는 엉큼한 기회로 삼으려고 하지 말라. 어쩌면 우리의 삶에 죄가 더 많이 있을지도 모른다. 그리스도의 주재권을 주장하면서 죄를 짓는 것이 인간의 자율성을 주장하면서 죄를 짓는 것보다 더 악하지 않겠는가? 이웃을 이질적인 세계관을 지닌 희한한 존재로 희화화하려는 시도를 중단하라.

3. 거룩함과 선함의 성경적인 차이를 이해하고, 믿지 않는 이웃들의 선함을 칭찬하라

자신을 레즈비언으로 규정하는 나의 이웃들이 죄 가운데 있다면, 그들이 동네에서 가장 매너 좋은 사람들이라는 사실을 어떻게 받아들여야 할까? 우리의 기독교적 세계관이 이에 대해 적절한 설명을 제시할 수 없다면, 그것은 공허한 메아리를 울리는 비현실적인 신학에 지나지 않을 것이다.

하나님은 우리 이웃들에게 일반 은혜를 많이 허락하셨다. 우리는 그 점에 대해 하나님께 깊이 감사해야 한다. 일반 은혜란 하나님이 모든 사람에게 베푸신 친절이다. 이 은혜는 차별 없이 모든 인류에게 주어진다. 일반 은혜는 죄의 파괴적인 힘을 억제한다. 이 은혜는 피조 세계를 다스리는 하나님의 섭리적인 보살핌 안에서 발견된다 (히 1:2-3). 하나님은 그분의 섭리 가운데 죄를 억제하시고(롬 13:1), 모든 사람의 양심 속에 역사해 우리 자신을 영원한 관점에서 바라볼 수 있도록 도우시며(롬 2:14-15), 그분의 섭리적인 축복 안에서 불신자와도 우정을 서로 나눌 수 있게 하신다.

우리의 이웃이 선을 행할 수 있는 이유는 하나님의 일반 은혜 덕분이다. 그 덕분에 우리는 이웃을 사랑하고, 그들과 친밀하게 지낼 수 있으며, 그들의 진가를 알아보고, 그들을 신뢰할 수 있다.

그러나 하나님의 일반 은혜만으로는 그 누구도 그분 앞에서 거룩할 수 없다. 일반 은혜는 세상의 죄를 억제할 뿐, 그 은혜를 베푸신 하나님의 회계 장부에서 죄의 얼룩을 지울 수 없다. 일반 은혜로 인한 열매도 열매는 열매이지만 건강한 포도나무에서 맺히는 좋은 열매는 아니다. 그 풍부함으로 인한 베품은 있지만, 십자가에서 비롯된 베품은 없으며, 죗값을 속량할 수 없다. 그러나 기독교적 열매는 십자가를 지는 데서 열매가 맺어진다.

누군가는 매우 선한 일, 곧 일반 은혜가 가득 넘치는 일을 행할 수 있다. 그러나 죄를 회개하고, 돌이켜 그리스도를 온전히 신뢰하여 구원받지 못하면, 불행히도 영원한 지옥의 형벌을 피할 수 없다. 일반 은혜만으로는 하나님께 인정받을 수 없다. 그리스도께서 우리를 구원하셔야 한다. 그분이 우리를 위해 피를 흘리셔야 하고, 성령께서 우리를 위로하셔야 한다. 우리는 반응해야 한다. 성경은 우리의 선행마저 더러운 옷과 같다고 말한다.

칼빈은 《기독교 강요》에서 이 점을 분명하게 설명했다. 하나님은 택하신 자들에게 특별 은혜를 베푸신다. 그러나 깊고 인격적이고 때로는 어색한 대화, 일평생 지속되는 대화를 나눌 수 있을 만큼 서로 친밀하지 않다면 이 사람은 어떤 사람이고, 우리는 어떤 사람인지를 어떻게 알 수 있겠는가?

개혁과 신앙은 우리 스스로 자신을 구원할 수 없고, 죄에 기만된 인간은 악한 힘에 사로잡혀 죄가 이끄는 대로 끌려간다는 사실에 대한 바른 이해를 갖고 있다. 또한, 우리는 구원자가 필요하며, 하나님은 무조건적인 선택을 통해 자기 백성을 구원하신다는 것도 잘 알고 있다. 개혁파 신앙은 예수님의 대리 속죄, 곧 하나님의 아들이 죄의 원장을 받아들고, 우리를 대신해 죄가 되어 자신의 의로 그 모든 죗값을 청산함으로써 자신의 공로로 우리를 의롭게 하신다고 가르친다. 구원을 위한 하나님의 부르심은 불가항력적인 은혜다. 결국 하나님의 이 친절한 사랑은 그분이 우리를 인내하시는 데서 드러난다.

그렇다면 누가 하나님의 선택을 받은 사람일까? 그 사람은 바로 상한 심령과 통회하는 마음을 지닌 사람이다. 성경은 "하나님께서 구하시는 제사는 상한 심령이라 하나님이여 상하고 통회하는 마음을 주께서 멸시하지 아니하시리이다"(시 51:17)라고 말한다. 당신의 구원 여부가 하나님께 달려 있으니, 하나님께 상하고 통회하는 마음을 구하라. 그리스도께서는 구원하는 믿음을 가지라고 죄인들을 부르신다. 복음의 부름은 나와 당신 그리고 이 세상 모든 사람을 위한 것이다.

"주 여호와의 말씀이니라 내가 어찌 악인이 죽는 것을 조금인들 기뻐하랴 그가 돌이켜 그 길에서 떠나 사는 것을 어찌 기뻐하지 아니하겠느냐"(겔 18:23)라는 말씀에서 명확히 보여주듯, 하나님은 모든 사람이 구원받기를 원하신다. 칼빈은 이 구절에 대해 이렇게 기록했다. "하나님은 모든 사람이 구원받기를 바라서서 무엇을 하시는가? 하나님은 성령으로 죄와 의와 심판에 대해 세상을 깨우쳐주신다…하나님은 사람들에게 그들의 영원한 불행을 분명하게 일깨워 주심으로써 자기에게 나오게 하신다. 하나님은 치유하기 위해 우리를 상하게 하신다."[5] 하나님은 지유하기 위해 우리를 상하게 하신다. 모든 고난은 우리를 생명의 원천이신 예수 그리스도께로 이끌기 위한 목적을 지닌다.

그러나 우리로 하여금 죄를 깨닫게 하는 것이 하나님이 우리에게 베푸시는 큰 친절이라는 개념은, 스스로 자기 존중심self-esteem을 가져야 한다는 개념과 정면으로 충돌한다. 믿지 않는 이웃이 하나님의 사랑에 관한 진리를 알기를 바란다면, 당신은 상하고 통회하는 마음을 드러내야 한다. 당신의 연약한 모습을 투명하게 보여줄 수 있을 만큼 그들과 친밀한 관계를 맺는 것이 필요하다.

4. 악의적인 사람들이 다른 신학을 고집하더라도 비난하지 말라

LGBTQ가 단지 하나의 삶의 방식이 아닌 개인의 정체성을 규정하는 것이라는 그릇된 인식이 널리 퍼진 탓에, 많은 사람들이 성경의 정통 견해를 버리고 자유주의적인 견해를 취하게 되었다. 그러나 나는 이들 전부가 신념을 저버렸다고는 생각하지 않는다. 사실, 그들 가운데는 자신을 LGBTQ로 밝힌 친구들이나 가족들이 하찮게 취급당하는 모습을 보거나 정치적인 적으로 간주되어 설교 후에 페이스북에서 놀림감이 되거나 설교 후의 대화 속에서(더욱 잔인하게는 설교 도중에) 이상한 사람들로 희화되는 것을 견디기 어려워하는 이들이 많다. 그들은 LGBTQ의 편에 서기를 원한다. 그들은 친구들의 방패가 되어 주고 싶어 하고, 친구들이 자기들과 똑같은 권리와 특권을 누리기를 원한다. 그들은 편협한 사람이 되기를 원하지 않을 뿐 아니라 심지어는 편협한 사람과 함께 어울리기조차 싫어한다.

그러나 정통주의에서 벗어난 사람들은 부지 중에 자신이 사랑하는 사람들을 이롭게 하는 것이 아니라 오히려 해롭게 한다. 성경(통일된 하나님의 계시)은 우리의 생명줄이다. 이것은 매우 중요하다. 정통주의 신자들과 자유주의 신자들은 같은 숲속에서 나무의 다른 측면을 바라보고 있는 것이 아니다.[6] 그들은 서로 전혀 다른 숲속에 서 있다. 이것은 결코 작은 문제가 아니다. 복음이 구원의 능력을 지니고 있다고 믿는가? 자아에 대해, 즉 우리 자신의 모든 것에 대해 죽지 않고서도 구원을 받을 수 있다고 믿는가? 성경적인 결혼 제도의 근간이 되는 남녀라는 양성은 인간성의 필수적 요소이자 창조 규례와 복음의 바탕을 이룬다.

2014년에 복음주의 교회를 떠난 데이비드 거쉬는 최근에 〈*Religion News Service*〉에 기고한 논문에서 이렇게 말했다.

> 나는 예수 그리스도의 복음의 의미를 이해하는 관점상의 차이, 성경 해석상의 차이, 도덕적 분별의 기준과 방법상의 차이 때문에 우리 가운데 많은 사람이 전에 형제였던 사람들과 갈 길을 달리하고 있다고 생각한다…또한 나는 대화를 지속하려는 시도가 대체로 무익하다고 생각한다. 그 차이는 메울 수 없다.[7]

나는 우리의 차이가 엄청나고, 그 차이의 핵심이 성경을 대하는 태도에 있다는 거쉬의 말에 동의한다. 하지만 그 차이를 메울 수 없다고는 생각하지 않는다. 그것은 무정하고, 절망적인 말이다. 예수님이 무덤에서 부활하셨다고 믿는 사람 가운데 우리의 차이를 메울 수 없다고 말할 사람은 아무도 없다. 예수님이 흘리신 속죄의 피가 그 연결 고리다. 거쉬가 설명한 이론적인 기독교와 실상은 다르다. 예수님은 살아 계신다. 그것이 세상에서 모든 차이를 만들어 낸다. 그분은 메울 수 없는 것을 메우신다. 바로 그것이 요점이다.

　나의 훌륭한 친구들은 나와 다르게 생각하는 사람들에게 선한 이웃이 되기를 원한다. 내 생각도 그들과 같다. 우리가 선한 이웃이 될 수 있는 가장 좋은 방법 가운데 하나는, 사람들이 그들의 십자가를 잘 짊어지도록 돕는 것이다. 십자가를 나누어 주시는 하나님의 원칙은 민주적이지 않다. 내게는 십자가가 한 개일 수 있지만 어떤 사람에게는 열 개일 수 있다. 선한 이웃의 임무는 고통받는 사람 곁에 다가가서 십자가를 짊어지는 일을 돕는 것이다. 하나님의 율법에 어긋나는 율법을 제시하거나 지지하지 않고, 선한 동반자가 되어 그 무게를 잘 감당하도록 십자가를 조금이나마 가볍게 만드는 것이 선한 이웃의 역할이다. 고통받는 친구의 곁에 가까이 머물고, 한밤중의 전화에 기꺼이 응답하고, 죄와 육신과 마귀와 싸우는 친구를 집에 초대해야 한다. 하나님을 거슬러 죄를 지으라고 권유하는 것은 은혜를 전하는 행위가 아니다. 은혜는 항상 그리스도의 속죄의 피로 인도한다. 은혜는 회개와 순종으로 이끈다. 은혜는 마음과 행위로 하나님의 율법을 이루도록 인도한다. 우리가 하나님보다 더 은혜로운 척한다면, 우리가 도우려는 사람의 목에 연자맷돌을 지우는 셈이 될 것이다.

5. 우리가 하나님의 형상으로 창조되었다는 사실이
왜 가장 중요한지 이해하라

우리 모두가 하나님의 형상으로 창조된, 한 하나님의 자녀라면 우리 모습 그대로 괜찮은 것이 아닌가? 우리가 하나님의 형상을 지녔다는 사실은 어떤 의미에서 우리의 정체성의 근간을 형성하는가?

〈웨스트민스터 소요리문답〉은 "하나님이 사람을 어떻게 창조하셨는가?"라고 묻고 나서, "하나님은 지식과 의와 거룩함으로 자신의 형상을 따라 사람을 지으시고, 만물을 다스리게 하셨다."고 대답한다. 그렇다면 우리는 어떻게 하나님의 형상으로 창조되었을까? 창세기 1:27은 이렇게 말한다.

> "하나님이 자기 형상 곧 하나님의 형상대로 사람을 창조하시되 남자와 여자를 창조하시고."

하나님의 창조의 능력이 남자와 여자를 독특하고, 가치 있게 만들었다. 하나님이 보실 때 인간의 생명이 지닌 가치는 도구적인 것(우리가 할 수 있고, 이룰 수 있는 것)이 아니라 본질적인 것(하나님의 형상을 지닌 우리의 고유한 신분)이다. 인간의 가치는 존재론적인 속성을 띤다. 인간의 기원은 하나님의 형상에 있다. 살인이 가장 악한 죄인 이유는 하나님의 형상을 파괴하는 결과를 낳기 때문이다.

한편, 하나님은 남자와 여자에게 그들의 성적인 차이sexual differences에 근거해 서로 다른 역할과 임무를 부여하셨다. 하나님은 죄를 지으실 수 없기 때문에, 젠더 역할상의 차이differences in gender roles는 독단

적이거나 저속하거나 위험하지 않다. 남자나 여자로 태어나는 것
은 서로 다른 복, 서로 다른 제한 조건, 서로 다른 도덕적 책임을 의
미한다. 성적인 차이와 거기에서 비롯하는 젠더 정체성gender identity은
하나님이 자신의 창조 원리에 따라 결정하신 것이다. 그것은 독단
적인 문화의 산물이 아니다. 창조 원리에 따라 사는 것은 어렵다. 하
나님은 그 점을 잘 아시기 때문에 우리를 돕기 위해 우리에게 성경
과 교회와 하나님의 가족을 주셨다. 우리는 그런 수단들을 통해 우
리를 "창조하신 이의 형상을 따라 지식에까지 새롭게 하심을 입은
새 사람을 입는다"(골 3:10).

  그리스도인들은 새로운 피조물이다. 그들의 정체성은 그리스도
와의 연합에 근거한다. 그리스도와의 연합은 그리스도인들이 누리
는 가장 큰 축복이다. 우리는 그것을 통해 그리스도를 모르는 사람
들과 분명하게 구별된다. 그리스도와의 연합은 세 가지 차원을 지
닌다. 첫째는 **내재적인 연합**immanent union이다. 이것은, 우리가 영원 전
부터 그리스도와 연합한 상태로 있다가 마침내 회심을 통해 하나님
이 우리를 위해 안전하게 보존해 오신 참된 정체성을 얻는 것을 가
리킨다. 에베소서 1장 4절이 이 점을 잘 설명하고 있다. 둘째는 **일시
적인 연합**이다. 이것은 그리스도의 죽으심과 부활 안에서 연합하고,
새로운 정체성을 획득하는 것을 의미한다(롬 6:3-7). 셋째는 **적용적인
연합**이다. 이것은 그리스도께서 우리 안에 거하시고, 성령께서 지금
부터 영원토록 우리를 위로하고 인도하시는 현실이 삶 속에 적용되
어 나타나는 것을 뜻한다(엡 2:5-7).[8]

  성화는 행위가 아닌 과정이다. 우리는 평생토록 그리스도와 연합

한 상태로 살면서 자기 자신을 부인하고, 십자가를 지고, 그리스도를 따름으로써 성화를 이루어 나간다. 우리는 성경을 읽고, 그것을 하나님의 영감으로 기록된 권위 있고 무오하고 통일된 계시로 받아들임으로써 하나님을 아는 지식 안에서 자라간다. 하나님을 아는 지식을 추구한다는 것은 자기 자신이 아닌 십자가를 의지하는 것을 의미한다. 십자가를 짊어질지, 아니면 우리가 원하는 대로 행동할지, 둘 사이에 항상 전투가 있다. 그러나 그리스도인은 새로운 남자 또는 여자이다. 하나님은 그리스도를 본받는 삶을 살라고 부르시며, 이 일에는 몹시 고통스러운 영적 전투가 수반된다.

우리가 어떻게 하나님의 의를 따라 지으심을 받는가? 에베소서 4장 24절은 "하나님을 따라 의와 진리의 거룩함으로 지으심을 받은 새 사람을 입으라"라고 말한다. 성경이 새 사람을 입는 것과 옛 사람을 벗어버리는 것을 대조하는 것을 여기에서 또다시 확인할 수 있다. 이것은 개인의 삶을 특징짓는 특별한 죄의 습관은 물론, 아담을 통해 물려받은 정체성을 벗어버리고(아담의 죄가 우리에게 전가된 탓에 우리는 부패했고, 하나님 앞에서 죄인이 되었다), 그리스도 안에서 새로운 정체성을 획득하는 것을 의미한다(귀한 피를 흘리신 그리스도의 사랑 덕분에 우리는 우리를 유혹하는 죄의 습관을 물리치는 데 필요한 능력을 얻을 수 있다). 하나님의 말씀 안에서 발견되는 진리로 우리의 마음을 새롭게 할 때, 우리는 그분의 의로운 형상을 이룰 수 있다. 이해하기 어려운 말씀들을 비롯해 하나님의 모든 말씀이 온전한 진리라는 사실을 부인한다면, 그것은 곧 우리 안에 있는 그분의 형상을 더럽히는 것이다.

우리는 세상에서 어떻게 청지기직을 수행해야 하는가? 창세기 1

장 28절은 이렇게 말씀한다.

"하나님이 그들에게 복을 주시며 하나님이 그들에게 이르시되 생육
하고 번성하여 땅에 충만하라, 땅을 정복하라, 바다의 물고기와 하늘
의 새와 땅에 움직이는 모든 생물을 다스리라 하시니라."

하나님의 형상으로 창조된 데에는 결과와 기대가 뒤따른다. 청지
기직을 잘 수행하라는 명령, 곧 가족과 세상을 보살피고, 다스리고,
가르치고, 보호하라는 의무가 부여되었다.

우리가 사는 세상이 "포스트크리스천" 세상으로 불리는 주된 원
인은 무엇인가? 그것은 인간성의 본질을 거룩하신 하나님의 형상
을 지닌 데서 찾지 않는다는 점이다. 문제의 핵심은 인간성이다. 우
리가 어떤 존재인지를 옳게 이해하지 못하면 우리가 만지거나 느끼
거나 생각하거나 꿈꾸는 모든 것을 옳게 분별하기가 불가능해진다.
우리가 어떤 존재인지를 옳게 이해하지 못하면 하나님이 어떤 분이
신지를 올바로 알 수 없게 되며, 우리 스스로 만든 어둠 속에 완전
히 매몰되고 만다. 우리는 무죄한 자들이 아니다. 요한이 말한 대로
세상은 어둠을 사랑한다. 그리고 그것은 그 자체로 하나님의 심판
의 표시이다. 그것은 고상한 정신의 발현이 아니다. "그 정죄는 이
것이니 곧 빛이 세상에 왔으되 사람들이 자기 행위가 악하므로 빛
보다 어둠을 더 사랑한 것이니라"(요 3:19).

그리스도인들은 포스트크리스천 세상의 희생자인가? 그렇지 않
다. 안타까운 사실이지만 그리스도인들도 공모자다. 우리는 현대주

의modernism가 우리 자신의 정욕과 이기적인 야심에 도움이 될 때는 그 이점을 기꺼이 인정하고, 그것이 우리의 도덕주의에 흠집을 내면 가차 없이 경멸한다. 우리의 차갑고 냉랭한 마음, 낯선 사람을 사랑하지 못하는 태도, 우리의 재물과 시간과 집을 이기적으로 사용하는 것, 과부와 고아와 죄수와 난민을 도외시한 채 우리의 특권만을 향유하는 것, 사랑과 기독교적 증언을 베풀지 않는 것 등, 우리는 하나님 앞에서 많은 죄를 짓고 있다.

구약성경에서 발견되는 창조 규례와 도덕법이 그리스도인들에게도 똑같은 구속력을 지닌다는 사실을 이해할 수 있을 만큼 성경을 충분히 깊이 있게 읽지 못하는 것은 훨씬 더 심각한 잘못이 아닐 수 없다. 우리의 행위가 세상을 향한 우리의 증언을 무력하게 만든다. 우리는 부끄러워해야 마땅하다. 포스트크리스천 세상이 되었다고 해서 성경책이 없어지거나 그리스도의 소유가 된 우리의 마음속에서 느껴지는 성령님의 책망이 사라지는 것은 결코 아니다. 우리는 고결한 도덕주의를 내세우면서 죄를 회개하지 않고 살아간다. 우리는 세상의 소금이요 등불인 척 하지만 세상은 우리가 그 등불을 불어 꺼뜨렸다는 사실을 알고 있다. 하나님께 회개하고, 말과 행위로 이웃을 사랑하지 않는 한, 우리는 위선자로 불릴 것이고, 또 그렇게 불려야 마땅하다. 이제는 우리의 현실을 파악하고 분발해야 할 때가 되었다. 화해는 회개에서부터 시작된다.

우리는 그리스도 안에서 하나님의 형상으로 창조된 존재로서의 모든 권리와 특권(거듭남, 영생, 그리스도로 말미암은 죄와 죽음의 정복)을 누린다. 우리는 하나님의 가족으로 입양되었고, 새로운 본성을 지니게 되었다. 우리 안에서, 우리를 통해 역사하시는 성령께서 그리스도를 죽은 자 가운데서 살리신 그 능력으로 우리의 옛 사람을 몰아내고, 새 사람의 삶을 살게 하신다. 성경은 우리가 어떤 존재인지를 분명하게 보여준다. 우리는 본질적으로 남자와 여자로 창조되었다. 남자와 여자라는 이원적 구분은 신성하고, 거룩하며, 영원하다. 우리는 존재론적인 차원에서 하나님의 형상을 지녔기에 하늘 아버지의 사랑을 필요로 한다. 복음은 모든 사람에게 좋은 소식이며, 이 땅 위에 많은 것을 소유한 사람들도 예외가 아니다.

작고한 헨리 나우웬은 캘리포니아주 토론토에 "라르쉬 생활 공동체"(정신 장애를 앓는 사람들을 위한 공동체임)를 설립한 온유한 성품의 가톨릭 신부다. 그는 손 대접을 영적 운동으로 간주하면서, 그것이 가능하려면 홀로 하나님 앞에 있는 훈련을 통해 영적으로 소생되고, 외로움이 극복되고, 손 대접 안에서 적개심이 해체되고, 기도 안에서 환상의 나타남을 경험해야 한다고 말했다.

식탁 교제는 위로하는 동시에 도전하는 것이다. 우리를 위해 귀한 피를 흘려주신 그리스도께서는 죄인들과 함께 음식을 먹으면서도 그들과 더불어 죄를 짓지 않으셨다. 또한 회개가 하나님께로 나아가는 관문이기 때문이다. 식탁 교제는 우리의 본 모습을 직면하고, 살기 위해 죽으라고 요청한다.

포스트크리스천 세상에서 손 대접을 실천하려면 낯이 두꺼워야 한다. 남을 대접하려면 낯선 사람들을 만나 그들을 이웃으로 만들어야 한다. 하나님의 은혜 덕분에 많은 사람이 계속해서 하나님의 가족이 되고 있다. 낯선 사람에서 이웃으로, 이웃에서 가족으로 바뀌는 과정은 저절로 이루어지지 않는다. 거기에는 의도적인 노력과 용기와 희생과 하나님의 축복이 필요하다.

6. 오늘 당장 무엇이든 시작하라

노스캐롤라이나주 더럼에 있는 우리 동네에는 모두 300가구가 살고 있다. 우리는 "넥스트도어"라고 불리는 소셜 미디어 애플리케이션을 사용한다. 이것은 내가 참여하는 유일한 형태의 소셜 미디어다. 나는 점심 식단을 찍은 사진을 게재하고, 실제로 이웃들을 불러 함께 밥을 먹는다. 나는 내가 아직 알지 못하는 이웃들을 위해 기도하고, 동네의 상황에 적절히 대응하기 위해 매일 "넥스트도어"에서 이웃들이 올린 글을 읽는다. 나는 잃어버린 개들을 위해 기도하고, 학교 물품을 기부한다. 누군가가 아프거나 슬프거나 아이를 낳아 기뻐하는 이웃들에 관한 소식을 알리며 도움을 요청할 때마다 나는 기꺼이 응한다. 나는 이웃들의 음식 알레르기와 취향을 주의 깊게 파악한다. 나는 지난 몇 년 동안 이웃들의 다양한 필요에 맞춘 간편한 요리법을 개발했다. 아이를 낳은 어머니에게 음식을 해 줄 때는 내가 좋아하는 글로리아 퍼먼의 《*Missional Motherhood*》라는 책을 함께 갖다 준다(나는 어머니 됨을 다룬 다른 책들도 거의 다 읽었다. 나는 어머니 됨에 관한 책을 읽는 것을 참 좋아한다. 내가 볼 때는 이 책이 최고인 것 같다).[9]

어떤 사람들은 손 대접을 베푸는 일에 그다지 많은 희생이 필요하지 않다고 말한다. 그러나 남편과 내가 이리저리 따져보면 전혀 그렇지가 않다. 일상적으로 기독교적 손 대접을 베풀려면, 식비가 두 배가 들고, 때로는 세 배가 들기도 한다. 또한 휴가도 포기해야 하고, 집을 고치는 일도 한없이 미뤄야 하며, 여가를 즐길 겨를도 없고, 새 차나 가정용품 같은 것은 살 엄두조차 낼 수 없다. 우리 아이들은 앞으로 올림픽 수준의 축구 선수가 되거나 유명 디자이너가 만든 옷을 입거나 운전기사를 대동하고 상류층 사교 모임에 나갈 일은 결코 없을 것이다. 그 대신 우리 아이들은 뒷마당에서 요새를 짓고, 개구리를 잡고, 숲에서 막대 사탕을 빨아 먹고, 저녁 식사 시간이나 경건의 시간을 알리는 종이 울리면 이웃집 아이들을 데려오는 삶을 살고 있다.

매일 이루어지는 식탁 교제와 급진적으로 일상적인 손 대접을 귀하게 여기는 삶을 살면서 거기에 가족 모두가 참여하려면 물질과 시간과 많은 노력이 필요하다. 우리는 지난 16년 동안의 결혼생활 동안 많은 것을 나누어 주었다. 우리는 매주 많은 음식을 나누었다 (집에 초대해서 음식을 대접했고, 교회에서도 사람들에게 음식을 대접했으며, 출산하거나 무릎 관절 치료를 받은 이웃들에게는 그릇에 음식을 담아 보냈고, 수감자들에게는 포장 음식을 우편으로 보내주었다). 우리는 우리의 시간도 나누고, 집도 공유했다. 우리는 우리집의 일부를 남에게 임대하지 않았다. 만일 그렇게 했다면 집을 공유할 수가 없었을 것이다. 우리는 형편상 그럴 여유가 있을 때에는 자동차도 주었다. 그럼에도 우리는 무엇이 부족해서 어려움을 겪은 적이 한 번도 없었다.

"모든 성도 중에 지극히 작은 자보다 더 작은 나에게 이 은혜를 주신 것은 측량할 수 없는 그리스도의 풍성함을 이방인에게 전하게 하시고 영원부터 만물을 창조하신 하나님 속에 감추어졌던 비밀의 경륜이 어떠한 것을 드러내게 하려 하심이라"(엡 3:8-9)라는 바울의 말이 나의 귓가에 쟁쟁하다. 나는 "비밀의 경륜"을 "비밀의 교제"로 옮긴《킹 제임스 성경》의 번역이 더 마음에 든다.

비밀의 교제

기독교적 손 대접은 그리스도와의 연합이라는 비밀과 성도의 교제를 하나로 결합하여 낯선 사람, 사회적으로 소외된 사람, 만성적인 외로움에 시달리는 사람들과 긴밀한 모임을 갖게 한다. 우리가 우리 가정 안에 복음의 다리를 구축해야 하는 이유는 주위에 있는 사람들의 심대한 필요 때문이다. 우리는 하나님이 우리의 삶 속에 보내신 사람들, 특히 어려움 가운데 있는 사람들이 거룩하신 하나님의 형상을 지닌 존재이기 때문에 우리에게서 가장 좋은 대우를 받을 자격이 있다고 생각한다. 그리스도의 피가 나의 온 몸 안에서 약동하고 있기 때문에 나는 하나님의 형상을 지닌 사람들에게 손 대접을 베풀지 않을 수 없다. 시간적 여유가 있을 때나 편리할 때나 특별한 절기가 도래했을 때만 손 대접을 베푼다면 진정한 손 대접은 일어나지 않을 것이다. 나는 이 은혜 중 어느 것도 유지하거나 나눌 수 없을 것이다.

손 대접을 베풀려면 날마다 성경을 읽고, 죄를 뉘우치며, 어두운 새벽 미명에 홀로 묵상하고, 사람들의 요구와 상관없이 그들의 잘못을 기꺼이 용서할 수 있어야 한다.

손 대접은 우리의 가정을 병원이자 인큐베이터로 만든다. 전에 내가 레즈비언 공동체에 몸담고 있을 때도 가정에 대해 그와 똑같은 생각을 했다. 나는 그 공동체 안에서 내부의 구별되는 문화를 잘 유지하며, 멸시의 눈총을 받지만 친절하게 대접하고, 다정다감한 외부인으로서 투명하게 삶을 드러내며 살아가는 방법에 관해 많은 것을 배웠다. 나는 나를 경멸하는 세상에 내가 소중하게 여기는 가치들을 보여줄 수 있는 습관을 기르는 법을 터득했다.

나는 두려움을 마주하고, 나의 원수들마저 먹이는 방법을 배웠다.

그래서 지금의 내가 있다. 물론 나는 그리스도 안에서 새로운 피조물이 되었다. 하지만 나는 여전히 과거에 애호하던 바닥이 평평한 샌들을 신는다. 나는 뇌수술을 받아 다른 사람으로 되어 버린 것이 결코 아니다. 단지 하나님의 일반 은혜와 구원하시는 은혜를 모두 받은 덕분에 눈이 크게 떠져, 전염성 있는 은혜^{contagious grace}가 삶 속에서 어떤 모습으로 드러나야 하는지, 그것이 사람들과 세상과 교회에 어떤 영향을 미치는지를 새롭게 깨달았을 뿐이다. 나의 집은 하나님의 은혜로 지금도 여전히 병원과 인큐베이터 역할을 하고 있다.

4

하나님은 번지수를
잘못 찾으시는 법이 없다

손 대접의 섭리

1972년 겨울, 일리노이주 리버 포레스트

나는 일리노이주 리버 포레스트의 한 이탈리아계 공동체 안에서 성장했다. 나의 부모는 교회에서 파문된 가톨릭 신자였다. 나는 부모님을 사랑했고, 부모님은 나를 사랑했다. 그러나 토니 모리슨이 말했듯이, 사랑의 깊이는 사랑하는 사람의 인격적 온전함에 의존한다. 과다한 술과 다이어트 약에 의해 북돋워진 채 자신의 소유권만을 내세우는, 정제되지 않은 감정적인 사랑은 항상 지나치게 간섭하는 경향이 있다. 그런 사랑은 무자비하고 모질다.

어머니는 지나칠 정도로 열심히 일했다. 어머니는 가족들 중에 가장 먼저 일어났고, 한밤중에도 잠자리에 들지 않았다. 임상 병리사였던 어머니는 의료 실험실을 가지고 있었다. 나는 매일 방과 후에 어머니의 실험실에 가서 숙제를 했다. 나는 자라면서 어머니가 머리도 명석하고, 사업 수완도 뛰어나고, 또 많은 일을 관장하고 있다는 것을 알게 되었다.

아버지는 용모가 무척 빼어났으며, 인생에서 여러 가지 고난을 겪지 않았더라면 바람둥이가 되었을 것이다. 아버지는 어렵게 학교를 다녔고, 직장 생활도 순탄하지 않았으며, 결혼에도 실패했다(나의 부모는 둘 다 이혼 경력이 있었다). 그러다가 마침내 아버지는 "시카고 트럭 노조"의 노동 지도자가 되었다. 아버지를 따라 조합 모임에 갔던 일들이 기억난다. 아버지는 마치 권투 선수처럼 두 주먹으로 연신 허공을 치며 큰 연단을 누볐다. 연단 밑에는 청색 작업복과 회색 작업 셔츠를 입은 수백 명의 노동자들이 모여 담배를 피워대면서 환호성도 지르고, 야유도 하고, 손뼉을 치기도 했다. 나는 아버지의 말에 아무런 감흥도 느끼지 못했지만 청중은 모든 말에 관심을 집중했다. 박수갈채가 클수록 아버지는 더욱 신을 냈다. 아버지는 키가 173센티미터 정도였다. 우리 가족들 사이에서는 큰 축에 속했다. 특히 아버지가 군중을 향해 말할 때는 실제보다 더 커 보였다. 1950년대 스타일로 기름을 발라 뒤로 빗어 넘긴 그의 검은색 머리는 매끄럽게 빛났으며, 보랏빛이 가미된 푸른 눈은 꿰뚫을 듯 날카로웠다. 아버지는 3주에 한 번꼴로 이발소에 들러 머리를 단정하게 깎고, 손톱을 손질했다. 나는 아버지가 그리스 신화 속의 신을 닮았다고 생각했다.

나의 오빠는 나보다 여덟 살이 더 많았다(그는 아버지가 첫 번째 결혼관계에서 얻은 아들이었다). 오빠는 우리집 창고에서 헤로인을 받아서 화장실에서 투약한 뒤, 오후에 텔레비전을 보면서 거실에서 스스로를 애무했다. 내가 기억하는 한, 오빠는 심하게 나쁜 사람은 아니었다.

　어머니는 내가 어린 시절에 가능한 한 교육을 잘 받게 하려고 최선을 다해 노력했다. 나는 잘 훈련된 부지런한 수녀들이 가르치는 훌륭한 가톨릭 학교들을 다녔다. 나는 가톨릭 학교에서 언어와 힘든 일을 좋아하는 법을 배웠다. 나는 수녀들을 사랑했고, 신앙 때문이 아니라 그들의 공동체가 마음에 들어 수녀가 되고 싶다는 생각을 하기도 했다(다른 여성들과 함께 봉사 정신을 실천하며 살면 무척 평화로울 것만 같았다). 내 이름도 그들이 기도할 때 사용하는 묵주를 따서 지어졌다. 나는 누구에게 기도해야 할지 몰랐지만 묵주 기도를 영창하는 평화로운 소리를 들을 때마다 위로를 받았다.

　내가 좋아하는 어린 시절의 추억 가운데 하나는 우리집에서 파티를 여는 것이었다. 누군가가 피아노를 치기 시작하면 어머니는 노래를 불렀다. 나는 어머니가 노래하는 것을 매우 좋아했다. 어머니는 힘 있는 콘트랄토 목소리를 가졌다. 어머니는 "오클라호마"나 "헬로, 돌리"와 같은 뮤지컬 표제곡에 맞춰 힘차게 노래를 불렀다. 나는 지금도 어머니가 부른 "마이 로맨스"라는 노래를 녹음한 테이프를 가지고 있다. 그것은 그녀가 스물다섯 살 때 뉴욕에서 뮤지컬과 광고 출연을 위해 부른 오디션 곡이었다.

　나의 부모는 내게 자신들이 가진 최상의 것을 주었지만 고상한 목표와 선한 의도는 우리 가족을 사로잡은 죄의 습관과는 조금도 어울리지 않았다.

한번은 아버지가 외부에 일이 있어 나가면서 나를 데려갔다. 당시 나는 아홉 살이었고, 그것이 아버지가 볼일을 보러 갈 때 나를 데려갔던 마지막이었다.

당시에 아버지는 분홍색 링컨 콘티넨탈을 몰았다. 나는 앞 좌석에 앉았고(당시에는 나이가 17세 미만이거나 키가 160센티미터 이상이 되지 않는 아이들도 카시트 없이 자동차에 탈 수 있었다), 아버지는 우리집 근처에 있는 공동묘지로 차를 몰고 들어갔다. 나중에 아버지는 그곳에서 내게 운전하는 법을 가르쳐주었다. 죽은 사람밖에 없는 그곳은 초보 운전자가 죽일 수 있는 사람이 아무도 없기에 가장 안전하다는 이유에서였다. 아버지는 공동묘지 안으로 더욱 깊숙이 들어가서는 회색 돌무덤들과 기울어진 나무들이 원을 그리며 서 있는 곳에 차를 멈추었다. 때는 오후 4시로 곧 어두워질 시간이었다. 날씨는 온화했고, 살며시 포개 잡은 나의 양손 위로 상수리나무들의 큰 그림자가 드리웠다.

아버지는 내게 바닥에 가만히 수그리고 있으라고 말하고는 어떤 일이 있어도 모습을 드러내지 말라고 주의를 주었다. 아버지는 나를 차 안에 둔 채 문을 잠갔다. 등골이 오싹하는 공포가 느껴졌다.

다른 차가 와서 멈추면서 타이어가 미끄러지는 소리가 들렸다. 남자들이 큰 목소리로 상스러운 말을 내뱉었다. 아버지의 또 다른 면모, 즉 악하고, 폭력적이고, 거친 면모가 여실히 드러났다. 아버지는 집에서는 그런 면모를 감추고 있었지만 그곳에서는 그것을 있는 그대로 드러냈다. 무언가 채찍과 같은 것이 날카롭게 후려치는 듯한 소리가 들리더니 곧이어 "컥"하는 짐승 같은 비명이 터져 나왔다. 그리고 나서는 나중에 온 차가 미끄러지는 소리를 내면서 그곳을 빠져나가는 소리가 들렸다. 아버지는 신음소리를 내기 시작했다. 조용한 무덤에 둘러싸여 자동차 바닥에 숨을 죽인 채 엎드려 묵주 기도를 외고 있는 딸 외에 그 신음소리를 들은 사람은 아무도 없었다. 나는 서둘러 묵주 기도를 마치기 위해 최대한 빠르게 기도를 읊었다. 그림자가 사라지고, 어둠이 자동차를 감쌌다. 아버지의 흐느낌은 큰 울음소리로 바뀌었다. 그때, 누군가가 자동차로 다가왔다. 그것은 하나님이 아니었다.

그것은 나의 아버지였다. 나는 아버지가 고통스러워하며 울부짖는 소리를 들었고, 너무나도 당황스러워 그저 조용히 "은혜가 많으신 성모 마리아를 찬양하라. 하나님이 너희와 함께하시니…"라는 묵주 기도문을 외우는 것 외에는 아무것도 할 수가 없었다.

아버지는 차를 향해 기어왔고, 그의 발은 피투성이였다. 아버지가 신고 있던 신발이 길바닥에 선명한 자국을 남겼다. 사람들이 타고 왔던 차가 떠날 때, 아버지가 그 차의 열린 창문에 매달려 있었기 때문이었다.

아버지는 부들부들 떨면서 자동차 문을 열고는 운전석에 털썩 주저앉았다.

그에게서 땀과 공포와 피와 오줌과 담배 냄새가 풍겼다.

아버지의 몸은 경련을 일으키며 덜덜 떨렸다. 그는 핸들을 꼭 붙잡고, 집으로 차를 몰았다. 턱에도 경련이 일면서 이빨이 딱딱 부딪치는 소리가 들렸다.

나는 아버지를 존중하는 마음으로 그를 홀로 가만히 내버려 두려고 일부러 다른 곳을 바라보려고 애썼다.

아버지는 길바닥과의 마찰로 피부가 벗겨진 발로 집으로 차를 몰았다.

나는 내게 오셔서 나를 소유하실 하나님이 필요했다. 왜냐하면 나 스스로는 그분을 발견할 수가 없었기 때문이다. 아버지의 자동차 바닥에 웅크리고 있는 내게 오셔서 나를 취하실 수 있는 하나님이 필요했다. 나는 겹겹이 쌓인 공포와 가정 폭력의 고리와 나 자신의 혼란과 분노로 인한 수치심에 매몰되어 있었다. 선한 것과 악한 것이 한 데 얽혀 있었고, 사랑과 교묘한 속임수를 분간하기가 어려웠다. 나는 오직 선한 것과 사랑만을 갈망했지만 나의 어린 시절에는 그것들이 하나로 뭉뚱그려 있었다. 나를 떠나지 않고 늘 쫓아다니는 공포만큼 강력한 복음이 필요했다. 그런 하나님이 존재하셨던가? 지금 이 세상에 살아 계신 하나님이 진정 존재하시는가?

내게 그리스도인 이웃이 있었던가? 우리 가족을 알고 우리 가족을 도와줄 수 있었던 이웃이 있었나?

1974년 6월, 플로리다주 포트 로더데일

카를로스는 나보다 나이가 많고 내가 가장 좋아하는 사촌이다. 그는 나의 부모가 파티에 가서 술에 취한 채 집에 돌아오는 토요일 밤이면 늘 나를 돌봐주었다. 그는 팝콘을 튀겨 큰 그릇에 담아 버터와 소금을 잔뜩 바르고 나서 우리의 바느질감과 뜨개질감을 꺼내 놓고, 텔레비전을 틀어 우리가 가장 좋아하는 "크리처 피처스Creature Features"를 봤다. 우리는 뜨개질과 바느질을 하면서 함께 즐겁게 대화했다. 그는 항상 친절하고 자상했다. 그는 내게 팝콘을 저녁밥으로 먹게 했고, 내가 원하는 만큼 늦게까지 함께 놀아주었다. 그는 내 친오빠와는 달리 나를 놀리지도 않았고, 나를 무섭게 하는 일도 하지 않았다. 우리는 둘 다 제인 오스틴의 소설을 좋아했다. 카를로스는 나보다 15살 더 많았다.

카를로스는 스물다섯 살이 되자 가족들에게 자신이 게이라고 밝혔다. 그 후, 그는 곧 〈플레이걸〉이라는 잡지의 모델로 활동하기 시작했다(나의 부모는 〈플레이보이〉와 〈플레이걸〉을 모두 구독해서 화장실에 비치해 두었다. 서로가 음란물을 즐길 기회를 동등하게 누렸던 셈이다). 카를로스는 플로리다주 포트 로더데일의 "캐소드 레이 게이 바"의 첫 번째 소유주였다(어떤 곳에서는 "캐소드 레이 게이 바"의 평판이 별로 좋지 않다). 나와 나의 부모, 숙모들, 삼촌들, 사촌들을 비롯해 할머니까지 그의 게이 바 개업식에 모두 참석했다.

카를로스는 개업식 당일 밤에 상당히 긴장한 모습이었다. 그는 몸을 깨끗하게 씻고, 향수를 잔뜩 뿌린 채 턱시도를 차려 입고, 내가 그를 위해 요리한 스크램블드 에그를 깨작거렸다.

캐소드 레이 바의 문을 열고 들어가 보니, 그곳은 전에 한 번도 본 적 없는 그런 곳이었다. 당시 나는 열두 살이었고, 토요일 저녁에 게이 바에서 시간을 보낸 적은 그때가 처음이었지만 마지막은 아니었다. 그곳은 여러 구역으로 나뉘어 있었다. 춤을 추는 곳에는 남자와 남자들, 여자와 여자들이 함께 어울려 춤을 추고 있었다. 그 장면을 보고 있자니 몸이 주체할 수 없을 정도로 따끔거렸다. 여자들이 서로를 껴안고 있는 모습을 보니 숨이 막힐 듯했다. 그런 감각은 마치 망망대해에서 조류에 휩쓸리는 것처럼 뭔가 잘못된 느낌이 들었다. 술집에는 성인들이 모여 있었다. 나의 부모도 술을 마시며 한껏 즐겼다. 대다수를 차지하는 남자들이 건배를 외치며 웃고 떠들고 담배를 피웠다. 분위기는 매우 소란스러웠다. 멀리 한쪽 구석에 속옷 외에는 아무것도 입지 않은 두 남자의 모습이 눈에 띄었다. 매우 재미있어 보이는 광경이었다. 바깥 날씨는 그렇게 덥지 않았다. 나는 공공장소에 속옷만 입고 나온 이유를 이해하기 어려웠다. 나는 나보다 어린 사촌들과 함께 의자에 앉아 음료수를 마시면서 술집 냅킨에 행맨 게임을 하고 놀았다.

사촌들과 나는 부모들과 함께 술집이나 라스베이거스의 카지노에 가곤 했다. 우리는 그것이 정상이라고 생각했다. 우리는 행맨 게임과, 틱택토 놀이를 하면서 놀았다. 우리는 그 게이 바도 라스베이거스의 카지노와 같은 곳일 거라고 생각했다. 그러나 밤이 깊어 가면서 사람들이 내가 전혀 생각하지 못했던 행위를 하기 시작했다. 그것은 부모를 따라갔던 다른 술집에서는 볼 수 없었던 것이었다. 유혹적인 어둠이 사방을 뒤덮고 있었다. 술집에는 갈수록 더 많은 사람이 모여들었다. 날이 어두워지자 사람들이 무대 의상을 입고 들어왔다. 어떤 사람들은 소품을 들고 나타나기도 했다. 춤추는 남자들이 가지고 온 짐승 우리도 소품이었을까? 그 생각을 끝으로 나는 잠이 들었다.

그것이 처음이었지만 마지막은 아니었다. 나중에 나는 게이 바를 자주 들락거렸다.

2016년 6월, 스물아홉 살의 보안 요원이었던 오마르 마틴이 플로리다주 올랜도에서 "펄스"라는 이름의 한 게이 바에 난입해 테러를 자행했다. 그 사건으로 49명이 사망하고, 53명이 부상을 입었다. 언론들은 즉시 펄스를 나이트클럽이 아닌 피난처처럼 묘사하기 시작했다. 하나님의 은혜와 보호 덕분에 게이 클럽에 한 번도 가본 적이 없는 그리스도인들도 거기에 동조했다. 그들은 나이트클럽이 피난처라고 말했다. 웨슬리 힐은 〈First Things〉이라는 종교 잡지에 "교회가 피난처라면"이라는 제목의 글을 게재했다. 그는 그 글에서 "'펄스'와 같은 클럽은 LGBTQ 공동체가 사회적 멸시로부터 잠시 숨을 돌릴 수 있는 몇 안 되는 귀중한 장소들 가운데 하나다… 그런 클럽 가운데는 안전한 항해 길을 보여주는 등대처럼 네온 간판에 '피난처'라고 적어 놓은 곳도 더러 있다."고 말했다.[1]

웨슬리 힐의 글은 잘못된 글이다. 그 글은 수치스러울 만큼 잘못된 개념에 근거한다. 게이 클럽은 위험하고, 어두운 죄의 장소다. 게이 바 중에는 노골적인 섹스 클럽에 지나지 않은 곳이 적지 않다. 모든 것이 가짜 손 대접이라는 범주에 속한다. 그런 클럽들은 참다운 유대감의 필요성과 깊은 갈망과 강력한 욕망을 이용하여 이익을 추구한다. "피난처"는 그런 곳과는 정반대된다. 게이 바는 퇴근 이후부터 밤 10시 반 정도까지는 사람들이 모여 정치나 건강에 관한 문제를 논하고, 친구들을 만나 즐거운 시간을 보내고, 볼링 게임을 마치고 축하를 하는 장소일 수 있지만, 일정한 시간이 지난 후부터는 어두운 장소로 탈바꿈한다. 하나님은 모든 것을 알고 계신다. 갈라디아서는 다음과 같이 말한다.

> "육체의 일은 분명하니 곧 음행과 더러운 것과 호색과 우상 숭배와 주술과 원수 맺는 것과 분쟁과 시기와 분냄과 당 짓는 것과 분열함과 이단과 투기와 술 취함과 방탕함과 또 그와 같은 것들이라 전에 너희에게 경계한 것 같이 경계하노니 이런 일을 하는 자들은 하나님의 나라를 유업으로 받지 못할 것이요"(갈 5:19-21).

상기 구절의 엄연한 진리는 편견을 갖는 태도를 용납하지 않는다.

또한, 위의 말씀은 상스러운 농담을 용납하지 않는다. 그런 농담은 아무런 재미도 없다.

또한, 위의 말씀은 사람들의 말을 들으려 하지는 않으면서 사람들에 대해 이러쿵저러쿵 말만 하려는 태도를 용납하지 않는다.

가짜 손 대접이 매혹적으로 보이는 이유는 우리가 LGBTQ 공동체를 비롯한 우리의 이웃들에게 진정한 손 대접을 베풀지 않기 때문이다. 기독교적 손 대접을 베풀지 않는 것은 이웃들의 영혼을 무시하는 것이다.

"펄스" 클럽에서 자행된 테러 공격은 개인적인 경험을 그릇 이용하는 어리석고 오류에 빠진 그리스도인들을 용납하지 않는다. 그리스도인들은 세상 사람들의 언어를 사용하지 않는 것 때문에 세상 사람들의 비위를 거스를 때가 많다. 그러나 그리스도인들은 또한 세상 사람들의 언어를 그들의 문맥과 무관한 방식으로 사용하여 세상 사람들의 분노를 초래하기도 한다. 말이 세상을 만든다. 진리를 전할 수 있는 말은 오직 육신이 되신 말씀이신 예수님뿐이다. 우리가 언어를 바꾸면, 논리도 바뀐다.

나이트클럽은 피난처가 아니다. 그곳이 피난처라고 실제로 믿는 사람은 아무도 없다.

학교로 돌아오다

우리는 다음 날 시카고로 다시 돌아왔다.

캐소드 레이 게이 바에 대한 기억이 차츰 희미해졌다. 그러나 그때의 광경과 냄새는 여전히 기억에 남아 있었다. 그 광경들은 충격적이기도 했고, 유혹적이기도 했다. 나는 그것들이 다시 보고 싶었다. 그럴 가능성을 생각하니 몸이 부르르 떨렸다. 곁눈질로 짐승 우리 안에 있는 남자들을 보았을 때 아무 생각도 할 수 없었다. 과연 내가 정말로 그 광경을 보았을까? 내가 그것을 실제로 보지 못했을 수도 있다.

다음 날, 나는 일찍 일어나 빳빳한 흰색 블라우스와 진청색 체크무늬 치마를 입고, 늘 하던 대로 머릿속으로 지난 일을 정리해보았다. 캐소드 레이에서 밤을 보낸 일과 가톨릭 학교에 다니는 여학생의 삶은 서로 달랐다. 우리 가족은 새벽어둠이 아직 가시지 않은 시간에 비행기를 타고 포트 로더데일을 떠나 집으로 돌아왔다. 아버지가 공항에서 학교까지 곧바로 나를 데려다주었다. 우리는 오후 수업 시작종이 치기 직전에 학교에 도착했다. 아버지는 학교 주차장에 차를 세우고, 나를 안아주며 입을 맞추면서 "착하고 공손하게 행동하고 많이 배우되, 수녀들이 하는 말은 아무것도 믿지 말거라." 라고 말했다. 그는 그 말을 매일 똑같이 되풀이했다. 나의 부모는 종교가 상상력을 죽인다고 생각했다(그러나 나는 캐소드 레이에서 본 광경을 생각하니 최소한 그날 아침만큼은 상상력이 줄어들었으면 좋겠다는 생각이 들었다).

나는 차에서 폴짝 뛰어내렸고, 학교 문 앞에서 내가 좋아하는 메리 마가렛 수녀에게 인사를 했다. 나는 그날, 내가 좋아하는 라틴어 수업과 영어 수업 시간에 라틴어 어형 변화를 암기했고, 에밀리 브론테에 관한 과제물 초안을 작성했다. 쉬는 시간에는 뜨개질을 했고, 기도 시간에는 친구인 아이린 옆에 앉았으며, 뮤지컬 "Joseph and the Amazing Technicolor Dreamcoat"(요셉과 놀랍고 화려한 꿈의 코트, "요셉 어메이징"이라는 제목으로 한국에서도 공연되었다.—편집주)에서 내가 맡은 대사를 암기하는 등, 아무 일도 없었던 것처럼 하려고 애썼다. 이따금 클럽의 광경들이 전기 스위치를 켜듯 머릿속에 섬광처럼 떠오르며 나의 감정을 자꾸만 어두운 곳으로 몰고 갔다. 두 가지는 분명했다. 하나는 그곳이 어두운 장소였다는 것이고, 다른 하나는 무언가 나를 끄는 힘이 있었다는 것이다. 오후의 요리문답 시간에는 바울 신부가 부활이 하나의 비유인 이유를 설명했다. 나의 가톨릭 생활도 현실과 괴리되어 있기는 마찬가지였다. 비유는 표현의 힘과 관련이 있을 뿐, 실제나 참이 아니다. 비유는 사실이 아니다. 만일 부활이 비유라면 예수님이 캐소드 레이나 나의 부모의 집이나 내가 그분을 진정으로 필요로 했던 그 어떤 장소에서도 나를 도와주지 못하시는 것처럼 보였던 이유를 알 수 있을 듯했다.

그날, 나는 죄, 특히 원죄에 대해 곰곰이 생각했다. 마가렛 수녀는 원죄는 진청색 치마에 커다란 표백제 자국이 난 것과 같은 상태로 태어나는 것과 비슷하다고 가르쳤다. 나는 내 치마를 내려다보았지만 표백제 자국이 있어도 그리 흉하지는 않을 것 같았다. 나는 빳빳한 치맛자락을 손으로 만지작거리며 나의 원죄가 만든 표백제 자국이 얼마나 클지를 상상했다. 원죄는 그렇게 흉해 보이지 않았다. 어쩌면 그것은 일종의 홀치기 염색과 같은 것일지도 몰랐다. 마가렛 수녀는 원죄란 우리가 은혜 없이 태어난다는 의미라고 말했다. 매번 미사를 드리면서 입 안에 성체를 넣고 포도주를 마실 때마다, 하나님이 나의 진청색 치마에서 흉한 표백제 자국이 모두 없어져 온전하게 될 때까지 더 많은 은혜를 베풀어 그 자국을 메워주실 것이었다. 아기 예수님을 낳기 전에 동정녀 마리아의 진청색 치마에는 그 자국이 없었다. 이것이 우리가 "은혜가 충만한 성모 마리아여"라고 기도하는 이유다. 그녀는 원죄가 모두 사라졌기 때문에 예수님의 모친이 될 수 있었다. 내가 은혜로 충만할 수 있다면 나쁜 일들이 내게 일어나지 않을 것이라고 생각했다. 나는 미사에 최대한 자주 참석하고, 더 열심히 노력하겠다고 다짐했다.

나는 성례를 통한 구원을 의지하고 있었다.

삶은 계속되었다

나는 친구들을 집에 거의 데려오지 않았다. 집은 늘 상황을 예측하기가 어려웠다. 그러나 나는 혼자서 시간을 보내도 별 상관없었다. 우리집 근처에 사촌들이 살고 있었다. 나는 중학생이었고, 친오빠는 다른 곳으로 거처를 아예 옮겼으며, 부모님은 전보다 싸움은 덜했지만 술은 더 많이 마셨다. 나는 방과 후에는 주로 내 방에서 과제를 하거나 고양이들과 놀거나 뜨개질을 하면서 시간을 보냈다. 학교 친구가 저녁 식사나 생일 파티에 초대하면 기꺼이 응했다. 그럴 때면 다른 친구들이 부모와 참으로 편안하게 지내는 모습을 보고 종종 놀라곤 했다. 나는 부모님이 언제 술에 취해 비틀거리며 격한 감정을 드러내거나 화를 낼지 몰라 항상 가슴을 졸여야 했다. 그런 내 상황이 늘 당혹스러웠다. 나는 부모님이 화를 내거나 격한 감정을 드러내지 않게 하는 방법을 조금씩 터득해야 했다. 나의 부모는 두 분 다 고양이들을 좋아했고, 녀석들을 의인화시켜 말하는 나의 이야기를 재미있어했다. 나는 메리 마가렛 수녀가 원죄에 관해 가르친 것과 내가 나의 마음과 우리집에서 직접 목격한 것을 조화시키려고 노력했다. 그러나 내 눈에는 우리가 입고 있는 치마에 표백제 자국이 난 것 정도로 보이지 않았다. 오히려 우리 몸의 모든 핏줄은 물론, 모세 혈관까지 오염시킨 핏자국이 있는 것처럼 보였다. 훌륭한 사람들을 위한 훌륭한 도덕성을 제시하는 복음 정도로는 나의 마음을 찌르는 칼날이 되기에 역부족이었다. 누가 내 마음을 열어 그 안에 있는 것을 보고, 나를 새롭게 해줄 수 있을까? 만일 부활이 비유라면 미사가 모든 것을 새롭게 해줄 것이라고 확신하기 어려웠다.

그 당시에 내게 도움을 베풀 수 있는 그리스도인 이웃이 있었을까?

누가 알겠는가?

1998년 2월, 뉴욕주 시러큐스

나는 책도 쓰고, 강의도 하고, 논문도 지도하며, 학부와 대학원 수업을 했다. 나는 시러큐스 대학교의 학부에서 영어와 문헌학 연구 프로그램을 운영했다. 떠오르는 스타였던 나는 세상을 바꾸기 위해 전면에 나섰다. 나는 더 많은 친구들, 특히 나를 죄인으로 생각하는 친구들을 더 이상 원하지 않았다.

지금도 나는 몇 가지 간단한 사실을 제외하고는 켄 스미스 목사 부부와 내가 왜 그렇게 좋은 친구가 되었는지 설명하기가 어렵다.

그 첫 번째 이유는 켄과 플로이가 나를 놔주려고 하지 않았기 때문일 것이다. 나는 사라지려고 했다. 사실, 우리는 살아가는 환경이 서로 달랐기 때문에 그렇게 하기는 전혀 어렵지 않았다. 그러나 그들은 사역 팀이었고, 나를 포기하려고 하지 않았다. 두 사람 중에 한 사람이 매주 전화나 이메일로 나를 점검했다. 매주 그들을 피하기보다 함께 식사를 하는 것이 더 쉬웠다. 내 말을 오해하지 말기 바란다. 켄 목사 부부는 귀찮게 하는 스토커가 아니었다. 그러나 그들의 태도는 확고부동했다. 나는 기도하는 마음으로 함께하려는 사람은 아무도 피할 수 없다는 사실을 나중에 알게 되었다. 켄과 플로이는 나, 곧 자신들의 철천지 원수를 위해 날마다 기도했다. 그들은 나에 대해 생각하며, 내가 자기들의 딸인 것처럼 나를 위해 기도했다. 그들은 깊은 이해심을 발휘하며 하늘의 영역에서 문제를 해결하고 있었기 때문에 내가 거기에서 도망치는 것은 불가능했다.

두 번째 이유는 내가 켄과 플로이의 손 대접에 크게 매료되었기 때문이다. 온갖 종류의 사람들이 그 집을 오갔다. 플로이가 차리는 음식은 간단하면서도 풍성하다는 점에서 내가 차리는 음식과 비슷했다. 플로이의 부엌 찬장에는 색색의 콩들이 가득 들어 있는 커다란 유리병이 줄지어 놓여 있었다. 다양한 색깔의 콩들이 담긴 유리병들이 끝나는 지점에는 《*More with Less: Suggestions by Mennonites on How to Eat Better and Consume Less of the World's Limited Food Resources*》(더 적은 것으로 더 풍성하게 : 세상의 한정된 식량 자원을 덜 소비하면서 더 잘 먹고 사는 법에 대한 메노파 신자들의 제안)라는 요리책이 한 권 놓여 있었다.

사람들은 제각기 성경책과 시편 찬송 책(반주 없이 4부로 나눠 부르게 곡이 편성되어 있는 시편 찬송가)을 들고 켄 목사 부부의 집으로 왔다(성경책과 찬송가 둘 다 새것이었다. 참된 인문학자라면 누구나 그런 고대의 문서들이 멋져 보일 수밖에 없을 것이다). 켄 목사 집에 오는 사람들은 문화적인 교양을 갖추었고, 음악에도 익숙했다. 그들은 책을 펼쳐 들고 읽을 줄 알았고, 4부로 된 시편 찬송가의 테너 부분을 부를 줄 알았다. 나는 그들의 그런 능력을 존중했다. 고대의 문서와 음악에 능숙한 것은 보기 드문 기술이었다. 나는 겸손하게 발휘되는 그들의 기술에 깊이 매료되었다.

나는 그 목사의 집에 모이는 사람들이 완전히 잘못된 세계관을 갖고 있다고 생각했지만, 그들은 사려 깊고, 경험 많고, 친절했다. 또한 그들은 사람들이 공적인 환경 속에서 책을 읽는 것과는 전혀 다른 방식으로 성경을 읽었다. 구체적으로 말해, 그들은 1인칭 현재 시제를 사용해 성경을 읽었다. 그들은 성경을 하나님의 살아 있는 책으로 믿었고, 실제로 그렇게 대했을 뿐 아니라 하나님과 친한 사이인 것처럼 그분께 기도를 드렸다.

그들이 시편 찬송가를 부를 때 내 안에 깊이 숨어 있던 무언가가 되살아났다. 찬송가는 항상 4부 합창이었다. 론은 베이스를, 다이애나는 알토를 불렀으며, 진지하게 홈스쿨링을 받은 소년들, 곧 얼굴에 여드름 꽃이 핀 소년들이 테너를 담당했고, 소프라노들은 목소리를 자랑하려고 하지 않고 가장 높은 음을 가볍고 우아하게 소화했다. 그런 모습을 보고 있자니 음악 학교에서 어느 합창단 지휘자가 4부 합창을 집에 빗대어, 베이스는 집의 하부 구조와 같고, 테너는 방바닥과 같으며, 알토는 벽과 같고, 소프라노는 지붕과 같다고 말한 것이 생각났다. 켄 목사 부부의 집에서 부르는 찬송가는 균형을 잘 갖춘 집과 같고 참으로 진귀하다는 느낌을 주었다. 다만 그음악의 수준은 탁월했지만 그들이 부르는 노랫말은 놀랍고, 신랄하고, 불쾌하고, 심지어는 혐오스럽기까지 했다. 그들의 찬송가는 검정콩과 고추에 꿀을 살짝 곁들인 남아메리카의 매운 고추 음식과 비슷했다. 그 맛은 오래도록 남는다. 일단 생고추를 씹어 먹고 주체할 수 없는 눈물을 흘려보기 전에는 그것이 매운지 달콤한지 알 수 없다. 아무튼, 시편 찬송의 음악은 내 안에서 쓰라린 분노와 은밀한 동의 사이를 오가는 무언가를 자극했다.

세 번째 이유는 그들과 내가 둘 다 원수를 가까이하기를 좋아했기 때문이다. 그들의 활짝 열린 대문이 그 분명한 증거였다. 나는 그들에게서 그러한 태도를 배우고 싶었다. 이론적으로는 나도 "모두가 똑같은 생각을 하는 곳에서는 아무도 깊이 생각할 수 없다."는 말에 동의했다. 다시 말해, 나는 "원수들을 가까이하라. 그들 가까이에 붙어 서 있으면 그들이 뒷발로 차는 말처럼 아무리 발길질을 해도 우리를 때릴 수 없을 것이다."라는 말에 동의했다. 그러나 해가 거듭되어도 나의 식탁 교제는 인문학 박사 학위를 소지한 백인 레즈비언들을 중심으로 이루어졌다. 억압과 차별에 대한 우리의 "교차성 이론"에도 불구하고, 정작 우리 안에는 다양성이 존재하지 않았다. 유일한 예외가 있다면 이따금 우리의 식탁에 참여하던 중국에서 입양한 딸이었다. 에이즈 위기가 우리의 성별을 다양화시켰다. 성을 전환한 나의 친구 "제이"가 우리의 성적 정체성을 다양화했지만 핵심적인 사람들 중에는 전혀 다양성이 없었고 오직 유사성만 존재했다.

당시에 나는 적으로서 그리스도인들을 비판하는 책을 쓰는 중이었다. 그러나 세계관의 거대한 벽이 현실적으로 나와 그들을 갈라놓고 있었음에도 불구하고 나는 그들과 즐겁게 어울리고 있었다.

그것은 때로 전쟁 중에 잠시 싸움을 멈추고 읊조리는 시구와 같은 일회성 사건이 아니었다. 그것은 나와 그들에게 매주 반복되는 일상이었다. 그것은 그리스도인인 그들이 살아가는 방식이었으며, 강력하고, 매혹적이었다. 모든 차이에도 불구하고 켄과 플로이, 론과 로빈, 디, 빌, 르네, 노라, 버드는 나의 친구가 되었다. 최소한 그들이 "주일"로 일컫는 일요일 저녁만큼은, 우리는 서로 친구였다.

나는 매주 참석하지 못했다. 그것을 견뎌낼 수 없었기 때문이다. 그러나 그들은 한 주도 빠지지 않았다.

주일 저녁, 켄 목사 집에서의 시간은 내게 있어 부자연스러운 시간이었다. 그곳에는 바쁘게 처리해야 하는 일도 없었고, 보고서 점수를 매기는 일도 없었고, 동료들을 험담하는 격정적인 전화 통화도 없었고, 전략 회의도 없었다. 나는 최소한 주일 저녁만큼은 나의 더러운 입을 깨끗하게 유지하는 법을 배웠다.

나는 영어와 문헌학 연구 프로그램의 책임자였다. 우리는 전통적인 영어 연구 방식을 버리고, 후기 구조주의적인 문화 이론에 근거한 학부 학사 일정을 운영하기 시작한 최초의 영어학과라는 사실에 자부심을 느꼈다. "영작 개론"이나 가르치던 시대는 지났다. 그런 수준 낮은 평범한 과목은 별도의 학문 단위인 작문 프로그램으로 강등되었고, 심지어 별개의 건물에서 강의가 이루어졌다. 글쓰기와 작문은 고전 문학 읽기 같은 과목과 함께 없애고, 독자의 반응을 중시하는 포스트모던 시대의 비평 이론으로 대체했다. 이런 혁신을 주도한 우리는 스스로를 "포스트모던 인간"으로 일컬었다. 우리는 그 말을 칭찬으로 간주했다.

켄 목사 집에서는 그들이 "가정 예배"로 일컫는 일이 행해졌다. 켄 목사는 그 예배를 주관하며 야고보서를 가르쳤다. 나는 큰 흥미를 느꼈다. 나는 야고보서가 매우 실천적인 책이며 매혹적인 단순성을 지니고 있다고 생각했다.

더욱이 혀를 불에 비유하면서 험담과 욕설 따위를 다룬 야고보서의 내용은 나를 놀라게 하기에 충분했다.

다른 동료들을 헐뜯는 이야기를 하지 않으면 나는 과연 동료들과 무슨 이야기를 나눌 수 있을까?

어떻게 욕설 없이 한 문장의 말을 말할 수 있을까?

그러나 가장 마음에 들었던 것은 찬양이었다.

음악에 능숙한 사람들을 찾기 어려운데, 그런 사람들을 찾았다고 생각하니 참으로 즐거웠다. 내가 속한 세상에서는 게이들로 구성된 남성 합창단이 있었고, 그들은 너무나도 훌륭했다. 그러나 레즈비언인 우리는 그런 활동을 하지 못했다. 내가 속한 LGBTQ 공동체도 마찬가지였다. 나는 항상 듣는 청중에 불과했다. 그런데 시편을 4부 합창으로 불러보니 또 다른 차원의 심미적인 느낌이 새롭게 느껴졌다.

나는 시편 찬송을 부르기 위해 집에서도 목소리를 다듬으면서 연습했다.

한번은 시편 찬송을 부르기 위해 목소리를 다듬으며 음계를 따라 노래를 부르자, 나의 동반자가 눈썹을 치켜세우며 나를 바라보았다.

"그 광신적인 집구석에서 대체 무엇을 하는 거니?"

우리는 켄 목사 부부의 집을 "광신적인 집구석"으로 일컬었다.

나는 그들을 멸시했고, 조롱했으며, 성경을 읽고 시편을 노래하는 것을 우습게 여겼다. 그러나 그들은 나를 사랑했고, 포용했으며, 나를 위해 기도했다.

"그냥 목청을 가다듬는 거야." 나는 마치 그것이 내가 가장 지루해하는 일이기라도 한 것처럼 그렇게 대답했다.

나는 전부터 명상 활동을 해왔다.

나는 차분한 태도로 요가 매트를 펼치고, 파촐리와 라벤더 향불에 불을 붙이고 나서 낮은 소리로 "으흠" 하고 콧소리를 냈다.

나는 명상과 독서 동아리에 가입해 틱낫한과 순류 스즈키의 가르침을 명상했다. 그러나 마음을 평화롭게 다스릴 수가 없었다. 내 안에서 많은 고뇌가 들끓었다. 마치 내 심장이 뛸 때마다 판도라가 온갖 불평불만을 쏟아 내는 것 같았다. 솔직히 전에는 내 입에서 불협화음이 터져 나오는 것이 그렇게 불만스럽지 않았다. 포스트모더니즘은 불협화음과 평화롭게 공존할 수 있다. 그러나 성경은 내가 혐오했던 이원적인 것들에 가치를 부여했다. 시편 말씀이 내 안에 깊이 뿌리를 내리기 시작했다. 시편을 노래할 정도로 그것을 존중하면 그런 말씀의 역사가 일어나기 마련이다.

그리스도인들은 외부에서 오는, 곧 하나님에게서 비롯하는 평화에 관해 말했다.

그것은 새로운 정보였다.

켄 목사 집에서 매주 모이는 그리스도인 공동체는 내가 속한 LGBTQ 공동체와 일부 유사점이 있었지만(가정에서의 식탁 교제와 초청 없이도 그 모임에 참석할 수 있는 것) 나의 본래 가족과는 전혀 닮은 구석이 없었다. 그러나 그들의 그리스도인 공동체에는 LGBTQ 공동체에서 발견할 수 없는 무언가가 있었고, 나는 그것을 직접 목격했다. 그리스도인 공동체는 그들 자신의 좋은 의도에 그치지 않았다. 하나님이 그들을 찾아오셨고, 그들은 그분과 친밀한 관계를 맺었다. 나는 그런 일이 어떻게 가능한지 참으로 궁금했다.

2015년 10월, 노스캐롤라이나주 더럼

홈스쿨링을 잠시 중단하고 휴식을 취하는 오후 2시였다. 눈이 시리도록 파란 하늘이 사람들 앞에 그 영광을 한껏 드러낸, 온화한 노스 캐롤라이나의 가을이었다. 까다로운 나의 이웃 행크는 그 시간에 개를 데리고 산책하면서 "우리가 왜 친구죠?"라고 물었다. 빛에 약간 민감했던 그는 한낮의 햇빛에 적응하기 위해 눈가의 근육을 연신 실룩거렸다. 마치 막 잠에서 깨어난 사람처럼 보였다.

"제 말은, 왜 부인은 채텀에 있던 나의 이웃들과는 달리 나를 흉물스러운 괴짜로 여기지 않느냐는 겁니다."

행크에 관해 내가 좋아하는 많은 것 가운데 하나는 그의 대담한 질문이었다. 사람들은 대개 사회적 인정을 받기 위해 거북한 질문은 공손히 감추어 두는 것이 보통이지만 그는 그러지 않았다.

나는 "왜냐하면요, 하나님은 번지수를 잘못 찾는 법이 없으시기 때문이에요."라고 대답했다.

그는 개의 목을 두른 훈련용 목줄을 조정하며 곁눈질로 나를 바라보았다. 우리가 가던 길을 멈추고 개들에게 "앉아서 기다려!"라는 명령에 순종하는 훈련을 시킬 때, 그는 "이것을 또다시 거꾸로 매어 놓았군요. 내가 올바로 고쳐 놓을게요."라고 말하면서 재빠르게 한쪽 무릎을 꿇고 앉아 나의 개의 훈련용 목줄을 조정했다.

그는 한숨을 내쉬며 "하나님은 번지수를 잘못 찾는 법이 없으시다는 따위의 말은 전에 한 번도 들어보지 못했습니다. 정말로 그렇게 믿으세요?"라고 말했다.

"물론이죠."

"그것도 기독교와 관련된 것인가요?"

"그래요."

행크는 잠시 조용히 생각에 잠겼다. 그러고는 푸른 하늘을 바라보고 한쪽 팔을 위아래로 움직이면서 말했다. "좋아, 애들아. 너희가 길을 인도해봐. 나와 탱크는 오늘 오후에 오랫동안 즐거운 산책을 하는 것이 필요해. 어디로 가야 할까? 푸른 풀밭으로? 길거리로?"

행크는 우정이라는 고통스러운 주제는 더 언급하지 않고 뒤에서 소리쳤다. 홈스쿨링을 하다가 휴식을 취하며 잠시 머리를 식히고 있던 우리 아이들도 잡담을 멈추고, 계속해서 산책하기를 원했다.

"오, 행크 씨. 다시 횡단하시지요!" 나의 아이들은 기뻐하며 말한다. 그렇게 하면 홈스쿨링 테이블에서 멀찍이 떨어져 있을 수 있다는 것을 안 것이다.

행크는 기뻐하며 "너희는 나와 잘 통하는 아이들이야."라고 소리를 쳤고, 개들은 힘차게 걷기 시작했다. 횡단하자는 말은 우리집 뒤의 개활지에 있는 커다란 풀밭을 가로질러 가자는 의미였다. 그곳은 본래 공유지였지만 한 대형 도시 건설업체가 그 땅을 매입해 500채의 주택을 건설할 계획이었고, 우리 동네는 그것을 막으려고 싸우는 중이었다. 그곳은 야생 동물들을 위한 풀밭일 뿐 아니라 인근의 고속도로를 막아주는 완충 지대였다. 우리는 우리가 가장 좋아하는 것들에 관해 대화를 나누면서 그곳을 거닐기를 좋아했다. 그곳은 오후 시간에 즐기기에 좋은 약 6킬로미터의 산책길이었다. 그곳에 아직 무차별적인 개발이 이루어지지는 않았지만 건설업체가 계약을 완결지으면 곧 그런 일이 벌어질 것이 틀림없었다.

우리가 다른 이웃들의 곁을 지나칠 때면, 불안한 눈빛들이 내게 쏟아진다. 아직 행크를 잘 알지 못하는 이웃들이 많다. 그래서 나는 이웃들을 만날 때마다 길을 멈추고, 행크를 소개한다. "무어 씨, 이분은 행크입니다. 행크와 그의 어머니가 모퉁이에 있는 엘리의 오래된 집을 샀어요. 우리와 숲을 공유하고 있는 바로 그 집이에요. 행크, 이분은 무어 씨에요. 저쪽 모퉁이에 장미꽃이 피어 있는 집에 사는 분이에요." 그러면 서로 악수를 하고, 눈빛이 부드러워지고, 통성명이 이루어진다.

———

행크와 나는 2015년 8월에 처음 개들을 데리고 함께 산책을 나섰다. 남편과 나는, 세상을 등진 듯 혼자 조용히 살아가는 이웃인 행크와 친분을 맺기 위해 여러 가지 노력을 기울였지만 아무 소용이 없었다. 다른 이웃들은 그에 대해 험담을 늘어놓았다. 남편은 의심에 가득한 그런 이웃들에게 말이 사람을 해친다는 사실을 상기시켜주며, 그리스도인들은 어떤 사람이 단지 조용히 은둔하며 지낸다는 이유만으로 그의 흠을 잡아서는 안 된다고 말했다.

당시 우리는 다리가 세 개뿐인 고든 세터 잡종견 설리를 막 입양한 상태였다. 우리는 녀석을 골든 리트리버 구조 센터에서 데려왔지만 설리가 골든 리트리버와 관련 있다고 암시함으로써 그 종의 명성에 흠집을 내고 싶은 생각은 조금도 없다. 아무튼, 우리는 골든 리트리버 한 마리 값에 해당하는 가격을 온전히 치르고, 앞다리 하나가 없는 데다 몸무게가 20킬로그램에 육박하는 세터 잡종견을 데리고 집으로 돌아왔다. 설리는 힘과 열정이 철철 흘러넘치는 훈련되지 않은 야생마와 다름없었다. 목줄을 매고 걷는 일은 최악이었고, 고양이들을 쫓는 일은 최상이었으며, 정원을 파헤치는 실력은 그야말로 비범했다. 녀석의 코는 20킬로미터 밖에 있는 설치류 동물을 찾아낼 수 있었다. 녀석은 왼쪽 앞다리가 없이 태어났는데도 불구하고 마당에 구멍을 파는 것은 물론이고, 얼룩 다람쥐를 잡아 입으로 부드럽게 물어 부엌 바닥에 톡 떨어뜨려 놓을 만큼 행동이 민첩했다. 다람쥐는 충격으로 온몸이 마비된 상태였지만 엄청난 감정적 트라우마를 받은 것을 제외하고는 아무런 상처도 입지 않았다. 만일 하나님이 "네 코가 너를 실족하게 하거든 그것을 잘라 버려라."라고 말씀하셨다면 설리를 염두에 두고 하신 말씀일 것이다. 설리는 우리에 갇히는 것을 몹시 싫어했다. 설리는 안락사를 적용하는 유기견 센터에 머물다가 골든 리트리버 구조 센터로 이송되었다. 거의 죽을 뻔한 운명을 가까스로 모면한 셈이었다. 설리는 골든 리트리버 구조 센터에서 소파를 먹어 치우는 바람에 미움을 샀다. 놀라지 말라. 말 그대로 녀석은 소파를 먹어 치웠다. 녀석은 우리집에 온 첫날에도 마치 초능력을 지니기라도 한 것처럼 철 막대를 구부러뜨려 철제 개집을 부서뜨렸다.

그런 개가 바로 우리 개였다.

설리는 우리 아들 녹스를 좋아했고, 아들도 천방지축인 설리를 좋아했다.

어느 날, 나는 설리에게 가슴 줄을 매고 아이들과 함께 산책하기 위해 밖으로 나갔다.

설리가 내 발 옆을 벗어나 앞으로 돌진하려고 힘을 쓰는 순간, 마당에서 일하고 있던 행크가 고개를 들어 쳐다보면서 "도와드릴까요?"라고 말했다. 좋은 날씨에 관한 말이나 간단한 인사말을 제외하고, 그가 내게 온전한 문장으로 말한 것은 그때가 처음이었다.

나는 "네, 좀 도와주세요."라고 대답했다.

그것을 계기로 우리는 서로 친구가 되었고, 그의 가족과 우리 가족은 서로에게 관심을 기울이게 되었다.

행크는 상황을 살펴보기 위해 걸어왔다. 그는 자세를 낮추어 설리의 팽팽한 가슴 줄을 느슨하게 만들었다. 가슴 줄이 행크의 무릎 위로 흘러내렸다. 설리는 행크의 억센 손과 부드러운 목소리에 이끌려 얌전해졌다. 행크는 장애를 앓는 설리를 통해 무언가를 느낀 듯했다. 그는 "친구, 너도 나처럼 다듬어지지 않고 거칠구나."라고 혼잣말을 하듯 말했다. 그러고는 다리 하나가 없는 것을 보완하기 위해 발달한 힘줄과 근육의 느낌을 느끼면서 다시 "상하기도 했고"라고 조용히 중얼거렸다.

그는 설리를 쓰다듬으면서 나를 올려다보며 물었다. "이 개를 어디에서 데려왔나요?" 나는 설리를 데려온 이야기를 해주었고, 행크는 개 훈련을 도와주겠다고 제안했다.

나는 행크가 정말 개를 훈련시킬 수 있을지 몰랐다.

나는 그가 내 말을 당장 수락하리라고는 생각하지 않았다. 하지만 그는 이렇게 말했다.

"좋아요. 지금 바로 시작하죠. 당신이 내 개를 산책시키고, 나는 당신의 개를 산책시키면 어떨까요?"

그는 얼른 내 눈을 빠르게 쳐다보았다. 내 말이 진심인지를 확인하는 듯했다. 그러고는 곧 시선을 다른 쪽으로 돌리더니 "얼른 달려

가서 개줄을 가져오죠."라고 말했다. 행크는 기뻐서 펄쩍 뛰는 개망나니 같은 셜리와 나를 남겨둔 채 잠시 사라졌다가 곧 탱크를 빨랫줄로 묶어 끌고 나왔다. 행크는 빨랫줄을 들어 보이며 웃는 얼굴로 "지금은 이것을 사용하고, 이따가 나가서 개줄을 사올게요. 탱크는 이것도 좋아할 거예요. 지금까지 내게 개들을 데리고 함께 산책하자고 말한 사람은 아무도 없었거든요"라고 말했다.

행크는 내 개를 데리고, 나는 그의 개를 데리고 산책을 시작했다. 우리의 우정은 그런 식으로 어설프게 시작되었다.

탱크가 집을 나가 일주일 동안 행방불명이 되었을 때 우리는 녀석을 찾는 일을 도와주었다. 그 후에는 우리의 우정이 더욱 견고해졌다. 우리집이 행크의 안전지대가 되었다.

그는 우리의 친구가 되어 고장난 것은 무엇이든 다 고쳐주었고, 우리의 천방지축 셜리가 이웃집으로 달아났을 때 녀석을 찾아주었다. 그는 우리의 기독교 신앙을 비웃지는 않았지만 그것이 자기에게 어떻게 적용되는지는 알지 못했다.

행크는 친구가 된 지 처음 1년 동안은 우리집 앞마당까지만 발을 들여놓았다.

그것만으로도 충분했다. 앞마당에서도 우리가 베풀 수 있는 손대접은 많았다.

전에도 집안에 들어오는 것을 주저하는 사람들이 있었다. 그 이유는 쉽게 떠날 수 없는 장소에 갇힐까봐 두려웠기 때문일 수도 있고, 환영받지 못하거나 기독교적인 관습과 용어가 가득한 낯선 분위기에 적응하기 어려워서일 수도 있다. 그러나 예수님이 세상에 계실 때 그분은 죄인들을 사랑하셨고, 죄인들도 그분을 사랑했다. 그렇다면 그분은 어떻게 사람들의 마음의 문을 여셨을까? 누가복음 7장에 다음과 같은 내용이 나온다.

> "한 바리새인이 예수께 자기와 함께 잡수시기를 청하니 이에 바리새인의 집에 들어가 앉으셨을 때에 그 동네에 죄를 지은 한 여자가 있어 예수께서 바리새인의 집에 앉아 계심을 알고 향유 담은 옥합을 가지고 와서 예수의 뒤로 그 발 곁에 서서 울며 눈물로 그 발을 적시고 자기 머리털로 닦고 그 발에 입맞추고 향유를 부으니 예수를 청한 바리새인이 그것을 보고 마음에 이르되 이 사람이 만일 선지자라면 자기를 만지는 이 여자가 누구며 어떠한 자 곧 죄인인 줄을 알았으리라 하거늘"(눅 7:36-39).

위의 장면은 매우 파격적이다. 초대받지도 않았고 환영받지도 않는 평판 나쁜 한 여자가 만찬 석상에 불쑥 나타나서 영예로운 손님을 마구 어루만지기 시작했다. 기가 막힌 일이었다. 누군가가 그녀를 대문 앞에서 저지했을지도 모른다. 그러지 않았을까?

그럴 수도 있고 아닐 수도 있다.

대문이 있었다면 누군가가 그녀를 저지했을 것이다.

그러나 대문이 없었다.

위의 장면에 등장하는 집은 필시 유복한 집으로서 밖에서도 안이 훤히 들여다보이는 반공개적인 뜰을 갖고 있었다. 어떤 모임은 내실에서 사적으로 이루어졌을 수도 있지만 대부분의 만찬은 그리스로마 시대의 심포지엄(술을 마시며 지성적인 대화나 철학적인 대화를 나누는 연회)과 유사했다.[2] 넓은 공간 안에 음식이 차려진 긴 식탁과 참석자들이 기댈 수 있는 카우치가 마련되어 있었다. 그런 자리에 아무나 다 환영받는 것은 아니었다. "방문자들은 어떤 일이 일어나고 있는지 볼 수 있었고, 심지어 대화에 끼어들 수도 있었다. 사람들은 길거리를 지나다가 선뜻 들어와서 주인에게 존경심을 표하거나 사업적인 거래를 했다. 가난한 자들도 남는 음식을 바라고 주변을 서성거렸다."[3]

나의 이웃 라이언과 크리스틴은 반공개적인 장소가 딸린 집을 소유하고 있다. 그들의 집 옆에 붙어 있는 커다란 간이 차고는 양쪽 거리에서 안이 훤히 들여다보인다. 그들은 그곳을 "파티용 테라스"로 부르고, 나는 성탄 장식등을 갖춘 간이 차고라고 부른다. 그들은 그 공간을 옥외 식당으로 사용한다. 거기에는 여러 개의 작은 식탁과 야외용 테이블, 식탁과 어울리지 않는 의자들, 라이언과 크리스틴이 여름 한철 동안 함께 만든 커다란 삼나무 식탁이 하나 비치되어 있다(크리스틴은 목수다. 그녀의 집과 마당은 그녀의 놀라운 기술을 잘 보여준다). 라이언은 옥외 식당에 관해 "우리는 벽이 아닌 식탁을 만들죠."라고 말하기를 좋아한다. 그 공간에 출입하는 것을 가로막는 장벽은 존재하지 않는다. 그곳은 궁궐이 아니다. 그곳은 노스캐롤라이나의 한 분주한 도시의 거리가 잘 보이는 커다란 간이 차고다. 이곳에서도 밤중에는 자동차 문을 잠가야 하고, 주택 강도에 관한 뉴스가 정기적으로 들려온다. 하지만 라이언과 크리스틴은 공동체를 건설하는 법을 알고 있다. 그들은 그런 삶을 즐긴다. 그리고 그렇게 할 수 있는 용기와 솜씨를 갖추고 있다.

나는 커피와 파이타(멕시코 요리의 일종—역자주) 냄새와 즐거운 웃음소리가 이웃들을 이 반공개적인 식당으로 끌어들이는 광경을 직접목격해 왔다. 크리스틴의 40회 생일 파티(12월)를 위해 우리는 건강상태가 좋은 40명의 이웃을 불러모았고, 라이언은 프로판 가스 히터를 몇 개 빌려 간이 식당 구석구석에 비치하였다. 찬 바람이 불었지만 우리는 따뜻한 커피와 음료와 음식을 나누며, 머리를 조아려왕이신 주님의 훌륭한 딸을 라이언에게 큰 축복으로 허락해주신 하나님의 은혜에 감사하는 기도를 드렸다.

예수님이 세상에 계실 때도 규모가 큰 집들은 그런 옥외 공간을만찬 장소로 이용했다. 사실, 누가복음 7장에 나오는 초대받지 않은여자는 만찬 석상에 난입하지 않았다. 그녀는 라이언과 크리스틴의집에 딸린 파티용 테라스에 찾아오는 이웃들처럼 옥외 공간에 이끌린 행인이었을 가능성이 높다. 그녀는 주인으로부터 거절을 당하거나 비방이나 위협을 받거나 심지어는 폭행을 당할지도 모른다는 두려움을 느꼈을 테지만 예수님에게 이끌려 그분 앞에 나왔다. 그녀는 가져와야 한다고 생각한 것은 가져왔고, 그런 그녀의 행위는 보는 사람들의 비위를 크게 거슬렀다.

그녀는 그 동네에서 죄를 지은 여자로 묘사되었다(37절). 그것은그녀가 창녀라는 의미였다. 그녀는 잘 알려진 창녀였다. 그러나 예수님은 세상에 알려진 그녀의 평판에 크게 괘념치 않으시는 것 같았다. 보기에 거북한 일이 벌어졌다. 그 창녀가 향유와 풀어헤친 머리털을 사용해 선지자로 알려진 예수님을 씻어 드렸다. 그녀의 전력을 고려할 때, 그것은 지나치다 싶을 정도로 친밀한 행위였다.

그러나 예수님은 그녀를 꾸짖지 않으셨다. 예수님은 죄인의 회개를 받아들일 때, 과거의 죄를 참된 사랑으로 옳게 고쳐주신다. 예수님이 그녀의 접촉 행위를 순수하게 받아들인 이유는 그녀의 섬김을 옳게 바꾸어 놓으셨기 때문이다. 예수님이 이 땅에 오신 이유는 그녀 같은 죄인의 죄를 용서하고, 죄의 속박에서 해방시키기 위해서였다. 그분은 매춘을 훌륭한 행위로 만들기 위해 오지 않으셨다. 그분은 "지금 네가 사는 방식대로 살아도 아무렇지 않다."고 말씀하지 않으셨다.

그 모든 광경을 지켜본 바리새인은 속으로 "이 사람이 만일 선지자라면 자기를 만지는 이 여자가 누구며 어떠한 자 곧 죄인인 줄을 알았으리라"(39절)라고 생각했다. 바리새인은 은혜를 이해하지 못했기 때문에 선지자로서 해서는 안 될 일을 했다는 이유로 예수님을 정죄했다. 바리새인은 그녀가 창녀라는 것을 알았고, 그녀의 정체성과 인격성이 그 위험한 죄와 밀접하게 결부되어 있다고 판단했다. 그러나 예수님은 그녀의 죄를 그녀의 존재론적 본질로 간주하지 않으셨다. 창녀가 되는 것은 그녀의 행동 방식일 뿐, 그녀의 신분과는 무관하다. 존재론적으로 말하면 그녀는 하나님의 형상을 지닌 하나님의 자녀다. 그녀는 창세 전에 선택되어 이 순간을 위해 따로 구별된 사람이었다.

죄는 예수님을 해칠 수 없다. 심지어 예수님을 죽인 자들의 죄도 그분을 해칠 수 없었다. 사탄의 가장 큰 공격이 오히려 하나님의 자녀들을 구원하고, 사탄 자신의 궁극적인 파멸을 가져왔다. 사탄은 예수님이 십자가에 못 박히실 때 자기가 승리했다고 생각했지만, 예수님의 부활은 사탄의 강력한 공격조차도 여지없이 패퇴시켰다. 예수님은 은혜로 정사와 권세들을 정복하셨다. 하나님은 악조차도 선을 이루는 도구로 사용하신다.

예수님이 죄인들과 함께 음식을 잡수신 이유는 죄가 별것 아니어서가 아니다. 예수님이 그들과 함께 음식을 잡수신 이유는 그들이 계속해서 죄를 짓기를 기대하셨기 때문도 아니고, 우리 가운데 다른 사람들보다 특정한 죄에 더 잘 이끌리는 성향을 지닌 사람들이 존재한다는 사실을 알고 그들의 죄를 기꺼이 눈 감아줄 생각을 지니고 계셨기 때문도 아니다. 예수님이 죄인들과 함께 음식을 잡수신 이유는 로마 정부가 특정한 죄를 로마 시민의 권리로 만들었기 때문도 아니다. 세상의 법은 하나님의 율법을 없애지 못한다. 예수님이 죄인들과 함께 음식을 잡수신 이유는 우리의 치유자요 돕는 자로서 친밀한 식탁 교제를 나누시기 위해서였다. 예수님은 우리를 변화시키기 위해 오셨다. 예수님과 함께 나누는 식탁 교제를 통해 변화된 사람들은 죄를 갈망하기보다 그분을 더 갈망하게 된다. 누가복음 7장의 이야기의 결말 부분에서 예수님은 다음과 같이 바리새인을 꾸짖으셨다.

"그 여자를 돌아보시며 시몬에게 이르시되 이 여자를 보느냐 내가 네 집에 들어올 때 너는 내게 발 씻을 물도 주지 아니하였으되 이 여자는 눈물로 내 발을 적시고 그 머리털로 닦았으며 너는 내게 입맞추지 아니하였으되 그는 내가 들어올 때로부터 내 발에 입맞추기를 그치지 아니하였으며 너는 내 머리에 감람유도 붓지 아니하였으되 그는 향유를 내 발에 부었느니라 이러므로 내가 네게 말하노니 그의 많은 죄가 사하여졌도다 이는 그의 사랑함이 많음이라 사함을 받은 일이 적은 자는 적게 사랑하느니라 이에 여자에게 이르시되 네 죄 사함을 받았느니라 하시니 함께 앉아 있는 자들이 속으로 말하되 이가 누구이기에 죄도 사하는가 하더라 예수께서 여자에게 이르시되 네 믿음이 너를 구원하였으니 평안히 가라 하시니라"(눅 7:44-50).

첫째, 예수님은 시몬의 속마음을 알아채고 그를 꾸짖으셨다. 마땅한 일이었다. 예수님이 시몬을 꾸짖으신 이유는 그의 말 때문이 아니라 그의 마음속의 생각 때문이었다. 또한 예수님은 죄인인 여자가 집주인이 응당 해야 할 일(발을 씻겨주고, 머리와 발에 기름을 부으며 따뜻하게 맞이하는 것)을 했다고 말씀하심으로써 시몬을 형편없는 집주인이라고 꾸짖으셨다. 시몬은 예수님을 단지 수단으로서만 환대했다. 그는 예수님이 흥미롭다고 생각했고, 예수님의 가르침을 듣고 그분을 시험하고 싶어 했다. 이것저것 재미있는 대화를 주고받으며 즐거운 저녁 한때를 보내는 것이 그의 목적이었다. 시몬은 한 인간으로서의 예수님에게는 별로 신경 쓰지 않았다. 집주인인 그의 무성의한 태도가 그런 사실을 여실히 드러낸다.

둘째, 예수님은 시몬이 속으로 자신을 비난하는 것을 알면서도 스스로를 변호하지 않으셨다. 오히려 예수님은 죄인인 여자의 본보기를 통해 은혜 언약을 설명하셨다. 예수님은 그녀의 사랑 때문에 그녀의 죄가 용서받은 것이 아니라는 것을 보여주셨다. 오히려 그

반대였다. 예수님은 시몬에게 그녀가 죄를 용서받았기 때문에 자기를 사랑하는 것이라고 설명하셨다. 그녀의 믿음은 행위가 아닌 마음의 태도이자 굶주림이요 개방성이었다. 조엘 비키는 "믿음은 그리스도와 그분의 모든 축복을 받아들이는 빈손을 의미한다."고 말했다.[4]

기독교적 손 대접은 사고파는 거래의 대상이 될 수 없다.

복음은 공짜다.

참된 손 대접은 돈으로 거래되는 것이 아니다. 참된 손 대접은 하나님의 계명을 왜곡시키지 않고, 그분의 형상을 지닌 사람을 물건으로 취급하지 않는다. 참된 손 대접은 험담을 늘어놓거나 자아 확대를 부추기지 않는다. 복음은 다른 사람을 환영하는 공동체를 창조한다. 복음은 하나님의 형상을 지닌 동료 인간들에게 "여기에 오는 것을 기꺼이 환영합니다. 있는 모습 그대로 와서 제 손을 잡으세요. 저는 이끌지 않고 따라갈 뿐입니다. 예수님이 이끄십니다."라고 말한다.

그렇다면 내가 따르고 있는 예수님이 내 상상의 산물인 예수님이 아니라 성경이 증언하는 참된 예수님이라는 것을 어떻게 알 수 있을까? 이는 통합된 계시인 성경을 읽고 이해함으로써 알 수 있다. 성경이 성경을 해석한다. 성경의 말씀은 모두 다 중요하다.

나는 매일 잠에서 깨어나면 일상적인 손 대접을 베풂으로써 은혜 언약을 삶으로 살아내 사람들 앞에 전시하려고 노력한다.

그렇게 하기가 항상 쉽지만은 않다.

그것은 사람들을 나의 일가친척으로 인식하는 데서부터 출발한다.

내가 한때 몸담았던 LGBTQ 공동체에서는 모두가 서로를 어떻게 인식해야 하는지에 관한 예리한 감각을 길렀다. 우리는 그것을 "게이더"gay-dar라고 일컬었다. 오랜 세월을 거치면서 그런 감각이 몸에 배면 서로를 단지 바라보는 데 그치지 않고, 서로를 인식하는 능력이 배양된다.

보는 것과 인식하는 것은 무슨 차이가 있을까?

보는 것은 겉으로만 흘끗 보는 것을 의미하고, 인식하는 것은 다른 사람을 자신의 사람으로 받아들이는 것을 의미한다.

우리가 사랑하는 것은 하나님이 먼저 우리를 사랑하셨기 때문이다.

손 대접의 배후에 있는 사랑은 언약적인 사랑이다. 언약적인 사랑은 항상 타락에서부터 시작한다. 아담의 타락 이후에 하나님이 모든 인류를 사랑하신 것보다 원수에 대한 사랑을 보여주는 더 뛰어난 본보기는 어디에도 존재하지 않는다.

언약이란 무엇이며, 그것은 왜 중요한가

〈웨스트민스터 대요리 문답〉은 "인간은 하나님이 처음 창조하셨을 때의 선한 상태, 곧 아담이 금단의 열매를 따먹고 죄를 짓기 이전에 머물기로 운명지어진 상태를 그대로 유지했는가?"라고 묻는다.[5] 기독교의 핵심에는 바로 이 문제가 놓여 있다. 우리는 선하게, 또는 대체로 선하게 태어나는가? 타락이 모든 것에 영향을 미치는가, 아니면 단지 일부분에만 영향을 미치는가? 아담 이후에 태어나는 사람은 아담으로부터 전가된 부패한 본성을 물려받는가? 아담의 죄는 정확히 무엇인가? 금단의 열매는 악했는가? 그 열매가 아담을 타락시켰는가?

그렇지 않다. 금단의 열매는 악이 아니었다.

아담이 하나님의 말씀에 순종하지 않은 것이 악이었다.

언약적인 사랑이란 무엇인가

예수님은 성경의 중요 어구만이 아니라 성경의 일점일획까지 모두 이루기 위해 피를 흘리셨다. 나는 나이 든 히피처럼 보일는지도 모른다(정말로 그렇게 보인다). 그러나 손 대접은 값싼 사랑이 아니다. 손 대접은 "이곳에서는 당신의 우상들을 모두 환영합니다."라고 말하지 않는다. 손 대접은 인간됨의 의미를 거짓으로 날조한 것을 배격한다. 우상 숭배는 위험한 망상이다. 그것은 우리의 예배, 감정, 정체성, 공동체를 잘못된 길로 이끈다. 우상 숭배는 쉽고, 값싸다. 만질 수 없는 하나님보다 만질 수 있는 연인을 얼싸안는 것을 더 선호하지 않을 사람이 누가 있겠는가?

손 대접의 날카로운 모서리를 간과해서는 안 되는 이유가 여기에 있다. 하나님은 우리 방식대로 우리를 사랑하지 않으신다. 그분의 사랑은 피로 물들어 있으며, 강력하며, 희생과 대가를 치르는 사랑이다. 그 사랑은 사탄의 조롱과 친구들의 배신을 감수했다. 성자 안의 하나님의 긍휼이 성부 안의 하나님의 공의가 요구하는 대가를 치렀다. 성령께서는 우리가 그리스도에게 영원히 연합되게 하심으로써 죽음을 이기게 하신다(시 147편). 이것이 참된 기독교다. 우리의 말의 힘은 우리가 맺는 관계의 힘과 조화를 이루어야만 한다.

신뢰와 렌틸콩 수프, 따뜻한 애플 사이다와 신선한 빵, 개를 동반한 산책, 어린아이에 대한 사랑, 심부름, 한 번 더 기회를 달라며 용서를 구하는 태도 등이 이런 광대한 일을 현실화시킨다. 타락은 우리를 하나님과 단절시켰고, 그분의 저주를 불러왔으며, 암흑 같은 인생의 불행을 야기했고, 지옥의 영원한 고통을 가져왔으며, 죽음의 불가피성을 드러냈다. 타락은 우리를 벌거벗겼다. 이것을 미신으로 웃어넘기거나 "나의 하나님은 그렇게 하실 리가 없어."라고 스스로 판단을 내리는 것은 어리석은 일이다. 나와 너, 곧 우리의 하나님이 그렇게 하셨다. 우리는 상상으로 빚어낸 가상의 예수님이 무엇을 하실 것인지 묻지 말고, 십자가의 깊은 그림자를 직시해야 한다. 오직 십자가를 통해서만 예수님이 무슨 일을 하셨고, 하나님이 예수님의 희생을 통해 어떤 탈출구와 축복의 문을 열어주셨는지를 알 수 있기 때문이다. 그러나 그 길은 어렵다는 것을 명심하라. 우리는 좌절할 수 있다. 상심한 사람들과 함께 걸으며, 서로의 고난에 참여하고, 죄를 회개하고, 십자가를 짊어지고, 성경적인 관점으로 상황을 바라볼 수 있도록 서로를 돕는 것이 최선이다.

5

복음은 집 열쇠와 함께 온다

손 대접의 힘

2014년 5월, 노스캐롤라이나주 더럼

남편과 나는 요즘 강연 활동을 많이 한다. 그리스도인 이웃들은 우리가 집에서 집단적 공동생활체를 운영하는 것처럼 보이나 실은 보수적인 그리스도인이라는 사실을 잘 알고 있다. 이따금 지역 교회 목회자들은 우리를 초청하여, 우리집에서 무엇을 하고 있고 왜 그렇게 하는지를 설명해주길 요청한다.

　2014년 5월 8일, 캐롤라이나의 하늘은 구름 한 점 없이 아름다웠다. 남편과 나는 한 침례교회에서 낯선 사람을 사랑하는 것에 대해 강연을 하기로 되어 있었기 때문에 가정 예배를 드린 후에 아이들을 데리고 그 교회로 향했다. 우리는 집을 나서기 전에 샐리와 벨라에게 얼린 땅콩버터를 바른 레드빈을 간식으로 줬다. 그리고 나머지는 냉동실에 보관했다. 우리는 급히 서둘렀고, 성경책들을 펼쳐진 채로 식탁 위에 놔두었다. 출발 전에 마지막으로 뒤를 돌아보았는데 성경책들이 식탁 위에 대충 정사각형의 형태를 이룬 채 놓여있었고, 그 옆에는 레고 조각들, 플라스틱 공룡들, 광선검 한 자루가 있는 것이 눈에 띄었다. 우리는 문에 붙어 있는 모든 잠금장치를 사용하여 이중, 삼중으로 문단속을 하였다.

우리의 강연은 잘 진행되었다. 우리는 다른 기독교 가정들에게 집을 개방하고 어려운 처지에 있는 사람들 안에서 예수님의 모습을 보라고 독려했다. 우리는 낯선 사람을 사랑하는 것에 초점을 맞추었다. 그리스도인 청중에게 있어 그것은 설득하기 쉽지 않은 주제였다. 그리스도인들은 대개 생각이 같은 사람들과 교제를 나누기를 좋아한다. 그들에게 낯선 사람은 생각해보지 않은 문제일 수 있다. 우리는 사회적 계층이나 배경이 다른 사람들과의 관계를 발전시켜 나가는 방법을 묻는 좋은 질문들에 대해 상세하게 대답했다. 강연을 마치고 우리는 녹스와 메리를 다시 자동차에 태워 한 시간 동안 낯익은 지역을 달려 집으로 돌아왔다. 좋은 날이었다. 나는 집에 가면 커피를 마시고, 빨래를 한 다음, 다친 발을 얼음찜질하고, 아이들에게《캐스피언 왕자》의 마지막 장을 읽어줘야겠다고 생각했다.

그런데 집에 들어가는 순간, 무언가가 잘못되었다는 느낌이 들었다. 항상 활발하고, 감정 표현이 풍부하며, 활기 있게 움직이는 골든 리트리버 샐리가 상처를 입은 채 겁에 질려 한쪽 구석에 웅크려 있었고, 옷들과 접시들과 가족사진들이 사방에 흩어져 있었다. 그리고 한쪽 창문의 틀이 부러진 채 쇠지렛대와 함께 툭 튀어나와 있었다. 도둑들이 개 먹이 그릇을 지탱하는 틀을 밟고 깨진 창문을 통해 기어들어 온 것이 분명했다. 그들은 큰 개들을 조금도 무서워하지 않았던 듯하다. 바닥에는 어머니가 맡긴 도자기 그릇들, 남편이 세례식에서 사용하는 금색 용기, 펼쳐진 성경책들이 함께 나뒹굴고 있었다. 온통 난장판이 된 상황에서 확실하게 알아볼 수 있는 것이라곤 성경책들 곁에 있는 금색 세례용 그릇뿐이었다.

나는 다친 개에게 다가가서 얼굴에 입을 맞춰주었다. 녀석은 나를 보고 살살 꼬리를 흔들었지만 마음은 다른 곳에 가 있는 듯했다. 나는 마치 물속을 걷듯 조심스럽게 집안을 돌아다녔다. 샐리가 그런 내 뒤를 천천히 따라왔다. 도둑들은 내 어머니의 텔레비전을 벽에서 잡아 뜯어 놓았다. 벽과 바닥에 구멍이 나 있었고, 바닥의 구멍은 아마도 텔레비전을 떨어뜨려 생긴 것처럼 보였다. 모든 서랍장의 서랍들이 다 열려 있었고, 양말, 퍼즐 조각들, 수학 비디오, 구슬, 개 심장약 등, 서랍 안에 들어 있던 내용물들이 사방에 흩어져 있었다. 도둑들은 시댁에서 5대째 내려오는 가보였던 내 약혼반지를 포함해 모든 귀금속을 훔쳐갔다. 나는 항상 내가 그것을 착용하면 손상이 되거나 분실될까봐 걱정했다. 손에 정원의 흙이 많이 묻는 여름철에는 특히나 더 조심스러웠다. 그날 아침에 나는 반지를 바라보면서 오늘 이것을 착용하는 것이 안전할지 아닐지를 잠시 생각하고 나서 그냥 놔두고 나왔는데, 결국 그것이 반지를 잃지 않을 마지막 기회였을 줄은 꿈에도 생각하지 못했다.

최근에 노인 전용 아파트로 거처를 옮긴 나의 어머니는 그녀가 간직하던 가보들을 모두 내게 맡겼다. 우리집은 추억을 간직하기에도 좋고, 안전한 보관처가 될 수 있으리라 생각했기 때문이다. 그런데 도둑들이 그것을 모두 훔쳐갔다. 어머니는 최근에 다른 가족 문제 때문에(나의 조카가 어머니에게는 아무런 연락도 하지 않고, 나와만 연락을 하고 있었기 때문에) 화가 잔뜩 나 있는 상태였다. 어머니는 그 사실을 페이스북을 통해 알아차렸다(나는 페이스북은 물론, 그 어떤 소셜 미디어도 사용하지 않지만 다른 사람들은 모두 그것들을 사용한다). 나는 너무 녹초가 되어서 어머니에게 도둑맞은 사실을 보고할 방법이나 어머니의 분노로부터 나를 보호할 방법을 강구할 여유도 없었다. 그저 **"이것은 하나님의 손길이니 받아들이자."**라는 생각뿐이었다.

도둑들은 모든 것을 가져갔으며, 나의 골든 리트리버 샐리에게도 큰 피해를 입혔다. 녀석은 우리 가족 가운데 가장 외향적이었고, 일평생 고양이를 제외하고는 그 누구에게서도 함부로 대우받아본 적이 없었다. 골든 리트리버 품종인 녀석은 "심술궂다"는 게 무엇인지도 알지 못했지만, 멍든 몸을 이끈 채 슬픔에 잠겨 떨고 있었다. 경찰이 와서, 도둑들은 큰 개들이 자기들을 방해할 경우, 총으로 쏴서 죽이거나 몽둥이로 때리는 것이 보통이라고 설명했다. 샐리는 총에 맞지는 않았다. 나는 그것을 다행이라 여기며 하나님께 감사했다. 경찰들은 우리의 신원 정보를 받아 적었고, 모든 문손잡이와 문틀에서 지문을 채취했다. 그들이 떠난 뒤에 집은 더욱 어지럽혀진 채로 남아 있었다.

도둑맞는 일은 참으로 끔찍한 일이었다.

낯선 사람에게 손 대접을 베풀라고 주장했는데 낯선 사람이 내개를 두들겨 패고, 물건들을 훔쳐간 것도 모자라, 집까지 망가뜨린 것을 생각하니 무척 아이러니했다.

우리는 모두 충격에 휩싸였다. 아이들의 불안감은 최고조에 달했다. 우리 가운데 누구도 몇 달 동안 안정을 찾지 못했다.

그러나 그날 저녁, 식사 시간은 어김없이 찾아왔고, 동료 신자들이 우리를 에워쌌다. 나는 섬기지 않고, 섬김을 받았다. 동료 신자들, 곧 하나님의 가족들이 식탁을 차렸다. 주님 안에서 나의 사랑스러운 아들이자 싱가포르의 교환 학생인 매튜는 방학 중에 노스캐롤라이나 대학교 기숙사가 문을 닫는 관계로 그날 밤에 우리집으로 잠시 거처를 옮기기로 예정되어 있었다. 차분한 태도로 도움을 주는 그가 오게 되어 좋았다. 수산나는 막 일을 마치고, 우리집에 오는 길에 전기구이 통닭과 버터 피칸 아이스크림을 사 왔다. 그녀는 내가 버터 피칸을 좋아한다는 걸 알았고, "랙트에이드"(소화 촉진 효소의 일종—역자주)도 약간 사 왔다.

늘 하던 대로 나는 플라스틱 상자 안에서 닭고기를 꺼내 프라이팬에 올려놓고, 닭고기 기름과 육즙으로 덮힌 플라스틱 용기를 셀리에게 주었다. 녀석은 자기가 좋아하는 자세로 그 옆에 편안히 엎드렸다(코는 구석에 처박고, 뒷다리는 요가를 하는 물소처럼 쫙 벌린 자세. 녀석은 우리를 등지면 40킬로그램이나 되는 자신의 덩치를 감출 수 있을 것처럼 생각하는 듯했다). 더 많은 친구들이 꼬리를 물고 들어올 즈음, 녀석은 플라스틱 용기를 앞발로 붙들고, 차츰 원기를 회복하기 시작했다. 우리의 홈스쿨 아빠들은 자기 집 잔디를 가꾸는 일과 중요한 직장 업무를 제쳐

놓고 우리를 돕기 위해 연장과 성경책을 들고 나타났다. 저녁 식사와 성경 읽기와 기도와 시편 찬송 부르기를 끝마친 후, 우리는 양동이와 걸레, 쓰레기 봉투와 청소기를 들고 본격적으로 집안을 정리하기 시작했다.

도둑맞는 일은 힘든 일이었다.

우리가 공적으로 주장한 것이 그토록 강력한 하나님의 시험의 손길 아래 놓이는 것은 쉬운 경험이 아니었다. 즉, 이 땅의 것들에 피해를 입더라도 가장 중요한 것들(우리의 영혼, 하나님의 말씀, 언젠가 영화롭게 될 육체 등 새 하늘과 새 땅에서도 남아 있게 될 것들)은 아무도 빼앗아 갈 수 없다는 것을 보여주는 일은 결코 쉽지 않았다.

도난을 당한 다음 날, 남편은 야외용 식탁이 놓여 있는 앞마당에 바비큐 그릴을 갖다 놓았다. 그러고 나서 그는 "넥스트 도어" 연락망에 "① 우리는 도난을 당했습니다. ② 도둑들이 물건을 훔쳐갔지만 아무도 다치지 않았습니다. ③ 그들은 영원한 가치를 지닌 것들, 곧 하나님의 말씀과 우리의 영혼을 빼앗아 갈 수는 없었습니다. 주일날 오후 3시에 모두 우리집에 오셔서 우리와 함께 햄버거와 핫도그를 먹을 수 있기를 바랍니다."라고 적고서 "전송" 버튼을 눌렀다. 남편이 방금 우리집 앞마당에 300명을 초대한 것이다. 그런데 수산나는 그날이 어머니날이라고 말했다. 그것은 버터필드 가문에서 흔히 전개되는 상황이었다. 남편은 또한 교인들까지 모두 초대했다. 그는 도둑맞은 경험이 있는 불신자 이웃들을 도우려면 신자들이 많이 와야 한다고 생각했다. 집안에 하나님의 백성을 가득 채워 이웃들이 도둑맞는 일은 물론이고 일상에서 일어나는 모든 일 가운데서 하나님의 손길을 볼 수 있도록 돕게 하는 것, 그것이 곧 남편이 항상 사용하는 전략이었다.

핫도그, 아이들, 물총 놀이, 새로운 친구와의 만남, 오랜 친구들과의 만남 등, 기쁨이 가득한 시간이었다. 21명의 이웃들과 대다수의 교인들이 참석했다. 종교에 회의적인 불신자 이웃들이 우리에게 힘든 상황을 어떻게 견디고 있느냐고 묻자, 남편은 설득력 있게 복음을 전할 수 있었다. 우리가 형통할 때 함께하시는 하나님보다 시련을 당할 때 함께하시는 하나님을 전하는 것이, 의심하며 냉소하는 세상 사람들에게 더 큰 설득력을 발휘할 수 있기 때문이다.

도둑맞는 일은 힘든 일이었다.

집에 돌아와서 온 집안을 뒤진 흔적들, 벽에 난 구멍들, 타인의 손이 닿은 속옷들, 방바닥에 널부러져 있는 잡지들과 영양제들, 장갑 크기만한 멍이 든 채 겁에 질려 있는 우리 개를 보는 것은 참으로 끔찍한 일이었다. 가보인 약혼반지를 지킬 수 없었던 것이 수치스럽게 느껴졌다. 주권자이신 하나님이 자신의 영광과 우리의 유익을 위해 그런 일이 일어나도록 허용하셨다는 사실을 받아들이려니 무척 고통스러웠다(롬 8:28).

그러나 우리집 물건을 훔쳐 간 도둑들은 자신이 얼마나 기만적이고 사악한지 느껴야만 할 것이다. 그들은 전기구이 통닭과 버터 피칸 아이스크림을 사 들고 찾아온 친구들의 위로나 한 꺼풀의 페인트칠로도 교정이 불가능할 만큼 악하다. 그들의 인간성에는 큰 구멍이 나 있을 것이 분명하다. 그들은 언젠가는 그 구멍으로 사랑하는 모든 사람을 집어삼키게 될 것이다. 나는 식탁에 앉아 음식을 먹으면서 일어난 일에 관해 대화를 나누며, 기도하며, 마음을 다잡았다. 성경책들은 펼쳐 있고, 아이들은 무릎 위에 앉아 있고, 발밑에는 개들이 돌아다니고, 우리는 일용할 양식을 먹고 있었다. 도둑들이 휩쓸고 간 집안은 도처에 침입의 흔적이 역력했지만 우리가 모여 있는 방에서 나는 깨달았다.

"나는 축복받았어."

"너무 감사해."

"나는 희생자가 아니야."

내 처지보다 도둑들의 처지가 훨씬 더 끔찍했다.

병원이자 인큐베이터로서의 가정

가정이 병원이자 인큐베이터라는 개념은 내가 1990년대에 뉴욕에서 레즈비언 공동체에 몸담고 있을 때 배운 것이다. 우리는 전통적인 그리스도인 이웃들이 우리를 멸시하고, 불신하며, 가증스럽게 여긴다는 것을 알고 있었다. 따라서 우리는 동네에서 가장 좋은 이웃이 되기로 결심했다. 우리는 매일 우리 쪽 사람들과 친밀하게 어울렸으며, 서로에게 "이 집은 병원이자 인큐베이터입니다. 우리는 서로의 치유를 도와야 하고, 이런 생각들이 뿌리를 내리도록 협력해야 합니다."라고 말했다. 우리는 집 열쇠를 많이 복사해서 우리가 사랑하는 사람들 모두에게 하나씩 나눠 주었다. 열쇠를 나눠 준다는 것은 언제라도 이 집에 올 수 있다는 의미, 곧 대문은 우리에게 상처를 주거나 우리를 갈라놓기 위한 장치가 아니라는 의미였다.

그 일은 에이즈AIDS가 심각한 사회 문제로 처음 대두되었을 때 일어났다. 에이즈는 처음에 "동성애자와 관련된 면역 결핍"을 뜻하는 GRID(gay related immune deficiency)로 불렸으며, "카포시 육종, 톡소플라즈마증, 주폐포자충, 거대세포 바이러스, 전염성 연속종, 말초신경증, 크립토스포리디오시스증"과 같이 일반인들이 잘 모르는 용어들까지 사람들의 입에 오르내리는 익숙한 용어가 되었다. 당시에는 나의 창문에 어린아이들이 붙이고 노는 눈송이 꽃 스티커가 아닌 "침묵은 곧 죽음"이라고 적힌 스티커가 붙어 있었다.

에이즈는 레즈비언 공동체에 속한 나와 친구들의 삶을 크게 변화시켰다. 외부인들은 잘 모르겠지만, 레즈비언인 여자들과 게이인 남자들이 자연스럽게 친하게 지내는 일은 본래 있을 수 없다. 우리는 게이인 남자들을 쾌락주의자로 여겼고, 그들은 우리를 정치적으로 고매한 척하는 깐깐이들로 여겼다. 그러나 우리는 서로 협력하는 법을 배웠다. 우리는 전염병의 두려움을 극복하기 위해 서로를 돕는 법을 터득했다. 나의 친구들 가운데 더러는 제약 회사가 ATZ(에이즈 치료제)의 가격을 낮춰 죽어 가는 사람들이 이용할 수 있게 하기 전에 그것을 밀매하기까지 했다. 절박함과 두려움 때문에 우리는 서로의 차이에도 불구하고 협력하였고, 그 결과 공동체가 형성되었다. LGBTQ 공동체의 끈질기고 일관된 헌신적 활동(식탁 교제와 글을 써 각종 매체에 올리는 활동)이 결국 미국의 문화적 지평을 변화시켰고, 자연법의 방어선을 밀어제쳤다. 나는 그렇게 확신한다.[1] 지금 그리스도인이 된 나는 만일 교회가 그때 그곳에 있어서 우리를 돕고, 우리의 시련에 동참했다면 상황이 어떻게 달라졌을지 참으로 궁금하다.

이런 교훈들은 비록 교회 밖에서 배운 것들이지만 그리스도인들에게 많은 도움이 된다. 우리는 포스트크리스천 세상에서 살고 있다. 오늘날의 세상은 그리스도인들의 말을 극도로 듣기 싫어한다. 그러나 사랑에서 비롯하는 손 대접을 과연 누가 논박할 수 있을까? 그리스도인들이 지니고 있는 잠재적인 증언 능력은 그야말로 엄청나다.

그리스도인들에게는 선한 청지기가 되어야 할 도덕적인 책임이 있다. 그리스도인들은 교회를 충실히 섬기는 것은 물론, 종교의 자유, 사상, 법률, 가정, 세계적 난민 위기와 같은 문제에 깊은 관심을 기울여야 한다. 온 세상이 지켜보고 있다. 지금은 우리가 지역사회에서 실천하는 가시적인 참된 손 대접이 말보다 더 큰 소리를 낸다.

그리스도인들은 학교와 병원을 짓고, 자연재해가 일어났을 때 물과 양식과 피난처와 의약품을 제공하는 일에 항상 많은 노력을 기울여 왔다. 우리는 그런 빛나는 역사를 지니고 있다. 그러나 지금 우리를 돌아볼 때 우리는 그리스도인다운 이웃관계를 통해 날마다 기독교적 증언을 발하고 있다고 말할 수 있는가?

포스트크리스천 시대를 사는 우리 이웃은 그리스도인 가정이 베푸는 손 대접을 통해 참된 기독교를 목도하고, 맛보고, 느끼는 것이 필요하다. 우리는 기도, 음식 나누기, 우정 쌓기, 아이 돌보기, 개 산책시키기 등의 일상을 통해 이웃과의 우정 관계를 발전시켜 나가면서 이웃을 섬겨야 한다.

예를 들어, 원치 않는 동성애의 욕구와 갈망, 쉽게 상처받고 충격받는 섬세한 감수성과 애착, 유혹과 열정으로 인해 어려움을 겪는 그리스도인 형제자매들을 생각해보자. 그들에게는 주님의 부르심에 따라 가족처럼 기능하는 교회가 필요하다. 기독교적 회심은 우리가 전에 좋아했던 삶에 무언가를 추가로 더하는 것이 아니라 그것과 교환하여 새로운 삶으로 맞바꾸는 것이다. 따라서 그리스도께 나오는 사람들은 잃는 것이 많을 수밖에 없다. 어떤 사람은 다른 사람보다 잃는 것이 더 많을 수도 있다. 십자가를 하나만 짊어진 사람도 있고, 열 개를 짊어진 사람도 있다. 매일 원하지 않는 동성애의 욕망에 시달리며 사는 사람들은 답을 찾을 수 없는 질문들과 충족되지 않은 꿈을 안고 살아갈 수밖에 없다. 그런 고통에 시달리는 형제자매들에 대해 우리는 어떤 책임을 지고 있는가?

한 가지 해결책을 제시하면, 복음은 집 열쇠와 함께 찾아온다는 것이다. 마가복음 10장 28-31절을 읽어보자.

> "베드로가 여짜와 이르되 보소서 우리가 모든 것을 버리고 주를 따랐나이다 예수께서 이르시되 내가 진실로 너희에게 이르노니 나와 복음을 위하여 집이나 형제나 자매나 어머니나 아버지나 자식이나 전토를 버린 자는 현세에 있어 집과 형제와 자매와 어머니와 자식과 전토를 백 배나 받되 박해를 겸하여 받고 내세에 영생을 받지 못할 자가 없느니라 그러나 먼저 된 자로서 나중 되고 나중 된 자로서 먼저 될 자가 많으니라."

믿음과 순종으로 복음에 반응하는 사람들, 곧 천국의 약속을 얻기 위해 모든 것을 버려야 하는 사람들을 사랑하는 방법에 관해 예수님이 어떻게 말씀하셨는지 유심히 살펴보라. 예수님의 말씀에 따르면, 회심의 과정에서 우리가 파트너(partners: 저자는 혼인 밖의 성적 관계를 염두에 두고 있는 것으로 보인다―편집주)와 자녀와 집을 잃는 일이 일어날 수 있다. 회심은 모든 사람에게 모든 것을 포기하라고 요구한다. 하나님의 백성이 깨달아야 할 것이 있다. LGBTQ 공동체를 비롯해서 복음 때문에 가족과 집을 잃을 어떤 사람에게 복음을 나누고 싶다면, 복음을 손 대접의 사랑과 함께 가져가야 한다. 위의 본문에 약속된 백 배의 축복은 하늘에서 저절로 떨어지지 않는다. 그 축복은 교회를 통해 주어진다. 그 축복은 하나님의 가족답게 행동하는 하나님의 백성을 통해 주어진다. 하나님은 이 축복이 우리를 통해 전해지기를 원하신다. 참된 기독교 공동체를 창조하는 참된 기독교 손 대접은 우리를 위선자로 생각하는 세상을 향해 깊고 지속적인 방식으로 진정한 기독교를 보여준다.

손 대접과 함께 복음을 나눌 때, 사람은 도구적 유용성이 아닌 그 고유한 가치에 의해 소중히 여겨진다. 그리스도 안에서 우리는 가족이다. 하나님의 가족 안에서 개인은 정치적 개체라기보다 언약적 개체이다. 우리는 다른 무엇보다도 하나님의 형상을 지닌 존재들이다. 우리는 하늘에 계신 성부 하나님을 공유하므로 서로에게 속해 있다. 우리 안에 있는 하나님의 형상이 우리의 정체성과 소명의 시발점이어야 한다.

당신 주변의 수많은 사람들은 하나님의 언약 안에 포함되는 축복에 굶주려 있다.

전에 나의 이웃이었던 행크는 "플리 바겐"plea bargain(사전형량조정제도)이 성사되지 않은 관계로 거의 20년에 달하는 징역형을 선고받았다. 그는 자신의 기대 수명보다 더 긴 형기를 언도받았다. 요즘 그는 편지를 통해 자신이 지금도 아무런 인정이나 사랑을 받지 못한 채 노숙자 같은 신세로 불안정하게 지내고 있고, 앞으로 충분히 오래 살아 출소한다 해도 노숙자 같은 신세가 될 것이라고 말하면서 불안감과 두려움을 자주 내비친다. 행크는 그저 이전의 이웃에 불과한 존재가 아니다. 그는 최근에 믿음으로 예수님을 영접했다. 행크를 비롯해 그리스도를 믿는 다른 죄수들은 석방되었을 때 교회에서 누구와 더불어 살게 될 것인지를 알아야 할 필요가 있다. 그들은 어디에 자신이 거할 집이 있는지를 알아야 한다.

나의 큰딸 사만다를 입양했을 때, 그 아이는 열일곱 살이었다. 나는 그 아이의 열한 번째 위탁모였다. 사만다는 아동보호 시설을 들락날락하는 과정을 거치는 동안 질이 나쁜 사람들과 어울렸다. 역기능적인 "위탁모"들이 많았다. 직전의 위탁모는 사만다를 입양했지만 제대로 돌보지 않은 채 다시 보호소로 돌려 보냈다. 그 무렵, 그녀는 쾌활하고 장난기 많은 소녀에서 반항적인 십 대로 변해 갔다. 사만다는 열다섯 살에 파양을 경험했을 뿐 아니라 학대와 무관심과 폭행과 배신에 시달려야 했다. 그러나 오늘날 그녀는 내가 아는 여성 중에 가장 강인하고, 아름다운 여성으로 성장했다. 그녀를 입양한 지 10년이 지난 지금, 그녀는 우리에게서 소원해졌다. 그녀가 우리를 멀리한 것은 상처를 주기 위해서가 아니었다. 우리는 그녀를 선의로 대했고, 그녀도 그 사실을 잘 알고 있다. 우리는 이따금 개들에 관해 문자를 주고받을 뿐 아니라 생일 카드와 성탄 카드를 주고받기도 한다.

그녀는 우리에게 입양되는 것이 필요함에도 그러길 원하지 않았었다. 우리가 너무 늦었기 때문이었다.

그러면 우리는 왜 그녀를 입양했을까? 그녀가 우리의 가족이 되기를 바랐기 때문일까? 그렇지 않다. 우리의 기대는 상당히 현실적인 것이었다. 우리가 사만다를 입양한 이유는 하나님이 우리를 우리의 능력이 미치는 한 최선을 다해 그런 일을 하라고 부르신다고 믿었기 때문이다. 우리가 그녀를 입양한 이유는 무언가 보답을 바랐기 때문이 아니었다. 우리가 어려움에 처한 십 대 소녀를 입양하고 싶다고 말했을 때, 관계자들이 우리를 애처롭게 여기는 듯한 표정과 눈빛으로 바라보았던 기억이 난다. 그들은 고개를 빳빳하게 쳐들고, 태산도 무너뜨릴 듯한 교만한 태도로 냉랭한 마음과 비웃음을 감춘 채, "글쎄요, 이런 일은 절대로 잘될 리가 없을 텐데요. 그러나 당신에게는 잘될 수 있기를 바랍니다."라고 말했다. 그 말에 나는 "이미 잘되고 있는 걸요."라고 분명하게 대답했다.

우리는 사만다를 처음 만난 순간부터 그녀를 사랑했다. 우리는 그녀가 인생의 발판으로 삼을 가정을 갖기를 원했다. 때로 사람들에게는 보금자리로 삼을 가정과 인생의 발판으로 삼을 가정이 필요하다. 둘 다 중요하다. 둘 다 하나님의 사역에 해당한다. 사람들은 이따금 사만다가 지닌 온갖 문제와 관계를 방해하는 갖가지 요인에도 불구하고 그녀를 입양한 것이 "효과가 있었는지"를 묻곤 한다. 사만다는 할 수 있는 한 빠르게 우리집을 떠났고, 친가족과 재결합했다. 그녀는 그렇게 살고 있고, 우리에게서 멀어졌다. 그렇다면 우리의 입양이 효과가 있었을까? 물론이다. 남편과 나는 하나님께 순종했다. 집 열쇠와 함께 복음을 사람들에게 가져갈 수 있는 이유는 그것이 쉬운 일이어서가 아니라 어려운 일이기 때문이다. 하나님은 열쇠를 만드신다. 그리고 그것에 맞는 자물쇠도 만드신다.

2016년의 추수감사절 : 공간을 만들다

지난 추수감사절에는 교인들, 이웃들, 가족들을 모두 합쳐 스물일곱 명이 함께 모여 식사 교제를 나누었다. 약간의 계획이 필요했지만 나는 스물일곱 명을 편안하게 섬길 수 있는 방법을 찾아냈다. 이웃에 사는 도나가 큰 도움이 되었다. 그녀는 여러 개의 식탁보를 갖고 있고, 재주도 많다. 근처에서 성경공부 모임에 참석하고 있는 한 여성은 같은 모양의 포도주잔 서른 개를 빌려주었다. 우리집의 "식당"은 모두 3개의 방으로 이루어져 있다. 방들은 서로 뚫려 있고, 휴게실에는 아주 어린 아이를 위한 작은 식탁이 놓여 있다. 앉을 자리를 배정하는 일은 간단하다. 50세 이상은 등받이가 있는 의자에 앉고, 20세 이상으로서 어린 자녀를 대동한 사람은 접시를 올려놓을 수 있는 식탁에서 식사를 한다. 십 대 청소년들과 아이들은 각자 창의력을 발휘해서 적당한 곳에서 식사하도록 한다. 기도할 때는 모두가 개들을 둘러싼 채 손에 손을 잡고 크게 원을 그린다. 감사 기도가 끝난 후에는 나이 든 사람부터 식탁에 자리를 잡고 앉는다. 아이들은 음식 접시를 들고, 요새나 트램펄린이나 뒷문 현관 앞 공간(porch, 건물 입구에 지붕이 얹혀 있고 흔히 벽이 둘러진 현관 앞 공간을 의미함—편집주)으로 가서 평화롭게 음식을 먹는다.

이런 방법은 매우 실용적이어서 그 후로 사람들을 대접할 때마다 늘 그렇게 해오고 있다. 반복하다 보면 익숙해진다. 캐롤라이나의 좋은 날씨와 요새와 해먹과 트램펄린과 뒷문 현관 앞 공간만 있으면 우리의 식사 모임은 크고 성대하게 이루어진다. 저녁 식사 종소리가 울리면 크고 작은 아이들이 경건의 시간을 갖거나 후식을 먹기 위해 다시 모여든다.

주 안에서 우리의 형제인 시온으로 인해 우리의 식탁 교제는 더욱 복되다. 그는 외출을 허락받은 죄수로서 격주로 우리와 함께 예배를 드린다. 그는 철저한 감독하에 외출을 허락받고 있으며, 우리 교회의 교인 가운데 한 명이 그의 외출에 드는 비용을 후원하고 있다. 어떤 때는 간수가 찾아와서 그가 있어야 할 곳에 잘 있는지를 점검하기도 한다. 시온은 10년 형을 선고받은 죄수로서 이웃 지역의 보안 등급이 낮은 감옥에서 2년째 수감 생활을 하고 있다. 그는 명절이면 우리집을 방문하며, 2주에 한 번 5시간 동안의 외출을 허락받고 있다.

어느 날, 시온이 내 옆에서 저녁 식사를 했다. 그는 평소와는 달리 기분이 착 가라앉은 모습으로 아무 말도 하지 않았으며, 눈에는 눈물까지 글썽거렸다. 우리는 그에게 감자를 건네주었다. 그는 내게 눈을 고정하고서는 이렇게 말했다.

"전에 한 번도 가정이라는 것을 가져본 일이 없습니다. 오랫동안 한 번도 없었어요. 가정이라는 것을 전혀 몰랐습니다. 사랑이 있고, 그리스도께서 계시고, 형제자매들이 있고, 아이들이 있는 이런 곳은 처음입니다. 저도 여기에 속해 있습니다."

그는 전에도 우리집을 늘 방문했었기 때문에 처음에는 그의 말이 무슨 뜻인지 몰랐지만 무언가 중요한 말을 하려는 듯한 분위기가 느껴졌다. 나는 그의 손을 붙잡았다. 시온의 입에서 깨어진 수많은 약속들, 세상을 떠난 수많은 사랑하는 사람들, 극복하기 어려운 갖가지 피해들, 하나님의 은혜 외에는 아무것도 보이지 않는 앞날 등, 모든 이야기가 쏟아져 나왔다.

나는 그의 말을 들으면서, 나의 아들 마이클이 한쪽 팔로 젊은 아내를 감싼 채로 강하고 힘센 어깨 위에 갓 돌이 지난 아들을 올려 놓고 있는 모습을 흘끗 쳐다보았다. 그는 열일곱 살에 입양된 이후로 이 식사 자리를 자신의 식사 자리로 여기기까지 많은 세월이 필요했다. 우리는 서로 닮지도 않았고, 개인적인 삶의 경험도 서로 달랐다. 그가 경험한 배신의 상처는 매우 깊었다. 나의 육신으로는 그것을 조금도 이해할 수 없지만, 우리를 위해 보혈을 흘려주신 그리스도의 사랑 덕분에 영혼으로는 충분히 이해할 수 있다. 우리는 오직 그리스도 안에서만 언약의 역사와 왕으로서 다스리는 미래를 공유한다. 식탁을 사이에 두고 우리는 서로에게 속해 있다. 신자와 불신자가 하나님의 권위 아래 함께 모인다. 하나님의 권위는 우리를 사랑하게 만든다. 우리는 가족이다.

복음은 집 열쇠와 함께 찾아온다. 수감 생활, 보호소 생활, 가난한 삶 등을 경험한 사람들이 지속적으로 식탁 교제에 참여할 때 가족처럼 서로를 보살피는 영구적인 유대 관계가 형성된다. 우리는 서로에게 속해 있다. 그런 사실을 이제 막 깨달았더라도 사실은 항상 그러했던 것이다.

우리가 살고 있는 세상은 전 세계에 걸친 난민 위기를 정상적인 일로 받아들이는 무정한 세상이요, 나이가 들었다는 이유로 위탁 보호소에서 쫓겨나 집 없이 떠도는 청소년들이 증가해도 아무런 관심도 두지 않는 세상이요, 비폭력적인 범죄를 저지른 자들을 터무니없이 오랫동안 감금해 두는 것을 용인하는 세상이다. 그리스도인인들마저 가정을 개방하고 마음을 열어 온정을 원하는 사람들을 따뜻하게 받아들이는 방법을 잘 모를 때가 많다. 우리는 5천 명을 먹이고, 병자들을 치유하고, 변화를 가져오는 은혜를 널리 베푸신 예수님의 기적적인 이야기들을 좋아하지만, 우리는 기적적이지 않은 평범한 방식으로 예수님의 행위를 본받을 필요가 있다. 우리가 그렇게 행할 때에 사람들은 자신을 하나님의 형상을 가진 자로 인식하고 은혜 언약 안에서 살라는 부르심을 받게 된다.

> 하나님과 피조물 간의 거리는 너무나도 멀기 때문에, 이성 있는 피조물은 창조주께 순종할 의무를 부담할 뿐 그분을 자신의 복과 상급으로 소유할 수는 없었다. 그러나 하나님이 친히 자기를 낮추어 언약이라는 방식을 통해 자신을 그들의 복과 상급으로 제시하셨다.[2]

하나님과 타락 이후의 인간 간에는 뛰어넘을 수 없는 거리가 존재한다. 아담의 죄는 후손에게 계속 전가되어 모든 사람은 하나님 및 동료 인간을 대적하고, 양심과 갈등을 겪는다. 이것은 곤경이다. 손 대접은 곤경에 빠진 절박한 사람들을 기독교 가정 안으로 이끄는 교량 역할을 한다. 그곳에서 그들은 서로에게 큰 복이 된다. 그리스도인들은 은혜를 베푸는 것과 누군가의 목에 연자맷돌을 지우는 것의 차이를 알고 있다. 은혜는 그리스도의 피로 값을 주고 산 것이다. 은혜는 우리의 무릎을 꿇게 한다. 은혜는 안심하고 회개하게 한다. 그와는 달리 연자맷돌은 육신의 연약함에 아첨하며 하나님과 다른 사람에게 죄를 짓도록 독려한다. 손 대접은 날마다 우리 자신과 다른 사람들의 죄에 대한 대책을 세울 필요를 느끼게 한다. 절박한 사람들은 절박한 일을 하기 마련이다. 그렇다면 우리 그리스도인들은 기독교적 손 대접을 일상적으로 꾸준히 실천하고 있는가? 아니면 범죄자들이나 부랑자들에게 내주기에는 우리의 가정이 너무 소중하다고 여기면서 대문을 꼭꼭 닫아 두고 있는가? 우리의 집은 우리의 성채가 아니다. 사실, 그것은 심지어 우리의 소유도 아니다.

그러면 우리는 어디서부터 시작해야 할까? 우리의 현재 상태에서부터 시작해야 한다.

신뢰할 수 있는 단기적인 손 대접

우리집이 정기적이고, 단기적인 사역 필요에 응할 수 있게 준비된 것에 대해서는 앞에서 언급하였다. 우리집 지하에는 침대와 책상을 갖춘 방이 하나 있다(여분의 에어 매트리스만 있으면 성인들은 물론, 가족들도 거할 수 있다). 우리의 자녀들 가운데 나이가 가장 어린 두 자녀는 현재 열한 살과 열네 살이다. 그들은 기꺼이 자기 침실을 포기하고, 슬리

평백을 가지고 거실에 나와 잠을 잔다. 그 덕분에 처지가 어려운 어린아이들을 위한 방을 2개나 확보할 수 있다. 우리는 우리 교회 교인들(힘든 일을 겪고 있는 독신자들이나 일시적으로 거주할 곳을 잃은 가족들)이나 "세이프 패밀리스"SAFE families 를 통해 연결된 아이들이나 가족들이 우리집을 필요로 하리라고 예상한다.[3]

10년 전에 우리는 버지니아에 거주하였다. 우리는 허가받은 위탁 가정이었다. 우리는 처지가 어려운 아이들이 안전하게 거할 수 있도록 집을 대대적으로 개조했다. 싱크대 아래 놓여 있던 청소용 세제들을 아이들의 손이 닿지 않는 높은 곳에 올려 놓았고, 콘센트마다 안전 플러그를 장착했으며, 아기 침대 곁에는 모니터를 달았고, 계단 꼭대기에는 안전문을 설치했다. 결혼한 이후로 우리는 줄곧 그런 식으로 살았다.

요즘에도 마찬가지다. 우리는 우리 가정이 다양한 피부색과 희망, 위로와 회복, 하나님의 치유와 은혜가 어우러져 있는 팔레트가 되길 원한다. 극심한 어려움에 처한 사람들을 돌보기 위해서다. 이것은 우리가 해야 할 매우 기본적인 일이다.

때로 이것은 그저 친구의 말에 귀 기울이는 것을 필요로 한다.

내 친구 수산나는 눈 수술을 받을 예정이었다. 독립심이 매우 강한 독신 여성인 그녀는 콜택시를 불러 타고 병원에 가서 잠시 수술 받고 돌아오면, 다음 날 아침에 고통이 말끔히 사라지고, 모든 기능이 온전해져 평소처럼 지낼 수 있을 줄로 생각했다. 나는 그녀의 꿈을 깨뜨리기라도 하듯 아이들도 대동하지 않고, 한 무더기의 책과 한 가방 가득한 뜨개질감을 들고 안과 병원으로 향했다. 많은 책들과 뜨개질감은 내가 그곳에 오래 있을 것이고, 결코 그 자리를 뜨지 않을 것이라는 암시였다. 나는 수술이 끝나면 반 소경이 된 내 친구를 데리고 돌아와서, 회복할 때까지 우리집에 머물게 할 생각이었다. 그녀와 같은 집에 사는 친구가 우리집 근처까지 차를 몰고 와서 수산나의 칫솔과 잠옷과 여분의 옷들이 들어 있는 작은 여행 가방을 건네주었다. 회복의 과정은 고통스러웠다. 그녀는 타이레놀 외에 더 강한 진통제는 아무것도 복용하지 않겠다고 완강하게 거부했지만, 나의 남편은 차를 몰고 눈보라 속을 뚫고 가서 모든 종류의 진통제에 대한 처방전을 받아 왔다. 그 덕분에 우리는 그런 약들을 손에 넣을 수 있었다. 의사는 둘째 날은 통증이 특히 심해서 마치 눈알에서 아이를 낳는 듯한 고통이 느껴질 것이라고 말했다. 의사가 그렇게까지 말했다는 것은 통증이 견딜 수 없을 만큼 극심할 것이라는 의미가 분명했다.

수산나는 내가 아는 가장 강한 여성 중의 하나다. 그녀는 주 경찰관이다. 그녀의 눈은 욱신욱신 쑤셨다. 그녀는 아무것도 볼 수 없었고, 어떤 빛에도 견디지 못했다. 그녀는 휴식을 취하며 잠을 많이 잤고, 세 시간마다 안약을 점안했다. 우리 가족은 그녀가 휴식을 취할 수 있게 돕고, 식사를 챙겨주고, 빨래도 해줬다. 그리고 수술 이후의 통원 치료를 위해 차로 병원에 데려다주었다. 우리는 전등불을 모두 끄고, 커튼을 모조리 쳤다. 모두는 한 명을 위해, 한 명은 모두를 위해 존재했다. 아무것도 힘들지 않았다.

셋째 날 아침 식사를 할 즈음, 수산나는 한결 나아졌지만 여전히 눈이 잘 보이지 않았다. 회복 기간이 생각보다 오래 걸리자 그녀는 두려움과 실망감을 동시에 느꼈다. 그녀는 달걀을 한입 베어 물고 나서는 포크를 내려놓고, 내게 "이곳에서 일어나는 마법과도 같은 일은 대체 어디에서 생겨나는 것이죠?"라고 물었다. 그녀는 식탁을 내려다보면서 그렇게 말하고서 손으로 식탁을 쓸었다. 식탁 위에는 스크램블드 에그와 토스트와 과일과 개지 않은 세탁물이 올려져 있었다. 아이들은 재미있는 일이 있는지 다른 방에서 연신 킬킬거렸고, 남편은 자기 의자에 앉아서 성경을 읽고 있었다. 그녀가 그렇게 물은 이유는 고맙기도 하고, 궁금하기도 해서다. 그것은 매우 중요한 질문이다. 매일 온 가족을 먹이고, 양육하고, 치유하고, 잘 유지할 뿐 아니라 다른 사람들까지 초대해 휴식을 취하며 회복하도록 돕고, "안 돼요"보다는 "좋아요"를 더 많이 말할 수 있는 원동력은 대체 어디에서 오는 것일까?

그 대답은 바로 하나님이다. 하나님이 마법을 행하신다. 그분은 독신자 그리스도인들이나 기혼자 그리스도인들이 이루는 다양한 형태의 가정을 통해 마법을 행하실 수 있다. 그러나 우리집에는 우리집만의 특별한 요소가 있다. 아마 페미니스트들은 그 요소를 못마땅하게 생각할 것이다. 우리집에서 마법을 일으키는 특별한 요소는 내가 전업 주부로 집 안에 남아 있을 수 있도록 우리가 감당하는 경제적 희생과 관련되어 있다. 나와 남편은 예수님을 가장 사랑할 뿐 아니라 일상적으로 손 대접을 베푸는 것을 매우 가치 있게 여기는 부부로서 우리의 가치에 가장 부합하는 남편과 아내의 역할 모델을 채택하고자 한다.

창세기에서 발견되는 이 마법의 구성 요소는 평범하다. 가정은 하나님의 설계에 따라 창조 명령을 이행하며, 하나님은 가정 안에서 행해지는 돌봄과 양육 위에 복을 내리신다. 하나님은 가정을 이끄는 아버지를 가장으로 허락하셨다. 가장은 하나님의 계명과 사랑으로 가정을 다스려야 한다. 그는 가족을 돌보고, 필요한 것을 공급하고, 성경 말씀에 따라 목양해야 한다. 가장은 무섭거나 위협적이거나 분노에 찬 권위자가 아니다. 그는 자기 가족을 가르쳐 모든 일에 하나님의 은혜의 수단을 적용하도록 이끈다. 그는 은혜가 사람들을 하나님의 보호 아래로 인도한다는 것을 이해한다. 따라서 그는 평안할 때나 고난 중에 있을 때나 성경적인 삶의 모범을 보인다.

또한 성경적인 가정에는 어머니가 존재한다. 어머니는 집 안에 있으면서 필요할 때는 언제라도 섬길 수 있어야 한다. 나는 가정 밖에서 풀타임 근로자로 일할 수 있지만 가족들이 집에서 항상 나를 필요로 하기에 집에 머물러 있다. 전업주부인 나는 아침에 잠에서 깨어난 첫 30분 동안만 몸을 움직여도 내가 세상에서 가장 사랑하는 사람들을 위해 여러 가지 유익한 일을 할 수 있다. 중요한 일들은 다른 사람에게 돈을 주고 맡길 수 없다. 나는 남편의 조력자요 아이들의 엄마요 가정의 요리사로서 하나님의 가족들과 이웃들을 섬기고, 먹이고, 돌보는 역할을 하는 것이 좋다.

위로는 언약의 하나님에게서 온다. 그분은 우리에게 무엇이 필요한지 아시고, 가장이 되는 법을 알고 있는 아버지와 결혼의 언약 안에서 경건한 남편에게 복종하는 어머니를 허락하신다. 한 몸을 이룬 남편과 아내는 서로와 자녀들을 굳게 지키고 보살핀다. 그와 동시에 그들은 그런 보살피는 능력을 다른 사람들에게까지 확대한다.

그러나 한 가지 분명히 말해 둘 것이 있다. 그것은 이 마법이 부부가 서로 각자의 직업 전선에 뛰어들어 아슬아슬하게 살기보다, 그리스도를 가정의 중심에 모시고 가정을 잘 지켜나가는 것을 더 중요하게 여기면서 이를 위해 필요한 희생을 기꺼이 감수할 줄 아는 아버지와 어머니를 통해 이루어진다는 것이다.

이런 말을 하자니 마치 살얼음판을 걷는 듯 조심스럽다.

처음에 그런 깨달음에 도달했을 때 나는 비통한 심정을 느끼지 않을 수 없었다. 가족과 지역사회를 가장 복되게 하는 전업주부의 자기 희생을 그릇된 구 시대의 사회 규범으로 여겨 격렬하게 반대했던 나의 과거가 너무나 후회스러웠으며, 아직도 이에 대해 바른 생각을 갖고 있는 사람이 너무나 적은 것이 참으로 안타까웠기 때문이다. 교회 안팎에서 사람들은 내게 집에만 머물며 자녀들을 돌보는 것은 내가 받은 높은 수준의 교육을 헛되이 낭비하는 것이라고 말하곤 했었다. 그때마다 내가 1달러씩 받았더라면 나는 지금 부자가 되고도 남았을 것이다.

나는 수산나에게 어머니는 전업주부로 가정을 돌보고 아버지는 가장의 역할을 성실하게 수행할 때 마법이 일어난다고 말했다. 그 말을 들었을 때 그녀는 스크램블드 에그가 목에 거의 걸릴 뻔했다. 그러나 그녀는 결국 나와 한통속이 되어 우리가 경멸하도록 훈련받았던 바로 그 "가부장제"를 받아들였다.

충실한 아내가 경건한 태도로 가장인 남편에게 복종한다고 해서 하나님이 여성에게 주신 힘과 능력이 줄어드는 것이 아니다. 오히려 그것은 가장 중요한 사람들을 먼저 섬길 수 있는 길을 열어준다.

처음에는 받아들이기 힘들었지만 나는 경건한 가부장제가 나나 다른 여성들이 타파해야 할 적이 아니라는 결론에 도달했다. 경건한 가부장제란, 가족을 보호하기 위해 목숨까지도 희생할 줄 아는 경건한 아버지들이 가정을 다스리는 것을 의미한다. 경건한 아버지들은 가정을 이끌면서 강포한 남자들의 배회하는 무리로부터 가족을 보호한다. 경건한 가부장들이 필요한 이유는, 죄는 실제로 존재하며 폭력적인 무리들도 실제로 존재하기 때문이다. 하나님의 계획에 따라 리더십을 발휘하도록 훈련받지 않은 남자들은 종종 사탄의 도구가 되어 강포를 행한다..

가정 안에서 손 대접을 행하는 다양한 방법들이 존재한다. 독신자들도 기혼자들과 똑같이 선하고 유능하게 손 대접을 할 수 있다. 그러나 한 가정에서 일어나는 마법과 같은 일들은 그 가정의 구체적인 구성원으로부터 나온다. 그리고 기혼자 가정에서는 그리스도께서 주신 소명에 따라 가족들을 잘 목양하는 남편으로부터 모든 것이 시작된다.[4]

나의 식탁에서 음식을 먹고, 보살핌을 받는 사람들은 어떤 일을 할까? 그들은 나의 식탁에서 음식을 먹고, 밖으로 나가 세상을 정복한다. 나는 배후에서 식탁 교제를 위해 일하는 특권을 누린다. 나는 음식과 기도로 그들을 섬기고, 아이를 돌보고, 바느질과 빨래를 하고, 코치 역할을 한다. 어떤 때는 주님의 인도하심에 따라 이 책을 쓰는 것과 같이 많은 청중을 상대로 하는 일을 하기도 한다. 그러나 마법이 일어나는 곳은 바로 가정이라는 사실을 잊어서는 안 된다. 부엌은 나의 왕국이다.

리사

"늙은 여자로는 이와 같이 행실이 거룩하며 모함하지 말며 많은 술의 종이 되지 아니하며 선한 것을 가르치는 자들이 되고 그들로 젊은 여자들을 교훈하되 그 남편과 자녀들을 사랑하며 신중하며 순전하며 집안 일을 하며 선하며 자기 남편에게 순종하게 하라 이는 하나님의 말씀이 비방을 받지 않게 하려 함이라"(딛 2:3-5).

그리스도 밖에서의 삶은 유아적이다. 그런 삶은 청춘을 예찬하고, 무책임한 삶을 일삼으며, 자기통제가 아닌 자기만족을 추구한다. 나는 회심할 당시에 내가 디도서 2장이 말씀하는 "늙은 여자"의 범주에 속한다는 사실을 알고는 깜짝 놀랐다. 나는 죄와 불신앙과 무지에 사로잡힌 탓에 여성성의 중요한 발달 단계를 지나쳐 버리고 말았다. 내가 제정신을 차렸을 때는 결연한 각오도 있었지만 내심 많이 슬프기도 했다.

디도서 2장이 명령하는 대로 나는 젊은 독신 여성들을 돕는다. 그들을 위한 나의 사역은 대학원 과정의 마지막 단계를 보내는 이들을 돌보는 것을 포함한다. 나는 그들이 쟁기에서 손을 떼지 않고 유지하면서 "선한 것이 무엇인지"를 깨닫도록 돕는다. 대학원에서의 마지막 단계는 매우 힘들고 혹독하다. 그것은 오직 그 과정을 경험해본 사람들만 이해할 수 있을 정도로 어렵다. 늙은 여자는 젊은 그리스도인 여성이 대학원 교육을 마치는 과정에서 중요한 역할을 할 수 있다. 늙은 여자는 젊은 여성을 위해 기도해줄 수 있고, 영적,

물질적 도움을 베풀어 끝까지 강인함을 잃지 않도록 도울 수 있으며, 자신의 현재 상태를 옳게 파악하도록 도울 수 있고, 필요에 따라 힘을 균형 있게 재조정하는 법을 일깨워줄 수도 있다. 대학원 교육은 제자훈련과 같은 성격을 띠고 있고, 그리스도를 중심으로 삼지 않는 제자훈련은 어떤 형태의 것이든 곳곳에 함정과 위험이 도사리고 있기 마련이다. 그런 함정과 위험은 오직 그 과정을 겪어본 경건한 늙은 여자들만이 이해할 수 있다.

여성들이 고도의 학문적 수련을 요구하는 전문 직업을 준비하는 것은 죄도 아니고, 잘못도 아니다. 여성들은 주님이 결혼을 허락하지 않으실 때를 대비해 스스로를 돌볼 준비를 해야 한다. 심지어 결혼의 소명을 받은 여성들조차 그런 준비를 게을리해서는 안 된다. 그리스도인 여성들은 열심히 공부해야 하고, 엄격한 직업 훈련을 받아야 한다. 젊은 기혼 여성들이나 젊은 어머니들은 교회에서 늙은 여자들의 기도와 조언과 인도와 지원이 필요하다. 대학원에 다니는 젊은 여성들이나 전문직에 종사하는 여성들도 교회에서 늙은 여자들의 기도와 조언과 인도와 지원이 필요로 하기는 마찬가지이다. 교회 안에는 예리한 지성을 갖춘 똑똑한 여성들이 있어야 한다. 그러나 대부분의 교회는 대학원 교육이라는 힘겨운 훈련을 받고 있는 이들을 돕는 방법을 잘 모른다.

리사는 의학 전문대학원에 다닐 때 우리 교회에 나오기 시작했다. 그때는 그녀의 인생에서 가장 두렵고 힘든 시기였다. 그녀는 의학 전문대학원에 다니는 동안 매일 두려움을 느껴야 했다. 형편이 그렇게 넉넉하지 않은 가정에서 자란 그녀는, 학교를 수석으로 졸업한 최초의 여성, 대학원에 진학한 최초의 여성, "의사"라는 직업을 가진 최초의 여성 등, 가족 중 최초인 것이 많았던 여성이었다.

의과 대학에 다니는 동안 그녀는 늘 잠이 부족했고, 자신의 출신을 속여야 하는 어려움을 겪었다. 사회적으로 상류층에 속하는 의학 전문대학원생들의 틈바구니에서 살아야 했기 때문이다. 그녀의 지도 교수는 그녀에게 매우 엄격했다. 그 바람에 그녀는 늘 불안에 시달려야 했다. 그녀는 심신이 마비되는 듯한 두려움을 느꼈다. 그녀는 심지어 음식을 먹는 것조차 중단했다. 자기를 가혹하게 대하는 것만이 잠을 자지 않을 수 있는 유일한 방편이었다. 머지않아 큰 문제가 발생할 상황이었다. 그녀가 도움을 필요로 하는 상황이라는 것을 내가 어떻게 알았을까? 나는 몰랐지만 그녀는 알고 있었다. 나는 단지 질문을 던졌을 뿐이다.

어느 날, 예배를 마친 후 나는 뚜렷한 징후를 발견했다. 리사의 모습이 내가 대학원에 다닐 때와 똑같았다. 나는 그 두려움은 물론, 자기 학대라는 감옥과도 같은 고통을 익히 알고 있었다. 그래서 나는 마땅히 해야 할 일을 했다. 나는 "힘든 공부를 잘 마칠 수 있도록 도와주고 싶은데 괜찮겠죠? 점심 도시락을 싸주고, 빨래도 해줄게요. 우리집으로 거처를 옮기면 어떨까요? 힘든 공부를 하는 동안 나는 옆에서 양말들을 잘 접어 놓을게요. 어때요?"라고 말했다.

다음주에 그녀에게서 "저를 도와주시겠어요?"라는 문자가 왔다. 나는 "물론이죠. 무엇이 필요한가요?"라고 답장을 보냈고, 리사는 곧 "음식요! 쌀밥과 콩 요리와 생수가 필요해요."라고 대답했다.

나는 그때 집에서 성찬에 쓸 빵을 만드는 중이었다. 친구 수산나가 우리집에 있었다. 그날은 토요일 늦은 오후였다. 수산나와 내 딸 메리는 "컴패션 인터내셔널"Compassion International이라는 행사에 다녀온 후 자기들이 후원하는 아이들에게 편지를 쓰고 있었다. 수산나는 리사에게 도시락을 전해주기 위해 편지를 쓰는 것을 잠시 중단했다. 수산나는 리사를 만나보고 나서 그녀가 음식보다 더 많은 것을 필요로 하는 상태라는 것을 알아챘다. 수산나는 내게 문자로 그 사실을 알렸고, 나는 리사에게 문자를 보내 힘든 실습 과목을 배우는 동안 우리집으로 거처를 옮기는 게 어떻겠느냐고 말했다. 그녀는 곧바로 우리집으로 거처를 옮겼다.

다음 한 달 동안 리사는 우리집의 리듬에 맞춰 살면서 전반적인 보살핌을 받았다. 나는 이 책을 쓰기 위해 새벽 4시에 일어날 때가 많았다. 그럴 때마다 리사는 이미 일어나 부엌 식탁에서 공부를 하고 있거나 책과 공책들이 잔뜩 쌓여 있는 곳에서 구부러져 잠을 자고 있었다. 나는 커피를 끓이고, 대화를 나누고, 기도를 하고, 그녀의 도시락을 챙겼다.

리사가 우리집에 거하는 동안, 우리는 그녀를 잘 먹였고, 빨래를 해주고, 그녀의 말에 귀 기울여주고, 기도를 해주었다. 똑같은 일이 반복되었다. 그 한 달 동안, 우리에게 어려운 일은 아무것도 없었다. 어려운 일을 감당한 사람은 리사였다.

그녀의 마지막 학기 공부는 너무나도 힘들었다. 리사는 매일 밤 서너 시간밖에 잠을 자지 못했다. 그런 상황이 오래 지속되다 보니 그녀는 "렘 수면"이 어떤 느낌인지조차 잊고 말았다. 어느 날 저녁, 나는 그녀가 부엌 식탁에서 공부하고 있는 것을 보고, 즉시 내 머리에 올려져 있던 독서 안경을 그녀에게 주었다. 독서 안경은 도움이 되었다. 남편이 여분의 컴퓨터 스크린을 가져다준 덕분에 리사는 공부할 때 두 개의 스크린을 이용할 수 있었다. 또한 우리는 간편한 운동 기구를 그녀가 쉽게 이용할 수 있는 곳에 옮겨 두어 공부하면서 사용하게 했다.

우리는 늘 똑같은 일을 반복했다. 리사는 모든 사람이 잠든 새벽에 힘든 하루의 일과를 앞두고 내게 기도할 제목들을 적어주었다. 나는 그녀가 환자 실습을 잘할 수 있고, 그녀의 지도 교수가 그녀를 친절하게 대해주고, 그녀가 환자들을 돌보는 일에서 기쁨을 얻게 해달라고 하나님께 기도했다. 하나님은 기도에 응답해주셨고, 리사는 함께 축하하기 위해 문자를 보내 왔다. 저녁 식사 시간에 남편과 나는 여러 가지 문제와 일자리 제안에 대해 그녀와 대화를 나누었다.

리사는 마침내 결승선을 통과했다. 그녀는 학교를 졸업하고, 다른 곳으로 거처를 옮겼다. 당시는 그녀의 인생에서 짧으면서도 중요한 시기였다. 우리는 색다른 일을 하지 않았다. 우리는 단지 양팔을 넓게 벌려 사랑으로 보살피고, 공부하는 그녀를 지켜보고, 기도와 지원을 아끼지 않았고, 공부를 다 마쳤을 때 축하해주었다. 우리는 그녀를 돕는 일이 즐거웠다. 우리는 주님이 그녀를 사망의 음침한 골짜기에서 인도해 내시는 것을 목격했다.

온전한 사랑이 두려움을 내쫓는다

우리는 가정을 개방하다가 아이들에게 해로운 문제가 가정에 유입되면 어쩌나 걱정할 때가 많다. 다시 말해, 이웃을 사랑하라는 명령과 주의 교훈으로 자녀들을 양육하여 주님을 경외하는 자녀로 키우라는 명령이 서로 충돌을 일으킬 때가 있다.

우리는 이 문제를 신중하게 생각해봐야 한다. 부모인 우리는 자녀들이 해를 입지 않게 잘 보호해야 한다. 그러나 그들을 무작정 숨겨 보호하는 것만이 능사는 아니다. 우리 자녀들이 의심과 두려움, 성적 유혹, 도덕과 신앙의 위기에 직면할 수 있다. 그럴 때 부모인 우리가 놀라거나 격분하거나 상처를 받아서는 안 된다.

우리는 자녀들에게 우리의 원수가 얼마나 심각한 존재인지, 우리가 그리스도 안에서 지니게 된 의가 얼마나 강력하고 우리의 공로와는 무관하게 주어진 것인지, 우리의 죄를 숨기면 그것이 얼마나 깊고 넓고 크고 강력한 영향을 미치는지를 깨우쳐줄 필요가 있다.

그러나 우리가 잃어버린 자들을 섬기고, 불신자 이웃들을 진정으로 사랑하고, 죄와 불행에 짓눌려 고민하고 비틀거리는 사람들을 도와주는 것을 자녀들이 목격한다면 그들도 필시 자신들의 깊은 고민을 우리에게 솔직하게 털어놓을 것이다. 아마도 자녀들은 우리가 이웃과 낯선 사람들을 환영하고, 사랑하고, 그들을 위해 기도하며, 고난당한 사람들을 대접하면서 교회와 가정을 개방했던 일들을 기억할 것이다. 하나님의 형상을 지닌 모든 이웃, 특히 어려움을 당한 이웃들을 사랑하는 모습을 자녀들에게 보여주라. 그러면 우리의 자녀들은 그들의 사생활과 관련된 것들을 우리에게 두려움 없이 털어놓을 수 있을 것이다.

이웃집에 살던 행크가 필로폰 제조 혐의로 체포되었을 때 우리는 그런 삶을 실천할 기회를 가질 수 있었다. 행크는 우리의 친구였다. 행크는 자연을 사랑했고, 무슨 물건이든 잘 고쳤으며, 각종 사물에 섬세한 관심을 갖고 있었으며, 산책을 즐기는 동안에 우리의 안전에 깊은 관심을 기울였다. 나의 아들 녹스는 행크의 그런 면모를 좋아했다. 우리집은 행크의 집과 가까웠고, 우리는 그와 친하게 지냈다. 그 결과, 우리는 그가 체포된 후에 이웃의 원망을 들었다. 우리 외에는 그 어떤 이웃도 행크를 하나님의 형상을 지닌 사람으로 생각하지 않았다는 슬픈 사실이 드러났다. 녹스는 행크의 불행한 상황에 크게 상심했다. 속았다는 느낌과 함께 행크의 장래에 대한 걱정으로 두려움도 느꼈다. 또한 녹스는 행크에 대해 비난하는 이웃들의 말에 몹시 슬퍼했다. 녹스는 "사람들이 행크 씨가 마치 짐승이나 외계인인 것처럼 말해요"라고 말했다. 나는 아들을 위로할 말을 찾기가 어려웠기 때문에 크리스토퍼 아저씨에게 문자를 보냈다.

크리스토퍼 아저씨란 《다시 집으로》*Out of a Far Country*라는 책의 공저자인 내 친구 크리스토퍼 유안을 가리킨다.[5] 크리스토퍼 유안과 안젤라 유안은 우리 자녀들에게 할아버지, 할머니와도 같다. 유안 부부는 우리의 가족이다. 크리스토퍼는 필로폰 관련 범죄 혐의로 연방 감옥에서 옥살이를 했다. 그는 예민한 감수성을 가진 내 아들에게는 주 안에서 더할 나위 없이 완벽한 친구요 조언자가 아닐 수 없었다.

녹스와 크리스토퍼는 행크가 체포된 이후로 자주 대화와 문자를 주고받았다. 그 후로 녹스는 행크 씨도 크리스토퍼 아저씨가 그랬던 것처럼 감방의 벽에 성경 구절들을 적어 놓을 수 있게 해달라고 매일 기도했다(정확히 말하면 크리스토퍼가 수감되었던 감방의 벽에 적혀 있던 성경 구절은 단 한 구절뿐이었고, 하나님을 영화롭게 하는 것과는 크게 관계가 없는 것들만 잔뜩 적혀 있었다. 그러나 녹스는 한 가지 사실에만 관심을 기울였고, 그것을 위해 기도했다).

크리스토퍼와의 관계는 내 아들에게 믿음의 시금석과도 같았다. 그와의 관계는 아들에게, 행크 씨가 우리에게는 잃어버린 존재가 되었을지 몰라도 하나님께는 그렇지 않으며, 지금도 그분의 선한 손길 가운데 있다는 사실을 일깨워주었다. 그들의 관계는 세월이 흘러 다른 상황들이 벌어졌을 때도 여전히 지속되었다. 그리스도인 어른들이 아이들의 삶에 개입해 어려운 현실 상황에 믿음을 적용하는 방법을 가르쳐주면 큰 도움이 된다.

누군가의 피할 길이 되라 – 살아 있는 편지로 살라

급진적으로 일상적인 손 대접은 하나님이 우리를 살아 있는 편지로 사용하신다는 사실을 기억할 때 시작된다. 우리의 가정을 손 접대를 위해 개방하느냐 아니면 문을 굳게 걸어 닫느냐에 따라 삶과 죽음, 승리와 패배, 은혜와 수치가 엇갈린다.

고린도전서 10장 13절은 "사람이 감당할 시험 밖에는 너희가 당한 것이 없나니 오직 하나님은 미쁘사 너희가 감당하지 못할 시험

당함을 허락하지 아니하시고 시험 당할 즈음에 또한 피할 길을 내
사 너희로 능히 감당하게 하시느니라"라고 말한다. 이 말씀은 유혹
의 강렬함과 위험성에 대해 말할 뿐 아니라, 우리의 시련에 믿음을
적용하고, 피할 길이 나타나기를 기다리는 긴장감 넘치는 상황을
묘사한다. 우리 자신과 우리의 집과 우리의 시간을 우리 자신의 소
유가 아니라 누군가에게 피할 길을 마련해주기 위한 하나님의 방편
으로 생각해본 적이 있는가?

나는 주일 아침마다 두 차례의 식사(교회에서 나누는 교제의 식사, 우리집
에서 이웃과 친구들과 교인들과 함께 나누는 식사)를 준비하면서 그 점을 생각
하곤 한다. 나는 내가 새신자였을 때 주일이 내게 특별한 유혹의 날
이었다는 사실을 돌아보면서 음식을 준비하며 기도한다. 겉으로 볼
때는 아무 문제도 없는 것처럼 보이지만, 사실 그날은 전면전이 치
러지는 날이다. 당신이 실감하지 못할지도 모르지만, 주일은 많은
사람이 죄와 유혹에 빠지는 두려운 날이다. 예배와 교회 공동체와
의미 있는 교제라는 버팀목이 없으면 "안식일을 기억하여 거룩하게
지키라"(출 20:8)는 네 번째 계명을 이행하기는 불가능하다.

우리가 "주일"로 일컫는 날을 기억하려면 어떻게 해야 할까? 어
떤 것을 기억하는 가장 좋은 방법은 집단적으로 기억하는 것이다.
하나님은 주일을 나 자신의 거룩함만을 위해서가 아니라 다른 사람
들이 거룩하도록 돕는 방식으로 기억하라고 명령하신다. 나는 나의
식탁에 다른 사람들, 곧 상처받은 자, 잃어버린 자들을 초대하라는
부르심을 받았다.

우리는 하나님이 허락하신 일반적인 은혜의 수단들을 함께 활용

함으로써 공동체적인 차원에서 주일을 지킨다. 주일은 "가족의 날" 또는 "나 자신만을 위한 날"이 아니다. 만일 주일을 그런 식으로 지킨다면 하나님의 영광을 도둑질하고, 부지불식간에 다른 사람들을 실족하게 하기 쉽다. 고린도전서 10장 13절을 기억하라. 우리는 다른 사람들을 위해 "피할 길"이 되어야 한다.

공동체 안에서 사는 삶은 그저 자신의 즐거움만 추구하는 삶이 아니다. 그것은 구원하는 삶이다. 본회퍼는 《*Life Together*》(성도의 공동생활)에서 다음과 같이 말했다.

> 죄는 개인을 혼자 있게 만든다. 죄는 개인을 공동체와 단절시킨다. 고립된 삶 속에서 죄의 지배하는 힘이 더 커지고, 죄에 더 깊이 결부될수록 개인의 고립은 더욱더 심화된다.[6]

죄는 고립을 가져온다. 공동체가 죄를 짓지 않게 해주지는 않지만 경건한 공동체는 안전한 환경을 조성한다. 그런 공동체는 마음속으로 짓는 죄나 인간관계에서 짓는 죄와 관련하여 유혹이 적은 안전한 장소와 시간을 제공한다.

일주일 중 내가 가장 좋아하는 날은 주일이다. 나는 그날을 다른 사람들과 함께 보내고 싶다. 남편과 나는 예배 후에 우리집을 개방하고, 방문하기 원하는 사람은 누구나 방문할 수 있도록 환영한다. 마땅히 그래야 한다. 새신자의 처지, 독신자의 처지, 자신을 고립시키고 고통스럽게 만드는 비밀들을 간직한 채 예배 후에 아무 데도 갈 곳이 없는 처지를 생각해보라. 축도가 끝나고 제각각 자신만의 공간이나 자기가 어울리는 사람들이 있는 곳으로 뿔뿔이 흩어질 때 그리스도의 몸은 사분오열되고 만다. 교회에서 예배 후에 속할 데도 없고, 가고 싶거나 부르는 곳도 없는 상태가 늘 반복되는 것은 잔인하고 폭력적인 일이 아닐 수 없다. 예배는 우리를 충만하고, 가 공되지 않은 날것의 상태로 남겨 둔다. 우리는 서로를 필요로 한다.

우리는 기능성을 중시하는 세상 속에서 살고 있다. 지나치게 기능성을 중시하다 보면 기독교인의 삶이 단지 기능 수행이 아닌 소명이라는 사실을 망각하게 된다. 소파에 고양이 털이 묻어 있든 그렇지 않든, 손 대접을 베푸는 일은 항상 필요하다. 수프에 빠진 고양이 털보다는 만성적인 외로움이 사람들의 목숨을 앗아간다.

누군가를 초대해 함께 오목을 두고, 개들을 데리고 산책하고, 트램펄린에서 뜀뛰기를 하면, 혼자서 음란물에 빠져들지 않도록 도울수 있다. 우리가 당연시하는 그런 작은 일들이 주님이 우리의 형제자매를 위해 마련하시는 피할 길이 될 수 있다. 누군가를 주일에 항상 집으로 초대하면 그는 결코 홀로 외롭지 않게 공동체 안에 안전하게 거할 수 있을 것이며, 우울증으로 인한 어둡고 두려운 감정을 피할 수 있을 것이다.

식사를 마치고 나서 모두 함께 성경을 읽고 찬송가를 부르면 누군가를 그리스도의 사랑 안으로 인도할 수 있으며, 그리스도의 이름으로 일컬음을 받는 공동체 안에서는 그 누구도 쓸쓸하게 홀로 지내지 않는다는 사실을 상기할 수 있다.

세이프 패밀리스

언약 공동체의 문들을 활짝 열어놓으라. 스스로 걸을 수 없는 사람을 어깨에 들쳐 메고 집으로 데려가라. "SAFE Families for Children"[7]의 정식 라이센스를 갖춘 위탁 양육 가정이나 호스트 가정이 되겠다는 생각을 해본 적 있는가? 그러한 라이센스를 갖추면, 중개 기관의 소개 없이는 결코 만나지 못할 낯선 사람을 집에 데려와 보살필 수 있으며 곤경에 처한 어린아이들과 가족들에게 쉽게 다가갈 수 있다. 라이센스를 갖춘다고 해서 우리의 능력을 넘어서는 어린아이들이나 문제들을 억지로 떠맡기지는 않는다. 다만 곤경에 처한 사람들에게 보다 용이하게 다가갈 수 있다. 사람들을 집으로 데려올 수 없다 하더라도 그들을 은혜의 보좌 앞으로 인도할수 있다.

만일 교회 안에 위탁 양육 시스템이나 "세이프 패밀리스" 네트워크에 참여해 일하는 가정들이 많다면 서로 긴밀하게 협력하여 보다 효과적으로 사역을 할 수 있다. 독신자 그리스도인들도 이 일에 헌신할 수 있다. 위탁 양육 제도의 도움을 받는 십 대 청소년들 가운데는 성적 학대의 경험 때문에 성별이 같은 가족들로만 이루어진 가정을 필요로 하는 이들이 많다. 위탁 양육 가정의 소명을 받은 독신자 그리스도인들은, 한 부모 가정의 짐을 기꺼이 나누어 지고자 하는 교회 안의 다른 가족들의 지원을 필요로 한다. 위탁 양육을 받는 수많은 청소년이 인생의 중요한 전환기에 직면하여 성인 조언자들의 도움을 필요로 한다. 독신자 그리스도인들은 위탁 양육을 받는 십 대 청소년들의 삶에 관여해 중요한 위기의 순간을 강력한 승리로 이끌 수 있는 독특한 이점을 지니고 있다.

자녀 입양이나 위탁 부모의 소명을 받지 않은 사람은 큰형이나 큰누나와 같은 역할, 또는 법정 후견인의 역할을 해줄 수 있을 것이다. 또한 친 형제자매가 같이 있을 수 있도록 함께 입양해 돌보는 교회 안의 다른 가족을 도울 수도 있고, 특수 장애 아동을 가진 교회 가정을 위해 일시적 위탁 양육을 제공할 수도 있다. "세이프 패밀리스" 네트워크에 참여해 일한다면 이웃에 거주하는 교인들끼리 힘을 합쳐 가난이나 실직이나 자연재해로 집을 잃은 가족을 함께 돌볼 수 있을 것이다. 그렇게 하면 생면부지의 친구들의 자립에 힘을 보탤 수 있다.

최근에 남편과 나와 우리 교회 교인들 가운데 몇 사람이 "세이프 패밀리스"의 오리엔테이션에 참석했다. 그 단체의 지도자인 클로에가 가족들을 돕는 일이 얼마나 큰 의미를 지니는 일인지 설명하면서, 그리스도인들이 위기 상황하의 가족들을 뿔뿔이 헤어지지 않게 유지시키는 데 어떤 사명을 지니고 있는지를 논할 즈음에 한 작은 소년이 울면서 모임 장소로 뛰어 들어왔다. 그는 "세이프 패밀리스"에서 돌보기로 예정된 아이였다. 그의 부모는 직업 훈련을 받고 있었는데, 홍수로 집이 물에 잠기는 바람에 가족들이 뿔뿔이 흩어지고 말았다. 곤경에 처한 아이들이 너무나도 많았기 때문에 "가족 지원 센터"는 이 문제를 "세이프 패밀리스"에 위임했다. 그 어린 소년은 "세이프 패밀리스"가 맡기에 아주 적합했다. 왜냐하면 돌봐야 할 기간이 짧았고(석 달에서 여섯 달), 위기의 원인이 중독이나 폭력이 아닌 외부 상황(홍수에 의한 집 파괴)에 의한 것이었기 때문이다. 그 세 살 된 소년은 오리엔테이션이 열리던 시설 안의 놀이터에서 넘어졌고, 놀이터 관리자가 모임 장소로 들어가는 문을 열어주었다. 그 아이 는 한순간의 망설임도 없이 곧장 자신의 "안전한 가족"을 향해 달 려와서 위탁 어머니의 품에 안겼다. 그녀는 아이에게 시원한 음료 를 주어 마시게 했고, 차가운 수건으로 땀을 닦아주고, 소독약으로 상처를 소독한 뒤 반창고를 붙여주었다.

아이는 "세이프 패밀리스"의 소개로 만난 어머니를 안 지 한 달 밖에 되지 않았지만 그것은 조금도 중요하지 않았다. 그는 어디로 달려가야 할지를 정확히 알고 있었다. 그 광경을 보고서 현장은 온 통 눈물바다가 되었다. 이처럼 "세이프 패밀리스"가 인정하는 그리 스도인 가정이 양팔을 벌려 받아주면 무릎이 까진 한 어린 소년이 큰 위안을 받을 수 있다. 그는 아직 어려서 자기가 어떤 두려움에서 벗어났는지 모를 수도 있다. 하지만 그를 사랑하지만 여력이 없어 돌볼 수가 없는 그의 친부모는 어떤 위험에서 피할 길이 제공된 것 인지 알고 감사할 것이다. 그것은 평생의 관계로 이어질 수 있다. 우 리도 누군가에게 그런 가정이 되어줄 수 있지 않겠는가?

바로 어제 그 어린 소년이 친부모와 다시 재회했다는 이메일을 받았다. 소년의 친부모는 안정된 직업을 구하여 새 아파트로 이사 했다. "세이프 패밀리스"는 그리스도인들에게 중개 기관의 소개가 없었다면 결코 알지 못했을 낯선 사람들을 도울 수 있는 기회를 제 공한다. 우리가 속한 사회 계층이나 동네의 한계를 넘어 사람들과 관계를 맺고 싶으면 "세이프 패밀리스" 같은 기회를 활용하는 것도 좋을 것이다.

큰 문제들

하나님은 우리가 큰 문제들을 해결하는 데에도 도움이 되어주기를
바라신다.

> 당신은 자가에서 살거나 아파트에 세 들어 살고 있다. 당신은 가족
> 들과 함께 살거나 혼자 산다. 당신은 아침에 일어나서 커피나 차를
> 마시고, 자동차나 오토바이나 대중교통을 이용해 직장에 출근해 컴
> 퓨터를 켠다…당신은 희망과 꿈과 기대를 지니고 있다. 당신은 자신
> 이 인간인 것을 당연하게 생각한다. 당신은 설혹 재난이 닥쳐 노숙
> 자 신세가 된다고 해도 여전히 자신이 인간이라고 믿는다. 어느 날,
> 마을이 잿더미가 된다. 당신은 국경 쪽으로 몸을 피한다. 그리고 살
> 던 나라를 떠나 국경을 넘지만 국경 너머에 사는 사람들은 당신을
> 인간으로 취급하지 않는다. 이것이 난민이 겪는 두려운 경험이다. 오
> 늘날 이 세상에는 나라를 잃고 어디에서도 환영받지 못하는 사람들
> 이 무려 6천5백만 명에 이른다.[8]

우리는 지금 세계적인 난민 위기의 상황을 목격하고 있다. 제2차
세계대전 이후로 최악의 상황이다. 유엔 난민기구UNHCR는 2014년
에 불법으로 국경을 넘은 횟수가 277% 증가했다고 발표했다. 불법
으로 국경을 넘은 사람들 가운데는 고아들이 많다. 참으로 참혹한

현실이다.

> 유엔 난민기구는 17만 명이 지중해를 거쳐 유럽에 도착했고…2만 4
> 천 명의 어린아이들도 바다를 통해 이탈리아와 몰타에 도착했으며,
> 그 가운데 절반 이상이 동반자가 아무도 없는 상황이라고 발표했다.
> 많은 사람들이 범죄를 일삼는 밀수업자들에 의해 바다 항해에 적합
> 하지 않은 배에 정원을 크게 초과하는 상태로 실려 음식이나 물은
> 물론, 심지어는 구명장비도 없이 짧게는 하루에서 길게는 나흘까지
> 파도가 높은 바다를 항해하는 것이 보통이다. 배들은 2주 동안이나
> 좌초된 상태로 있기도 하고, 전복되어 가라앉기도 하며, 화재가 발생
> 하기도 하고, 다른 배들의 악의적인 충돌에 시달리기도 한다. 밀수업
> 자들은 그런 배들을 그냥 버려두고 가버리기 일쑤다.[9]

누가 이 세계적인 인도주의의 위기를 책임져야 하는가?

이 일에 관여하는 것은 안전한 일인가?

난민들이 테러분자는 아닐까?

성경이 인도하는 대로 행해야 할 책임이 있을까?

모두 어렵고, 좋은 질문들이다. 그러나 한 가지 분명한 것은, 어떠
한 상황에서도 절망에 빠져 자포자기해서는 안 된다는 것이다. 성
경은 그렇게 가르친다. 특히 시편은 이 점을 잘 보여준다. 그리스도
인들은 절망적인 시대에 하나님의 사역을 하도록 부름받고 있다.

낯선 사람을 섬기라는 성경의 가르침을 무시하는 것은 큰 잘못이
다. 그것은 도움을 절실히 필요로 하는 사람들과 그리스도를 왕으

로 인정하는 사람들 모두에게 큰 해악을 초래한다. 하나님 나라의 시민 됨은 현세에서 손 대접을 베푸는 일과 밀접하게 관련된다. 성경적으로 말하자면, 손 대접은 기독교적 삶의 출발점이다. 성경을 믿는 그리스도인은 오히려 "이 일에 참여하지 않아도 안전할까?"라고 물어보아야 마땅하다.

예수님은 "내가 주릴 때에 너희가 먹을 것을 주었고 목마를 때에 마시게 하였고 나그네 되었을 때에 영접하였고 헐벗었을 때에 옷을 입혔고 병들었을 때에 돌보았고 옥에 갇혔을 때에 와서 보았느니라"(마 25:35-36)라고 말씀하셨다. 기독교 가정에서 자랐거나 과거에 예수님을 영접하는 기도를 했다는 이유로 자신이 하나님의 은혜를 받을 자격이 있다고 생각하는 사람은 위의 말씀의 핵심 의미를 이해하지 못할 것이다. 예수님이 자기를 묘사하신 그대로 그분을 이해하려면 어떻게 해야 할까? 또 우리 자신이 어떤 사람인지 옳게 이해하려면 어떻게 해야 할까? 우리가 난민들과 낯선 자들을 돌보지 않는 이유가 단지 기회가 없기 때문일까, 아니면 의도적으로 그런 기회를 외면하기 때문일까? 그것은 자기 보존을 위한 책임 있는 태도일까, 아니면 강퍅한 죄일까?[10]

미국 시인 윌리엄 스태퍼드(1914-1993)는 "부활절 아침"이라는 시에서 "산 채로 와들와들 떨면서 덩그러니 서 있네. 갑자기 죄에 대한 책망이 주어졌고, 나는 구원받았네."라는 말로 예수님과의 만남을 묘사했다. 그러고 나서 그는 낯선 사람 안에서 예수님을 섬기는 일이 어려운 이유를 설명했다. 그는 우리가 문을 열고 예수님 대신 사탄을 받아들이는 경우가 적지 않다고 말했다. 그는 사탄에 대해

"그의 교활한 목소리는 무엇이든, 심지어는 지옥까지도 팔아넘길 수 있네. 그 음성에 귀 기울이면 지옥을 사게 되리."라고 말했다.

다른 사람들 안에서 예수님을 보지 못한다면 세상의 어둠을 밝히는 하나님의 형상의 능력을 값싸게 만드는 결과를 낳는다. 그러나 다른 사람들 안에서 언제나 예수님만을 본다면, 우리는 우리가 타락한 세상(사탄이 우리가 사는 곳을 알고 있는 세상) 속에서 살고 있다는 사실을 분별하지 못할 수 있다. 물론 올바른 분별력은 장벽을 만들지 않으며, 손 대접을 베풀라는 하나님의 명령을 무시하지 않는다.

급진적으로 일상적인 손 대접은 베푸는 사람을 유익하게 한다

손 대접을 베풀기 위해 꼭 필요한 것이 하나 있다. 그것은 바로 기독교 가정이다. 그러나 손 대접을 베푸는 데에는 많은 장애물이 뒤따르기 마련이다. 예를 들어, 자격 미비에 대한 염려, 세상의 위험으로부터 자녀들을 보호하지 못할 것에 대한 염려, 사람들의 필요를 돌보는 일이 버거울 것에 대한 염려, 사람들에게 이용당할 것에 대한 두려움 등의 장애물이 존재한다. 하나님은 자신의 영광과 자신의 형상을 지닌 인간들을 보호하기 위해 손 대접을 베풀라고 명령하셨다. 그렇다면 급진적으로 일상적인 손 대접을 베푸는 사람은 어떤 유익을 얻을 수 있는가?

급진적으로 일상적인 손 대접을 베풀면 입술의 문을 지키는 데 도움이 된다(시 141:3). 급진적으로 일상적인 손 대접을 베푸는 사람은 "무릇 더러운 말은 너희 입 밖에도 내지 말고 오직 덕을 세우는 데 소용되는 대로 선한 말을 하여 듣는 자들에게 은혜를 끼치게 하라"(엡 4:29)는 말씀대로 그리스도 안에서 다른 사람들의 덕을 세우는 은혜로운 말을 하는 법을 배울 수 있다. 우리는 핏빛이 선명한 신실한 은혜, 값없이 주어지지만 그리스도의 크나큰 희생을 요구하는 은혜에서 비롯하는 능력을 의지해 살아간다. 우리가 그리스도와 연합했기 때문에 그런 은혜가 주어졌다. 우리는 그리스도를 통해 성화를 이루고, 성도의 교제를 나눈다.

사람들이 우리의 식탁에 둘러앉을 때 빛과 소금이 되는 말씀을 전하고, 성경책을 펼쳐 들고 겸손과 인내와 온유함으로 그 순간의 필요를 공급하면, 그리스도께서 바짝 마른 땅과 같은 마음들을 치유해주신다. 급진적으로 일상적인 손 대접을 베푼다는 것은 특별한 기도 요청을 받지 않았어도 고요함과 슬픔이 자연스레 기도로 바뀌는 것을 의미한다. 긴장이나 분열이 고조될 때, 단지 갈등을 피하기 위해서가 아니라 예수님의 개입을 촉구하기 위해 성경을 펼침으로써 그런 역사가 일어난다.

집 안에 가족만 있지 않고 상처받은 사람들을 집으로 초대해 그들과 함께하기로 결정했다고 해서 우리가 더 이상 자기 보호를 하지 않는다는 것이 아니다. 하나님이 은혜로 지켜주실 것이다. 더욱이 우리의 자녀들은 우리를 지켜보는 세상 앞에서 복음을 실천하면서 전하는 법을 배우게 될 것이다. 우리는 하나님의 공동체 안에서 치유자이자 돕는 자요, 섬기는 자이자 돌보는 자요, 받는 자이자 궁핍한 자로서 우리의 역할을 감당하는 가운데 복음의 열매를 발견하게 될 것이다. 또한 손 대접을 베푸는 가정이 없었더라면 결코 알지 못했을 사람들로 인해 애끓는 마음으로 더욱 간절한 기도를 드리게 될 것이고, 죽을 만큼 피곤할 때조차도 하나님이 우리의 노력에 값진 결과를 가져다주실 것을 믿고 기뻐할 수 있을 것이다.

탐욕, 성공, 획득에 가치를 두는 세상에서, 손 대접을 베푸는 법을 터득하려면 새로운 것은 배우고, 무익한 것은 잊어버리는 훈련이 필요하다. 우리는 예수님의 역설과 전염성 있는 은혜를 절실히 필요로 하는 세상에 살고 있다. 보수적인 그리스도인들은 이전과는 전혀 다른 방식으로 섬기는 법을 배울 준비를 해야 한다.

그렇다면 가룻 유다는 어떨까? 그런 사람도 집에 초청해야 할까?

6

교회 안에 있는 가룟 유다

손 대접의 분기점

2014년 8월 주일 오후, 버터필드의 집

교인들과 이웃들로 집안이 북적거렸다. 주일 저녁 식사를 위해 모두가 식당방으로 자리를 옮겼다. 예배가 끝난 후에 내가 가장 기대하는 모임이었다. 그날, 교인들과 이웃들이 세 개의 식탁 모두를 가득 메웠다.

　음식 접시들을 나눠 주고, 찻잔에 시원한 차를 재차 부어 주었다. 남부 지방의 특이한 생활방식 가운데 하나는 계절과 상관없이 사람들이 모든 음료에 얼음을 넣어 먹는 것이다. 얼음 조각들이 서로 어울리지 않는 종소리처럼 쨍그랑거렸다. 남부 지방에서 여름철에 얼음이 녹지 않게 하는 것은 과학적으로 불가능한 일이었다. 그러나 그런 무익한 시도조차도 남부 사람들을 편안하게 만드는 습관 가운데 하나였다. 따라서 나는 얼음통에 다시 얼음을 채우기 위해 그것을 한쪽으로 치워놓고, 나이 든 교인들을 먼저 자리에 앉혔다.

나는 몸을 기울여 버지 씨의 물방울이 송골송골 맺힌 유리잔에 달콤한 차를 다시 부어 주었다. 그는 해칠 의도나 아무런 악의도 느껴지지 않는 따뜻하고 사랑스러운 눈빛으로 나를 바라보더니 느닷없이 폭탄을 투척했다. "로자리아, 방금 떠오른 생각인데요. 그러고 보니 당신은 렉스 밀러와 무척 비슷하네요."

그는 마치 내게 생일 꽃다발을 안겨주기라도 하는 것처럼 크게 미소를 지었다.

"당신이나 그는 둘 다 큰 죄를 지었죠. 그리고 둘 다 공적으로 회개했어요. 참으로 멋진 일입니다. 당신과 그를 생각하니 하나님께 감사한 마음이 드네요."

빈정대거나 감정을 상하게 하려는 의도는 전혀 없었다. 그의 말은 신학적으로도 옳고, 정확했다. 사랑으로 한 말이었다.

따라서 나도 그의 말을 사랑으로 받아주고 싶었다. 그러나 나의 자존심이 역류하는 위산처럼 솟구쳐 올랐다. '이것은 말도 안 되는 소리야! 내가 어떻게 렉스와 같을 수 있어?'라는 생각이 들었다.

거의 항상 그렇듯이 우리집에는 다양한 세계관을 가진 사람들이 모였다. 불신자 이웃들과 교인들이 함께 어울렸다.

그날 우리집에 모인 사람들 모두가 동성애를 죄로 여기는 것은 아니었다. 따라서 과거의 나를 체포된 성범죄자와 결부시키는 것을 과하게 생각하는 사람들이 있었다. 나의 동성애 이력을 알고 있던 한 이웃이 나를 쳐다보며 나의 반응을 살폈다. 그런 식으로 동성애와 성범죄를 유사하게 취급하는 것은 동성 결혼과 관련된 최근의 정치적 논의에서 이미 충분히 다루어졌다. 그런데 그런 주제가 나의 저녁 식사 자리에서 또다시 제기되었다. 나의 자존심은 새롭게 활기를 띠며 과거의 나를 변호할 태세를 갖추었다. 렉스 밀러의 공적인 죄가 뉴스를 통해 만천하에 밝히 드러났기 때문에 나의 마음속 깊은 곳에는 내가 렉스와 다르다는 생각, 곧 내가 그보다 낫다는 생각이 도사리고 있었다.

목회자의 아내가 된 막달라 마리아 같은 사람을, 교회의 권징을 받고 현재 감옥에 갇혀 있는 성범죄자와 동일시하는 말이 터져 나오자, 모든 대화가 일시에 중단되었다.

그야말로 나를 비롯해 방 안에 있던 모든 사람에게 참으로 어색한 순간이었다.

방 안은 조용했다.

상처받은 얼굴, 화가 난 얼굴, 동정심 가득한 얼굴, 당혹한 듯한 얼굴, 확신이 없는 얼굴 등, 많은 표정의 얼굴이 나를 바라보았다.

수치심이 느껴졌다. 서로 다른 세계관을 지닌 사람들과 한 식탁에 둘러앉아 날마다 이어지는 손 대접의 삶의 리듬을 앞으로도 계속 유지해나가야 할지 다시 생각해보고 싶은 마음이 들었다. 나는 안전한 곳으로 피하고 싶었다. 누구나 참석할 수 있는 이런 초대가 바람직한 것인지 궁금했다. '어쩌면 교인 명부를 뒤적거려 의견이 완전히 일치하는 사람들만 초대하는 것이 더 안전하지 않을까? 사람들을 세계관에 따라 구별해 약간의 교양을 갖출 것을 요구하는 것이 필요하지 않을까?'라는 생각이 떠올랐다.

그러나 급진적으로 일상적인 손 대접은 비현실적인 이상 세계에서 이루어지는 것이 아니다. 그것은 거칠고 혼란스러운 현실 속에서 이루어진다. 그 안에서 우리는 상대하기 힘든 사람들과 우리 자신의 회개하지 않은 죄와 강퍅한 마음과 서로 다른 다양한 견해들과 마주칠 수밖에 없다. 그런 손 대접은 다른 사람이 잘못을 고백하기 전에 먼저 용서를 베풀라고 요구한다.

그야말로 어색하기 그지없었던 그 순간과 관련하여 약간의 배경 설명을 하면 다음과 같다.

렉스 밀러는 공개적인 추문을 일으킨 장본인으로 아동 포르노와 연루된 죄로 체포되었다. 그의 사건은 모든 뉴스를 장식했고, 그런 일이 몇 달 동안이나 계속되었다. 실제 이름들과 실제 얼굴들이 등장하였다. 그는 구속되어 있는 동안 자신의 유죄를 인정하고, 사전 형량 조정에 동의했다. 렉스는 자신의 죄를 뉘우쳤고, 자신을 변호하거나 더 낮은 형벌을 간청하지 않고 주어진 형벌을 온전히 받아들였다. 그는 나이가 많았고, 건강이 좋지 않았다. 그의 가족은 오랫동안 고통을 받으며 그의 곁에 머물렀다. 그것은 결코 쉬운 일이 아니었다.

그의 사건이 터지고 수감되기 전에, 그는 나의 남편과 장로들의 상담을 받았다. 교회 권징의 일환으로 그에게 성찬 참여가 금지되었다. 물론, 국가의 형벌이 교회의 권징보다 훨씬 더 강력했다. 그러나 렉스의 가족들과 그리스도의 몸인 교회에게는 이 모든 것이 매우 구체적이고, 고통스럽게 느껴졌다.

그와 거의 비슷한 시기에 교회 장로인 벤 리틀의 불륜이 드러났다. 벤은 즉각적으로 장로직을 면직당했다. 그는 렉스와 달리 스스로를 변호하고 변명하면서 다른 사람들에게 비난의 화살을 돌렸다. 회개한 렉스와는 달리 벤은 타락의 심연 속으로 더욱 깊숙이 빠져들었다. 그는 병약해진 신실한 아내와 이혼했다. 그는 자신의 잘못을 둘러댔다. 그는 계속 죄를 지었다. 교회는 몇 년 동안 권고와 조언과 기도를 지속하다가 결국 그를 출교시켰다. 그는 교회를 떠났다. 그 후로 우리 가운데 대다수는 그를 다시 보거나 그의 소식을 듣지 못했다.

두 남자 모두 성적인 죄를 저질렀다.

한 사람은 감옥에서 회개했고, 한 사람은 회개를 거부했다.

우리 교회와 공동체는 이 두 차례의 교회 권징이 가져온 결과 때문에 많은 어려움을 겪었다.

나의 저녁 식사 자리에서 교회 권징과 손 대접이 갑작스레 뒤섞여 나타난 것은 물에 기름을 붓거나 불길에 휘발유를 끼얹은 것과 다름없는 일이었다.

그 두 사람이 공적으로 타락하기 전에 어떤 사람이었는지를 생각하니 고통이 더욱 커질 수밖에 없었다.

두 사람 모두 사회적으로 보수적인 입장을 강력하고 단호하게 취했었다. 그들은 동성 결혼과 스스로를 게이나 레즈비언이나 트랜스젠더로 규정하며 살아가는 사람들에 관해 말할 때마다 마치 그들이 우리의 이웃이 아니고, 하나님의 형상을 지닌 동료 인간도 아닌 것처럼 말했다. 그들은 LGBTQ 공동체에 관해 말할 때마다 마치 나를 비롯해 다른 참된 제자들이 장벽의 반대쪽에서 그들이 있는 쪽으로 아직 넘어오지 않은 것처럼 말했다. 매우 고통스러운 일이 아닐 수 없었다.

두 사람 모두 가정에 충실한 올곧은 아버지이자 남편으로 처신했다. 그들은 겉모습을 선하게 꾸몄다. 그들은 매우 훌륭한 사람처럼 보였지만 사실은 그렇지 못했다.

또한 두 사람은 사역에도 열심이었다. 한 사람은 유능한 교사였고, 한 사람은 책을 즐겨 읽는 사람이었다. 그들은 우리 모두의 삶에 영향을 미쳤다. 우리는 함께 좋은 시간을 보냈고, 더 많은 것을 기대했다. 한 사람은 성찬식을 거들었고, 한 사람은 교회가 후원하는 캠핑과 야유회를 계획하고 실행했다. 그들의 재능은 뛰어났다. 죄 때문에 그들을 잃는 순간, 우리는 매우 중요한 것을 잃고 말았다.

남편은 같은 주일날에 두 사람의 권징 결과를 공표했다.

모두가 큰 수치를 느낀 날이었다.

성적인 죄가 우리 작은 교회를 황폐하게 하였다.

성적인 죄는 지금도 보편 교회를 황폐하게 하고 있다.

이따금 성적인 죄가 교회를 유린할 때면, 우리는 우울감과 분노를 느낀다.

또 성적인 죄가 교회를 완전히 파괴할 때, 우리는 "역사의 오른편 옳은편"(벤 샤피로가 저술한 책 이름임—편집주)에 서 있는 것에 대해 독선적인 태도로 은근히 자부심을 느낄 때도 있다.

성적인 죄는 사람들을 분열시키고, 파괴한다.

성적인 죄는 가정을 분열시키고, 파괴한다.

성적인 죄는 교회를 분열시키고, 파괴한다.

그리스도의 희생제사는 삶을 변화시키고, 죄책을 제거하는 능력이 있다. 따라서 성적인 죄를 저지른 사람도 회개하면 영원한 멸망에서 건짐을 받는다(자신이 사랑했고 얻기 위해 열심히 노력했던 것을 모두 잃을 수는 있다). 예수님은 참된 유월절 어린 양이시다. 그분은 죄의 속박으로부터 우리를 구원하신다. 장로들이 교회 권징을 실시하자 사람들의 숨어 있던 여러 모습이 나타났다. 그런 상황은 모두에게 힘들었다.

그 일이 일어나기 전까지는 개개인의 과거나 현재의 죄를 알 만큼 서로 깊이 알고 지낸 사람들이 거의 없었다. 그런데 어느 날 갑자기 숨을 곳이 없어졌다. 우리의 사생활이 훤히 드러났다.

사람들은 서로 공격했고, 다른 사람들의 잘못을 서로 지적했다.

어떤 사람들은 다른 이들이 구원받지 못했다고 확신했다. 참된 지식은 참된 행동을 낳으며, 참된 그리스도인들은 여전히 죄인이어서는 안 된다고 그들은 주장했다.

목사인 남편은, 죄는 기만적이고 그리스도를 믿는 신자도 죄의 속임수와 기만과 권세에 빠질 수 있다는 성경적인 입장을 주장했다. 물론 슬프고 두려운 일이지만 성경이 그렇게 가르친다. 성경은 신자와 불신자의 차이가 회개에 있다고 가르친다. 회개는 하나님의 선물이며, 오직 신자만이 회개할 수 있다.

그리스도인들도 큰 죄를 저지를 수 있다. 세상은 이미 그 사실을 잘 알고 있다. 교회도 그 점을 기억해야 할 필요가 있다. 교회 권징은 그리스도인의 죄를 회피하지 않고 정면으로 다룬다. 그러나 권징은 어떤 의미를 지닐까? 교인이 위험하고 무서운 죄를 저질렀다면, 그가 구원받지 못했다는 증거일까? 그런 논쟁이 우리를 분열시켰다.

성경은 아는 것이 많으면 죄를 극복할 수 있다고 가르치지 않는다. 만일 그렇다면 예수 그리스도의 대속의 은혜가 필요하지 않을 것이다. 죄는 기만적이고, 사람들을 사로잡는다. 죄는 우리가 완벽하게 통제할 수 있는 나쁜 생각 이상의 무언가이다. 하나님은 성경의 첫머리에서 가인에게 말씀하셨다. "죄가 문에 엎드려 있느니라 죄가 너를 원하나 너는 죄를 다스릴지니라"(창 4:7). 우리도 죄를 다스려야 한다. 죄는 속이는 힘을 가지고 잠복해 있다. 죄는 우리가 어떤 부분에서 취약한지 잘 알고 있다. 따라서 죄를 다스릴 수 있는 방법은 깨어 경계하는 것뿐이다. 모든 욕망을 그리스도의 권위에 복종시켜야 한다. 그리스도의 분명한 명령보다 우리의 욕망을 더 중시하는 순간, 우리는 이미 죽은 목숨이나 매한가지다. 죄의 속임수란, 악한 세력이 우리의 부패한 욕망을 통해 우리를 사로잡아 소유하고, 우리를 자기 뜻에 따르게 하는 것을 의미한다. 눈 깜짝할 사이에 우리는 우리를 사로잡는 죄에 연루되고, 우리가 전에 혐오했던 그런 사람이 되고 만다. 우리가 열심히 추구하고, 귀하게 여겼던 모든 것이 순식간에 우리의 손안에서 모래성처럼 무너져 내린다.

그러나 무언가를 더 많이 안다는 것이 뭔가 의미가 있어야 하지 않을까? 물론이다. 무언가를 더 많이 아는 것이 우리로 하여금 유혹을 경계하게 하고, 하나님을 경외하게 하며, 우리의 죄를 스스로 통제할 수 있다는 헛된 망상을 버리게 해야 한다.

죄를 인정할 수 있고 받아들일 수 있고 적당히 눈감아 줄 수 있는 것으로 여기게 하는 모든 가르침을 경계하게 해야 한다. 우리는 우리의 죄를 미워하지 않으면 죄에 맞서 싸울 수 없다. 무언가를 더 잘 안다는 것은, 넘어지기 전에 심각한 위험성을 의식하고 각성하는 것을 의미한다. 하지만 죄의 덫에 걸려든 이후에는 더 많이 알아도 조금도 유익하지 않다. 그때 우리는 구원자이신 예수님이 필요하다. 회개의 선물과 은혜가 필요하다. 그리고 교회의 권징은 경종과도 같다.

교회의 권징은 다른 데서 숨을 곳을 찾으려 하지 말고 그리스도께로 도피하라는 경보음과 같다. 그러나 더 많이 아는 것으로 해결할 수 있다고 믿는 사람들은 교회 권징을 통해 교만의 죄가 드러난다. 교만의 죄는 사람들로 하여금 "나는 절대로 저 권징받는 사람이 행한 그런 짓을 할 사람이 아닙니다."라고 말하게 한다. 그리고 사람들이 베옷을 입고 재를 뒤집어쓰는 것보다는 골프나 영화를 즐기며 아무 일도 없는 것처럼 지낼 수 있는 교회를 원하게 만든다. 그들은 덜 혼란스럽고, 털끝 하나 손상 없는 가정을 원한다. 문신 같은 것은 없었으면 좋겠고, 멋진 나비넥타이와 같은 것은 있기를 바란다.

당시의 위기는 우리 모두의 마음속에 도사리고 있는 바리새인적인 성향을 수면 위로 이끌어 냈다.

우리 교회는 엄청난 충격에 휩싸였다. 우리 교회는 처음에 교회 개척을 시작할 때 매우 연약했다. 가르치는 장로 한 사람(남편)과 다스리는 장로 두 사람이 고작이었다. 우리는 맨 밑바닥, 곧 가장 연약한 단계에 있었다. 죄를 회개하지 않은 탓에 다스리는 장로 한 사람을 면직시키고 난 지 두 달 후에 또 다른 장로마저 극도의 피로와 건강상의 이유로 장로직을 사임했다. 노회에서 임시 장로 몇 사람을 보내주었다. 모두 좋은 사람들이었지만 그들은 인디애나에 거주하고 있었다. 시무 장로도 없어지고, 교회도 크게 상처를 입은 터라 남편의 일이 세 배로 늘어났다. 그는 과로에 시달렸다. 그의 "핏비트^{fitbit}"(수면, 운동량 등의 자동 측정이 가능한 웨어러블 기기—편집주)를 확인해 보니 평균 수면 시간이 두세 시간에 불과했다. 새로 생긴 매우 위험한 습관이었다.

남편은 지쳤음에도 불구하고 더 열심히 일했다. 그는 가능한 한 많은 사역을 그대로 유지하려고 노력했다. 금요일 저녁마다 우리집에서 모이는 "키즈 클럽"을 계속 운영했다. 마치 세상에서 우리가 해야 할 일이 붉은 색 스카프를 잡아 빼앗는 것과 아이들의 웃음소리를 듣는 것과 터치다운뿐인 것처럼, 반딧불이들이 날아다닐 때까지 깃발 빼앗기 놀이를 했다. 우리는 균형을 찾으려고 안간힘을 쓰며, 임시로 만든 결승선을 바람처럼 날아 뛰어넘을 때마다 어딘가 안전한 곳에 도착하기를 바랐다. 우리는 단단한 땅을 갈망했다.

남편의 스트레스성 기침이 재발했다. 그는 도움이 필요했다.

그러나 도움은커녕 다른 문제가 발생했다.

비중 있는 교인 가족 세 가정이 일제히 그 두 죄인과 교회 장로회(장로교에서는 흔히 "당회"로 불린다)를 향해 비판의 포문을 열었다. 전에만 해도 미래의 교회 지도자가 될 것이라고 믿었던 안정되고 견고한 가정들이 지지자 겸 후원자에서 비판자로 돌변했다. 그들은 설교부터 공동체적 교제에 이르기까지 전에 우리 작은 교회의 장점이라며 칭찬했던 일들을 흠잡기 시작했다.

그들은 더 푸른 풀밭을 원했다. 그들은 회개를 위해 권고하고 기도하는 힘들고 느린 과정을 거쳐야 하는 권징의 슬픔을 감당하는 교회 안에 있기를 원하지 않았다. 그들은 자녀들을 위해 더 많은 것을 원했다. 더 많은 재미, 더 많은 그리스도 안의 기쁨, 더 많은 교회 성장, 우리 그리스도인들이 승리하는 편에 속해 있음을 입증하는 더 많은 증거, 함께 어울려 놀 더 많은 아이들을 원했다. 누가 그들을 비난할 수 있겠는가? 교회의 권징에도 불구하고 죄를 회개하지 않는 것만큼 우리가 한갓 인간일 뿐이라는 처량한 현실을 더 분명하게 보여주는 것은 없다.

우리의 암담한 상황은 우리가 부활하신 그리스도 안에 서 있지 않으면 절대로 서 있을 수 없다는 사실을 새롭게 일깨워주었다.

비중 있는 가족들이 교회를 떠나자 모든 것이 텅 빈 것처럼 느껴졌다. 회중 찬송도 힘이 없었고, 나이를 기준으로 세 반으로 나누어 진행되던 어린이 사역도 한 반으로 통합해 진행할 수밖에 없었다. 나도 다시 어린아이들을 위한 주일학교 교사직을 맡아야 했고, 회중 찬송을 인도하는 일에도 힘을 보태야 했다. 성인들을 위한 주일학교에서 교사직을 맡을 사람은 남편밖에 없었다. 그는 교회의 유일한 설교자요 상담자로 일하면서 그 일까지 감당해야 했다.

미래의 교회 지도자가 되리라고 생각했던 사람들이 서둘러 교회를 떠나는 것을 보면서 느낀 충격은 견디기 힘들 만큼 컸다. 마치 팔다리가 잘려 나가는 듯한 느낌이었다. 우리는 상실로 인한 깊은 슬픔 속에서 이전과는 전혀 다른 방식으로 한 몸이 되어 기도하는 법을 배워야 했다.

비중 있는 가족들을 잃게 되자 나도 자녀들을 둔 대다수 목사 사모들처럼 남편과 아이들을 생각하며 즉시 큰 고통을 느꼈다. 우리는 그 가족들과 그들의 자녀들을 사랑했다. 그들이 보고 싶었다.

몇 남지 않은 가정들과 독신자 성도들은 우리가 당한 큰 어려움과 앞으로 해결해 나가야 할 일과 그리스도께서 자기를 영화롭게 하고 우리와 우리 교회를 죽은 상태에서 다시 살리기 위해서라면 어떤 일을 통해서라도 우리를 겸손하게 만드신다는 사실을 생각하면서 크게 겸손해지지 않을 수 없었다. 권징에서 죄를 처리하는 문제는 용기 없는 사람들이 감당하기에 버거운 일이다. 우리는 연약한 사람들이다. 우리는 애통하라는 부르심을 느꼈다. 그것은 마치 결코 끝나지 않을 장례식에 참석한 것과 같았다.

권징의 여파는 2년 동안 지속되었다. 그 긴 시간 동안 더럼의 "제1개혁장로교회"에는 짙은 암운이 드리웠다. 그러나 우리는 혼란의 와중에서도 계속해서 날마다 공개적인 손 대접을 베풀었다. 남편은 충실하게 말씀을 전하고, 주일학교와 수요일 저녁의 성경공부와 기도회를 인도했다. 교회에는 계속 방문자들이 찾아왔고, 새 신자들도 생겨났다. 방문자들이 교회 안에 머물기 시작했다. 권징을 실시하지 않는 교회에 다니던 많은 이들이 우리 교회로 모여들었다. 그들은 우리 교회에서 충실한 설교와 희생적인 기독교적 삶의 본보기를 발견했다. 재앙과 같은 일이 있었지만, 슬픔과 죄에도 불구하고 교회는 꾸준히 성장했다.

당시 나의 가장 큰 걱정거리 가운데 하나는 녹스와 메리의 영적 상태였다. 녀석들은 아직 믿음을 고백하지 않았다. 녀석들이 어렵고 힘든 것만 보고 믿음을 고백하지 않을까봐 염려스러웠다.

한편, 당시에 임시 장로들이 우리의 손 대접에 제한을 두는 결정을 내렸다. 그들은 면직되어 출교된 장로의 식탁 교제 참석을 불허했다. 장로들의 허락이 떨어지기 전까지 그의 참석은 허용되지 않았다. 회개하지 않은 전임 장로는 자신에게 어떤 회개가 요구되는지를 이해하지 못하는 듯했다. 마침내 임시 장로들이 개입하였고, 그들은 전임 장로와 그의 가족에게 조언했을 뿐만 아니라 우리집에서 진행되는 손 대접을 보호하려고 노력했다.

———

이 모든 일은 "교회의 권징과 기독교적 손 대접이 양립할 수 없는가?"라는 문제를 제기한다. 이 질문은 좀 무의미하게 들릴 수도 있다. 급진적으로 일상적인 손 대접을 베풀거나 충실한 권징을 실천하는 교회가 매우 드물기 때문이다. 그러나 교회는 그 두 가지를 모두 실천하라는 부르심을 받았다. 우리 교회는 두 가지를 다 실천하기 때문에 "교회의 권징을 받은 사람이 공개적인 식탁 교제에 참석해도 되는가?"라는 문제를 다룰 수밖에 없었다. 한 가지 일률적인 정답은 없는 것으로 보인다. 각 상황마다 제각기 다르며 이것은 장로들이 결정해야 할 문제다.

교회의 권징이 공적으로 시행되는 동안 식탁 교제와 가정에서의 손 대접을 제한하는 것은 상황에 따라 달라진다. 장로들은 교인들보다 상황을 더 잘 알고 있다. 그들은 심지어 직접적인 당사자들보다 그 상황을 훨씬 더 잘 알고 있을 수도 있다. 그들은 권징을 받은 교인이 교회를 위태롭게 할 가능성이 있는지를 판단할 수 있다. 적절한 한계를 정하는 것은 훌륭한 장로들의 몫이다.

그러나 실수는 하지 말자. 잠재적인 가룟 유다가 교회 안에서 자유롭게 활보하도록 놔두는 것보다는 차라리 천국의 시민임을 주장하지 않는 믿지 않는 이웃을 초청하는 것이 훨씬 더 안전하다.

위선자들보다는 무신론자들이 훨씬 덜 해롭다.

교회의 권징이란 무엇인가

나는 나의 교회의 멤버가 되기 위해 일곱 가지 항목으로 이루어진 멤버십 서약을 했다. 그 가운데 하나는 교회의 권징과 관련된 것이다. 그 서약은 내게 상당한 불안감을 안겨주었다. 그 서약의 내용은 길었다. "교리나 삶을 바로잡을 필요가 대두되면 당신은 교회의 권위와 권징을 존중하기로 맹세합니까?"가 그 마지막 내용이었다. 이 서약의 요점은 간단하다. 그것은 권징이 제자도의 핵심이며, 어떠한 교인도 그 예외가 아니라는 것이다.

나는 이 교단에서 18년 동안 신앙생활을 하면서 네 차례의 권징을 목격했다. 모두 공개적인 공표가 필요했던 공적인 죄를 다루기 위한 권징이었다. 각각의 끔찍한 상황에 직면해, 목사는 우리가 어떤 죄든 지을 수 있다는 것을 겸손히 인정하며 눈물로 사건의 실상을 공표했다.

권징의 주된 목적은, 죄를 지은 형제나 자매가 마음과 행위의 변화와 회개를 통해 하나님과 (그리고 피해를 준 사람들과) 화해하도록 이끄는 데 있다. 이 목적은 다섯 가지 부가적인 결과를 낳는다. (1) 죄를 지은 교인에게 그가 심각한 위험에 빠져 있다는 것을 깨우쳐준다. (2) 나머지 교인들에게 특정한 죄의 위험에 대해 진지하게 경고한다. (3) 교회의 순결함과 일치와 평화를 유지한다. (4) 복음의 진리를 옹호한다. (5) 교회에 하나님의 진노가 임하는 것을 예방한다. 믿음의 가족들 가운데서 행해지는 권징은, 하나님이 사랑하시는 자를 징계하신다는 사실을 보여준다. 하나님의 일을 경홀히 여기는 것보다 더 큰 어리석음은 없다.

교회의 권징은 영혼을 보존한다. 성경적인 권징은 그 강도에 따라 다섯 가지로 구분된다. (1) 권고(의무를 이행하지 않거나 심각한 죄를 지었을 때) (2) 책망(지속적으로 의무를 불이행할 때) (3) 성찬 참여 금지 등 등록 교인으로서의 특권에 대한 제한(심각한 죄를 지었을 때나 고집스럽게 의무를 등한시할 때) (4) 교회 직분의 박탈(직분자가 심각한 죄를 지었을 때) (5) 출교(죄를 끝까지 회개하지 않을 때 교회 밖으로 내쫓는 것).

어떤 관점에서 보면, 권징은 지나친 간섭처럼 보일 수도 있다. 누가(심지어 목사나 장로라 할지라도) 당신에게 해도 되는 일과 안 되는 일을 지시하는 것은 당신을 유아처럼 취급하는 것처럼 느껴질 수 있다. 경건한 교회 권징은 잃어버린 양을 되찾으려고 최선을 다해 수고하는 장로들이 양 떼를 적절히 감독하고 그들에 대한 책임성을 발휘할 때 비로소 가능하다. 교회의 권징은 하나님의 경고를 무시하는 형제나 자매의 마음에 회개를 호소하여 그들을 새롭게 회복시키는

데 초점을 둔다. 가르침을 거부하지 않는 유순한 마음이란 교정을 달게 받아들이는 마음을 뜻한다.

또 다른 관점에서 보면, 권징은 지나치게 사적인 절차처럼 보일 수 있다. "누가 언제 넘어질지 예상할 수 있을 만큼 목사가 그에 대해 그렇게 잘 알 수 있겠는가?"라는 의문이 들 수 있다. 하나님은 목사와 장로들을 통해 특별한 방식으로 일하신다. 목사는 교인들의 삶을 잘 파악해야 한다. 그러나 그렇게 하려면 어떻게 해야 할까?

우리 교회는 정기적으로 가정 심방을 실시한다. 목사와 장로들은 주기적으로 등록 교인들의 가정을 방문해, 그 가정의 특별한 시련이나 행복한 경험들에 대한 소식을 전해 듣는다. 하나님의 가족에 속한 사람들은 서로의 사정을 잘 알아야 한다. 자신이 어떤 영적 싸움을 하고 있는지 숨겨서는 안 된다.

성경을 믿는 그리스도인들은 죄가 있는 곳에 죄의 먹잇감이 되는 사람들이 있다는 것을 안다. 내가 목격한 교회의 권징 사건마다 그 먹잇감들(피해자들)이 있었다. 그들은 모두 여성이었다. 권징을 받는 교인의 죄에 의해 피해를 입은 사람들도 회복되어야 한다. 《Restoring the Soul of a Church》(교회의 영혼을 회복하기)와 같은 책들은 교회가 상처받은 사람들을 섬기고 회복시키기 위해 무엇을 해야 하는지 알려준다.[1] 우리는 누군가의 성적인 죄로 인해 피해를 입은 피해자들을 심각하게 대해야 한다. 그들이 고발하는 내용을 공평하게 따져보고, 그것이 근거가 있는 것으로 드러나면 그들의 말을 믿고, 도와주어야 한다. 죄가 저질러진 것이 그들의 잘못 때문이 아니라는 사실을 알려주고, 교회가 더 이상의 피해자 발생을 허용하지 않겠다는 점을 분명하게 주지시켜야 한다. 죄를 지은 사람은 물론, 교회도 피해자들에게 용서를 구해야 한다. 이것은 매우 고통스러운 과정이다.

《*New Dictionary of Biblical Theology*》(새 성경신학 사전)에 따르면, 교회 권징은 어떤 강도로 실행되든 모두 회개를 촉구하는 데 그 목적이 있다. 권징이 회개를 불러오려면 어떻게 해야 할까? 어떻게 교회 권징이 성경에서 규정하는 손 대접이 될 수 있을까? 교회 권징이 거센 풍랑 속의 구명보트와 같은 역할을 하려면 어떻게 해야 할까?

나는 교회 권징이 하나님의 친절한 손길이라고 믿는다. 그것은 신자들을 보호하기 위한 하나님의 방책이다. 권징은 죄를 지은 자를 제재하고, 먹잇감이 된 사람들을 치유한다. 회개는 모든 것을 변화시킨다. "혹 네가 하나님의 인자하심이 너를 인도하여 회개하게 하심을 알지 못하여 그의 인자하심과 용납하심과 길이 참으심이 풍성함을 멸시하느냐"(롬 2:4)라는 말씀에서 짐작할 수 있듯이, 성경은 회개하라는 요청을 성령께서 베푸시는 특별한 친절로 간주한다. 내가 아는 한, 자신이 사랑하고 소중히 여기는 모든 것이 완전히 파괴되고 나서야 비로소 죄가 자신의 삶에 얼마나 큰 해를 끼치는지를 깨닫게 된 사람들이 너무나도 많다. 교회 권징은 형제자매들이 죄의 결과로 인해 큰 피해를 입기 전에 정신을 차리게 하는 역할을 한다. 회개는 아무리 늦어도 결코 늦지 않으며, 생명이 있는 곳에는 언제나 희망이 있지만 상황을 복구하기에는 너무 늦은 때가 종종 있다. 교회의 권징은 그런 일이 일어나기 전에 교인들이 영적 훈련에 힘쓰고 필요한 변화를 추구하도록 돕는다.

교회 권징 아래 놓인 교인은 회개의 열매를 맺는 것을 목표로 목사와 장로들의 상담과 제자훈련을 받게 된다. 그런 형제나 자매에게 목사와 장로들의 시간과 에너지가 온통 집중된다. 그것은 힘들고, 고통스러운 과정이다. 우리를 돕기 위해 임명된 임시 장로들은 자동차나 비행기로 인디애나와 노스캐롤라이나를 오가며 곤경에 처한 우리를 도와주었다. 나는 목사인 남편이 신실하게 기도하고, 상담하고, 호소하는 것을 지켜보면서 권징 과정 이면의 비애를 직접 목격할 수 있었다. 가장 세심한 관리가 필요한 교인들이 교회의 모든 에너지를 다 소진시킨 후에 등을 돌려 떠나는 것처럼 보이는 경우들이 있다.

집중적인 상담과 권고가 진행되는 동안, 권징 대상이 된 사람이 남을 탓하고 험담해서도 안 되고 다른 사람들이 그를 험담해서도 안 된다. 특히 여러 명의 피해자를 배출한 심각한 죄를 다룰 때는, 식탁 교제가 권징의 과정을 간섭하고 방해하는 자리가 되지 않도록 주의해야 한다. 우리의 선한 의도를 이용해 더 많은 파괴를 일삼는 것이 사탄이 가장 즐겨 행하는 전략이다. 목회자와 장로들은 교인들보다 더 많은 정보를 알고 있다. 장로들을 위해 기도하고 권징을 받는 교인을 위해 기도해야 한다. 혹시 장로들이 모르는 정보를 알고 있으면 그들에게 꼭 알려주어야 한다. 그러나 정확하지 않은 정보를 전달하지 않도록 조심할 필요가 있다.

고린도전서 5장에는 권징에 관한 대표적인 성경 본문이 기록되어 있다.

"너희 중에 심지어 음행이 있다 함을 들으니 그런 음행은 이방인 중에서도 없는 것이라 누가 그 아버지의 아내를 취하였다 하는도다 그리하고도 너희가 오히려 교만하여져서 어찌하여 통한히 여기지 아니하고 그 일 행한 자를 너희 중에서 쫓아내지 아니하였느냐"(1-2절).

바울은 위의 본문에서 근친상간의 죄를 다루고 있다. 고린도 교회는 그 죄를 묵인함으로써 문제를 더욱 증폭시켰다. 그들은 스스로를 관대하다고 자랑했다. 요즘 우리는 그런 교회를 "모든 사람을 환영하는 교회"로 일컫는다. 마태복음 18장 15-20절은 우리에게 죄를 지은 사람을 다루는 방법에 관한 지침을 제시한다. 교회의 개입 전에, 죄를 지은 자를 개인적으로 찾아가서 권고해야 한다. 개인적인 권고를 통해 회개와 화해가 이루어지지 않을 때, 비로소 교회가 개입해야 한다. 바울 사도는 고린도에서 교회 전체에 영향을 미치는 죄를 다루었다. 이단이나 거짓 가르침 같은 공적인 죄는 공적으로 다루어야 한다. 공적인 죄는 폭넓게 영향을 미쳐, 많은 사람을 죄로 유도하기 때문이다. 공적인 죄는 공적으로 회개하는 것이 하나님과 교회 앞에서 신자의 책임이다. 바울은 죄와 죄인을 교제에서 제거하여 죄인의 회개를 추구하라고 교회에 명령했다. 이처럼 권징은 "엄한 사랑"의 실천이다.

여기서 바울은 교회의 권징을 독려하고 있다. 바울은 근친상간의 죄를 지은 사람을 일깨우기 위해 회중을 책망하고 교훈할 필요가 있었다. 그는 교회를 향해 "너희가 자랑하는 것이 옳지 아니하도다"(고전 5:6)라고 말했다. 아울러 그는 "이제 내가 너희에게 쓴 것은 만일 어떤 형제라 일컫는 자가 음행하거나 탐욕을 부리거나 우상 숭배를 하거나 모욕하거나 술 취하거나 속여 빼앗거든 사귀지도 말고 그런 자와는 함께 먹지도 말라 함이라"(고전 5:11)라고 권징의 범위를 분명하게 설정했다. 그는 성적인 죄를 지은 교인("형제")과 교회의 감독을 받지 않는 외부인을 분명하게 구별했다. 그는 교회 밖에 있는 사람들은 하나님이 심판하실 것이라고 말했다. "밖에 있는 사람들을 판단하는 것이야 내게 무슨 상관이 있으리요마는 교회 안에 있는 사람들이야 너희가 판단하지 아니하랴 밖에 있는 사람들은 하나님이 심판하시려니와 이 악한 사람은 너희 중에서 내쫓으라"(고전 5:12-13). 참으로 단호하고도 강력한 표현이 아닐 수 없다. 바울은 근친상간의 죄를 저지른 사람의 내적 동기를 이해하려고 하지 않았다. 바울은 그에게 그의 입장을 설명해보라고 요구하지 않았다. 교회는 그런 죄를 용납해서는 안 되었다. 그것은 각성을 촉구하는 강력한 명령이었다. 바울은 그들의 영혼과 교회의 순결함을 위해 경종을 울렸다.

나는 내 성경책의 고린도후서 2장 7-8절("그런즉 너희는 차라리 그를 용서하고 위로할 것이니 그가 너무 많은 근심에 잠길까 두려워하노라 그러므로 너희를 권하노니 사랑을 그들에게 나타내라") 옆에 렉스와 벤의 이름을 적어 두었다. 고린도 교회에서 의붓어머니를 상대로 근친상간의 죄를 저지른 사람은 회개하고, 다시 회복되어 교회로 돌아왔다. 우리도 그와 비슷한 결과를 갈망한다. 나는 남편이 이 구절을 근거로 설교할 때, 내 성경책에 렉스와 벤의 이름을 적었다. 나는 개인적으로 그들을 미워했던 죄가 생각나서 양심이 찔렸다. 사실, 나는 그들을 미워했었다.

　그날, 남편은 매우 적은 교인들을 상대로 말씀을 전했다. 가족들이 대거 교회를 떠나고 고작 15명만 남았기 때문이다. 그러나 주님이 남편의 설교를 통해 허락하신 양심의 가책은 내게 벽력같은 충격을 안겨주었다.

　교회에 남아 있던 우리가 죄책감을 느끼고 나서야 비로소 권징을 받은 한 사람이 죄를 뉘우쳤다. "차라리 그를 용서하고 위로할 것이니 그가 너무 많은 근심에 잠길까 두려워하노라 그러므로 너희를 권하노니 사랑을 그들에게 나타내라"라는 바울의 명령이 마음에 무겁게 와닿았다. 그것은 바울이 줄곧 바라던 순간이었다. 그는 끔찍한 죄를 지은 사람이 다시 돌이켜 공적으로 회개하기를 고대했다. 그는 교회를 향해 회개한 죄인을 감싸주라고 명령했다. 그는 교회가 죄는 용납하지 말고, 회개는 기꺼이 받아들이기를 원했다. 회개는 하나님께로 나아가는 출발점이다. 나는 죄책감을 느끼는 순간, 내 스스로는 나를 나 자신의 죄나 다른 사람의 죄로부터 지킬 수 없다는 사실을 깨달았다. 오직 하나님만이 그렇게 하실 수 있다.

　회개는 하나님을 영화롭게 한다. 우리가 슬프고 수치스러운 권징 과정을 경험하는 동안, 남편은 교인들에게 이런 일반적인 성경의 원리를 거듭 강조했다. 그는 우리에게 여호수아 7장 19절을 계속해서 상기시켰다.

　"여호수아가 아간에게 이르되 내 아들아 청하노니 이스라엘의 하나 님 여호와께 영광을 돌려 그 앞에 자복하고 네가 행한 일을 내게 알게 하라 그 일을 내게 숨기지 말라 하니."

여호수아는 수치스러운 군사적 패배를 당하고 난 뒤에, 위와 같이 호소했다. 하나님은 여호수아에게 이스라엘 진영 안에서 발생한 죄가 패배의 원인이라고 말씀하셨다. 진영을 조사하자 아간의 죄가 드러났다. 그는 전리품 가운데 일부를 훔쳤고, 훔친 물건들을 땅속에 묻어 두었다. 그의 눈은 그릇된 것으로 향했다. 그는 탐심을 느끼고, 물건을 훔쳐 은밀히 감추었다. 그의 죄로 인해 패배와 절망과 죽음이 뒤따랐다. 이것이 아간의 죄에 대한 대다수 주석학자들의 설명이다. 그러나 남편은 그렇게 설명하지 않았다.

남편은 회개의 열매를 강조하면서, 회개하더라도 죄의 쓰라린 결과는 남지만 회개하면 하나님을 영화롭게 할 수 있다고 말했다. 회개는 항상 하나님을 영화롭게 하는 열매를 맺는다. 회개 자체가 종착점이 아니며, 그것은 새로운 도약을 위한 발판이다. 회개의 목적은 거룩해지는 것이다. 우리는 회개를 통해 그리스도의 형상을 본받는다. 우리는 회개를 통해 죄와 은혜의 문제에 있어 하나님이 항상 옳으시다는 것을 드러낸다. 회개하면 영혼이 새로워지며, 비록 아간처럼 죽어야 한다 하더라도 잘 죽을 수 있는 준비를 갖출 수 있다. 회개는 신자를 새롭게 하고, 하나님을 영화롭게 하며, 기독교적인 열매를 맺는다. 회개는 하나님이 주시는 선물이다. 오직 믿는 자만이 회개할 수 있다.

고린도전서 5장에서 짐작할 수 있듯이, 바울은 죄인의 공개적인 회개에 큰 기쁨을 느꼈다. 그는 참된 회개가 얼마나 깊은 변화를 일으키는지를 알았다. 참된 회개는 죄인을 회복시켜 새롭게 하고, 가식 없고 정직한 존재로 만든다. 바울은 종교적인 열정에 사로잡혀 그리스도인들을 죽여 없애는 일을 했던 사람이다. 나는 바울이 주님의 손에 이끌려 사도가 된 이후에도 동료 신자들과 떡을 떼면서 그들의 눈빛이나 눈, 코, 입의 모양, 또는 그들의 웃음소리나 울음소리에서 무언가를 의식하지 않았을까 상상해본다. 그는 엄습하는 두려움에 그만 자신도 모르게 하던 일을 멈추고, 숨을 가쁘게 내쉬었을 수도 있지 않을까? 자신이 살해했던 누군가와 매우 닮은 생김새나 목소리를 성도들 안에서 발견했을 수도 있다. 그는 그가 바리새적인 열정에 사로잡혔을 때 무참히 살해한 한 신실한 어머니의 자녀들과 식탁 교제를 나누었을 수도 있다.

회개는 모든 것을 변화시킨다. 우리는 회개를 통해 전에는 결코 상상할 수 없었던 사람으로 변한다. 회개는 하나님이 주시는 선물이다. 그것은 인위적으로 만들거나 꾸며낼 수 없다.

잃어버린 양과 먹이를 찾아 돌아다니는 늑대들

우리가 교회에서 잃어버린 양이 아닌 늑대를 상대하고 있다면 어떻게 될까?

오랫동안 내 책상 위에 항상 펼쳐진 채 놓여 있는 책이 한 권 있다. 1856년에 처음 출판된 독일 개혁파 목사 크룸마허F. W. Krummacher의 《고난받는 그리스도》라는 책이다. 이 책은 예수님이 어떤 분이시며, 그분이 실제로 어떤 일을 하시는지, 그분을 떠난 자가 어떻게 되는지를 늘 새롭게 일깨워준다.

크룸마허가 가룟 유다를 다룬 내용은 특히 흥미롭다. 나는 그 내용을 수없이 반복하여 읽었다. 그는 교회가 주의를 기울여야 할 가룟 유다의 특성을 상세하게 설명했다. 그는 이렇게 말했다. "불신 세계에는 가룟 유다가 없다. 그곳에서는 그런 인물이 나오지 않는다. 그런 괴물은 기독교라는 밝은 영역에서만 나온다. 그는 구원자이신 주님과 참으로 긴밀한 접촉을 했는데 결국 주님의 온전한 제자가 되기보다 사탄의 온전한 소유가 되었다."[21] 크룸마허가 말하려는 요점은 하나님의 일을 가지고 장난해서는 안 된다는 것이다. 다시 말해, 무언가를 얻어낼 속셈으로 예수님을 대해서는 안 된다. 예를 들어, 단지 공적인 인정을 받기 위해 예수님을 가까이하려고 해서는 안 된다. 자신의 목자를 아는 것은 그저 어떤 지식을 습득하는 것이 아니다. 믿음의 길은 전부가 아니면 전무다. 마음 전부를 예수님께 드리든지, 아니면 자신을 높여 파멸에 이르든지 둘 중 하나다.

"그는 구원자이신 주님과 참으로 긴밀한 접촉을 했는데 결국 주님의 온전한 제자가 되기보다 사탄의 온전한 소유가 되었다."라는 크룸마허의 말은 나의 등골을 서늘하게 했다.

나병환자 시몬의 집에서 예수님을 손 대접할 때 가룟 유다의 속마음이 여실히 드러났다. 기독교적 손 대접은 종종 사람들의 속마음과 진실을 드러내는 계기로 작용한다. 진리는 예리하고, 참과 거짓을 나눈다. 예수님은 진리를 위해 죽으셨다. 우리는 기꺼이 진리를 위해 살고자 하는가?

고린도전서 5장을 통해 우리는 교회가 가룟 유다와 같은 사람의 죄를 부추기거나 은폐할 때가 종종 있다는 것을 알게 되었다. 이와 함께 고려해야 할 다른 두 곳의 성경 본문이 있다.

"예수께서 베다니 나병환자 시몬의 집에 계실 때에 한 여자가 매우 귀한 향유 한 옥합을 가지고 나아와서 식사하시는 예수의 머리에 부으니 제자들이 보고 분개하여 이르되 무슨 의도로 이것을 허비하느냐 이것을 비싼 값에 팔아 가난한 자들에게 줄 수 있었겠도다 하거늘 예수께서 아시고 그들에게 이르시되 너희가 어찌하여 이 여자를 괴롭게 하느냐 그가 내게 좋은 일을 하였느니라"(마 26:6-10).

"제자 중 하나로서 예수를 잡아 줄 가룟 유다가 말하되 이 향유를 어찌하여 삼백 데나리온에 팔아 가난한 자들에게 주지 아니하였느냐 하니 이렇게 말함은 가난한 자들을 생각함이 아니요 그가 도둑이라 돈궤를 맡고 거기 넣는 것을 훔쳐 감이러라 예수께서 이르시되 그를 가만 두어 나의 장례할 날을 위하여 그것을 간직하게 하라 가난한 자들은 항상 너희와 함께 있거니와 나는 항상 있지 아니하리라 하시니라"(요 12:4-8).

먼저 마태복음 26장 6-10절에 등장하는 인물들에 대해 생각해 보자. 이 말씀에서 우리는 우리 자신의 모습을 볼 수 있다.

나병환자 시몬

시몬이 "나병환자 시몬"으로 알려지게 된 이유는 무엇일까? 그는 누구이고, 왜 나병환자로 알려졌을까? 그가 예수님을 접대할 당시에는, 그는 더 이상 나병환자가 아니었다. 그런데 왜 여전히 그렇게 기억되었던 것일까? 매튜 헨리는 이 점을 아래와 같이 설명했다.

아마도 그는 주 예수님을 통해 기적적으로 나병이 치유되었을 것이다. 그는 그리스도께 감사의 마음을 표현하기 위해…그분을 초청해 식사를 대접했을 것이다. 그는 나병에서 깨끗해졌지만 여전히 "나병환자 시몬"으로 불렸다. 평판을 해치는 죄를 지은 사람들은 비록 죄 사함을 받았더라도 그 결과가 그대로 남아 있다.[3]

이것은 받아들이기 힘들 수 있지만 반드시 깊이 생각해야 할 진리이다. 근친상간, 동성애, 매춘 등, 사회가 금기시하는 죄들도 돌이켜 회개하면 그리스도의 피로 단번에 깨끗하게 용서받는다. 그러나 죄는 용서받더라도 사회적 비난은 없어지지 않는다. 성경은 그런 죄들을 매우 중대하고 심각한 죄로 간주한다.

마리아

이 구절에 등장하는 마리아는 누구인가? 많은 이들이 그녀를 예수님의 발 앞에 앉아 그분의 가르침에 귀를 기울였던 나사로의 누이로 생각한다. 그녀는 예수님의 가르침을 이해했을 뿐 아니라, 그분이 사람이자 하나님이시라는 사실을 이해했다. 그녀는 향유가 육체의 피로를 달래주고, 정신을 맑게 하는 효능이 있다는 것과 예수님은 그것을 부어드리고도 남을 만한 가치를 지닌 분이라는 사실을 알았다. 향유는 복음을 상징한다. 그것은 값비싸며 그럼에도 그 가치를 한다.

향유는 매우 값비싼 기름이었다. 마리아는 향유가 담긴 "옥합"을 가지고 있었다. 그것은 로마 시대의 화폐 가치로 800명분의 음식값이었다.[4] 가정 형편이 넉넉하지 않았던 사람들이 대체 어디에서 이 좋은 기름이 담긴 "옥합"을 얻는가? 에더스하임은 다음과 같이 추측한다.

> 아마도 마리아는 그리스도를 섬기는 법을 배우기 오래전부터 값비싼 향유가 담긴 옥합을 가지고 있었던 듯하다. 그녀는 예수님을 알고 나서부터는, 그분이 늘 자신의 죽음을 염두에 두고 말씀하시는 것을 알고는 그분의 장례를 위해 사용하려고 그것을 따로 잘 보관해 두었을 것이다. 그러던 중 마침내 결정적인 때가 온 것이다.[5]

마리아는 예수님이 성경을 성취하기 위해 오셨고, 그분이 죽으시고, 구원하시고, 부활하실 때가 왔다는 것을 누구보다 더 잘 알고 있었다.

아마도 이것이 예수님이 "온 천하에 어디서든지 이 복음이 전파되는 곳에서는 이 여자가 행한 일도 말하여 그를 기억하리라"(마 26:13)라고 말씀하신 이유일 것이다. 그녀는 어떤 일을 했을까? 그녀는 주님의 가르침에 귀를 기울였고, 성경을 성취하려면 그분이 피를 흘리셔야 한다는 것을 알았다. 그리고 그녀는 때를 분별할 줄 알았다. 그녀는 단순한 감상이나 막연한 바람에 이끌리지 않았고, 상황을 정확하게 인식했던 것이다. 주님의 때가 마침내 이르렀고, 그녀는 자기가 가진 모든 것을 주님께 내어 드렸다. 그녀는 자신의 마음과 꿈과 소망과 신뢰를 주님께 온전히 바쳤다. 그녀는 그렇게 하는 것이 어떤 결과를 가져올지 몰랐지만 주님이 어떤 분이신지는 분명하게 알고 있었기에 그분의 발에 향유를 부었고, 제자들의 비난에도 전혀 흔들리지 않았다.

마리아는 주님께 모든 것을 바치고, 믿음으로 행했다. 하지만 제자들은 그녀의 손 대접을 못마땅하게 여겼다. 그들은 그것을 지나치게 과시적이고, 사치스러운 낭비라고 생각했다. 특히 가룟 유다는 크게 실망했다. 그는 가난한 자들을 위해 쓰려고 모아둔 돈을 몰래 착복하고 있었다. 그는 전능하신 하나님의 것을 훔치고 있었던 것이다. 그는 그런 죄를 짓는 것이 습관으로 굳어져 있었다. 그는 마음이 완전히 강퍅해진 상태였기 때문에 그 돈을 자기 마음대로 쓸 권리가 있다고 생각했다.

여기에서 이야기는 더욱 흥미진진해진다. 에더스하임이 말한 대로 마리아가 지닌 믿음의 빛을 통해 "유다의 어두운 면모가 선명하고 거대하게 드러났다. 그는 그리스도를 배신해야 할 때가 가까웠다는 것을 알고 그분을 더욱 미워했고, 마리아는 그리스도의 보배로운 죽음이 가까웠다는 것을 알고 그분을 더욱 사랑했다."[6]

세상은 악한 독재자들을 배출할 수 있지만, 가룟 유다와 같은 사람은 오직 교회만이 배출할 수 있다. 독재자들은 통제하기를 원하며 처음부터 위선자로서 시작한다. 교회 안의 가룟 유다들은 그렇지 않다. 크룸마허는 이렇게 말했다.

그는 자기가 맡은 일을 하는 순간에는 위선자가 아니었다. 최소한 의식적으로 위선적이지는 않았다. 그는 나중에 다른 제자들과 함께 기도하고, 하나님의 말씀을 공부하고, 그것을 전했을 때도 한동안은 진정성 있게 그런 일들을 했다. 그러나 그의 경건심 안에는 악의 뿌리가 도사리고 있었다. 그것은 바로 세상에 대한 사랑이었다.[7]

어떻게 세상을 사랑하는 것과 같은 흔한 것이 제자를 괴물로 만들 수 있을까? 그런 과정은 예수님의 가르침에 흥미를 느껴 그분께 가까이 다가가지만, 그 말씀을 마음에 깊이 새기지도 않고, 하나님이요 사람이신 목자를 진정으로 알지도 못하고, 자아에 대해 죽지도 않고, 십자가에 못 박힐 주님의 손으로 새롭게 빚어지지도 않은 상태로 지내는 동안 한 단계씩 서서히 진행되었다.

예수님은 "너희가 어찌하여 이 여자를 괴롭게 하느냐 그가 내게 좋은 일을 하였느니라"(마 26:10)라는 말씀으로 가룟 유다를 가볍게 꾸짖으셨다. 예수님의 말씀이 가룟 유다의 강퍅한 마음을 두들겼다. 그러나 그는 너무나도 강퍅했기 때문에 거품처럼 피어오르는 교만에 사로잡혀 자신의 마음은 오직 자기만 주관할 권리가 있다고 믿었다. 유다는 자신을 의롭게 여기며 예수님 앞에서 분노의 태도를 내보였다. 그는 마음과 행동으로 "당신은 나의 내밀한 사적 영역을 간섭할 권리가 없소. 나는 내가 원하는 것을 가질 것이요."라고 말했다. 유다의 태도에는 "예수, 당신은 나를 실망시켰소. 당신은 내가 바라던 것을 주지 않았소."라는 의미가 담겨 있었다. 그는 예수님으로 인해 상한 마음을 지니게 된 자는 주님께 자신을 경건하게 만들어 주시길 구하지 자연적인 욕망을 충족시켜주길 구하지 않는다는 핵심 교훈을 놓쳤다. 예수님으로 인해 상한 마음을 지니게 된 자는 "주님, 제가 원하는 것을 주소서."가 아니라 "주님, 저를 주님의 소유로 삼으소서."라고 기도하게 된다.

크룸마허는 "세상의 빛이신 분이 소멸하는 불이 되어 그를 비추셨다. 죄인들의 구원자이신 그리스도께서는 엄중한 심문자와 같으셨다. 그(가룟 유다)는 그분 앞에서 죄를 지은 범죄자로 드러나든지, 위선적인 속임수로 자신을 감추든지 둘 중 하나를 해야 했다. 그는 후자를 선택했다."라고 말했다.[8] 그는 그렇게 선택했다. 그는 마음속으로 그렇게 선택했다.

그러나 상황은 유다를 무고한 희생자로 만들 만큼 급속히 진행되지 않았다. 겉으로 보이는 상황은 멀쩡했다. 그러나 그때 식탁 교제가 이루어졌고, 마리아와 귀한 향유가 식사 자리에 등장했으며, 유다는 그것을 자신의 소유로 만들지 못했다. 그는 교만한 태도로 마리아를 공개적으로 비난했다. 그는 모두가 자기에게 동의할 것이라고 확신했을 것이 틀림없다. 죄는 사람의 분별력을 잃게 만든다. 주님은 온유한 어조로 그를 가볍게 책망하셨다. 일종의 권징이 이루어진 셈이었다. 그 말씀을 들은 유다의 마음속에는 분노의 불꽃이 이글거렸다. 항상 이 두 가지(예수님의 부드러운 책망과 자신의 권리를 앞세우는 죄인의 불같은 분노)가 치명적인 조합을 이루어 나타난다. 아이러니하게도 이런 마음의 죄는 "대체 당신이 누구이기에 나를 이렇게 취급하는가?"라는 중요한 물음을 제기한다. 그러나 그렇게 묻기만 할 뿐, 예수님의 대답을 들으려고 하지는 않는다.

이제 모든 대화는 끝났고, 식탁 교제는 유다에게 생각할 시간과 장소를 제공했다. 식탁 교제는 고백할 시간과 장소를 제공한다. 유다는 무엇을 할 것인가?

> 죄를 지은 제자는 예수님의 발아래 엎드려 회개의 눈물을 흘리며 자신의 부패한 상태를 솔직하게 고백하고 은혜의 보좌 앞에서 구원과 긍휼을 구하든지, 아니면 잠시 억제되어 있다가 다시 버젓이 고개를 쳐드는 교만에 이끌려 고집스럽게 마음을 강퍅하게 하고, 사탄에게 예수님에 대한 은밀한 복수심이라는 지옥의 불꽃을 일으킬 기회를 제공하든지 둘 중 하나를 선택해야 한다.[9]

"주여, 나는 아니지요?"

이야기는 계속 진행되었다. 올바른 질문을 하는 제자들이 있었다. 권징은 상황을 지켜보던 제자들에게 강력한 경고, 깨달아야 할 교훈, 끝까지 지속해나갈 삶의 현실을 일깨워주었다.

> "그들이 먹을 때에 이르시되 내가 진실로 너희에게 이르노니 너희 중의 한 사람이 나를 팔리라 하시니 그들이 몹시 근심하여 각각 여짜오되 주여 나는 아니지요 대답하여 이르시되 나와 함께 그릇에 손을 넣는 그가 나를 팔리라 인자는 자기에 대하여 기록된 대로 가거니와 인자를 파는 그 사람에게는 화가 있으리로다 그 사람은 차라리 태어나지 아니하였더라면 제게 좋을 뻔하였느니라"(마 26:21-24).

열한 명의 신실한 제자들이 보여준 겸손한 태도를 간과해서는 안 된다. "나는 아니지요?"라는 질문은 예수님이 죄에 대해 경고하실 때, 즉 교회의 권징이 실시되거나 다른 사람이 저지른 죄에 대한 소식을 전해 들을 때 모든 신자가 언제나 물어볼 수 있는 가장 좋은 질문이다. 우리는 매일 아침 성경을 읽을 때마다 우리의 마음을 말씀에 비추어보면서 "나는 아니지요?"라고 물어야 한다. 이 말이 참 신자의 마음을 드러낸다. 참 신자는 자기 자신이 인간이 생각할 수 있는 죄는 무엇이든 언제라도 지을 수 있고, 또 오직 자기 안에 있는 그리스도의 구원의 은혜만이 자신과 자신의 욕망에 관한 진실을 옳게 보여줄 수 있다는 것을 잘 알고 있다. "나는 아니지요?"라는 질문을 던짐으로써 신자는 자기 자신을 발견한다. 곧 자기가 지은 죄의 정죄하는 속성과, 그리스도 안에서의 자아의 재창조에 대해 깨닫는다.

그렇게 물었을 때, 예수님이 "그래, 바로 너다."라고 대답하신다면 어떻게 해야 할까? 그럴 때는 얼른 엎드려 죄를 회개해야 한다. "나는 아니지요?"라고 묻는 두 가지 태도가 있다. 하나는 예수님이 죄를 드러내실 때 지체없이 회개하려는 부드러운 마음으로 묻는 경우이고, 다른 하나는 자기 죄를 변명하고 예수님과 논쟁하려는 강퍅한 마음으로 묻는 경우이다. 유다가 자신을 배신자로 지목하는 떡을 먹었을 때 "구원의 날은 끝났고, 하나님이 찾아와 긍휼을 베푸시는 때는 지나갔다. 평화의 천사들이 슬퍼하며 그의 곁을 떠났고, 사탄이 승리자가 되어 그의 안에 들어갔다."[10]

여기에서 배울 수 있는 교훈은 참으로 두렵기 그지없다. 가룟 유다와 같은 사람들이 어디에나 존재하기 때문이다. 많은 교회가 의도와 상관없이 유다와 같은 사람들을 배출하고 있다. 그들은 길을 잃고 말았다. 그들은 자기가 하나님보다 더 자비롭다고 생각한다. 그들은 신학교에서 유다와 같은 사람들을 길러내 강단에 세우고, 다시 교인들 가운데서 스스로를 복제한다. "중립적인 입장은 존재하지 않는다. 오늘날에 널리 만연된 경향을 절반쯤 따르는 사람은 마귀의 올무에 걸렸다는 사실을 미처 깨닫기도 전에 나머지 절반을 마저 따르게 될 것이다."라는 것이 우리가 배워야 할 교훈이다.[11]

죄로 인해 상처 입고, 권징을 통해 보호받고, 형제의 회개(권징받고 회복된 형제의 회개)를 통해 새로워진 교회가 한 가족으로서 교제의 식탁에 함께 둘러앉을 때 각자는 "나는 아니지요?"라고 묻지 않을 수 없다. 신실한 신자라면 누구나 "주님, 저는 아니지요? 저는 주님을 배신할 수 있습니다. 저는 연약하지만 주님은 강하십니다. 저를 지켜주시고 보호해주세요."라고 말해야 한다. 다윗은 우리를 위해 "하나님이여 나를 지켜주소서 내가 주께 피하나이다 내가 여호와께 아뢰되 주는 나의 주님이시오니 주 밖에는 나의 복이 없다 하였나이다"(시 16:1-2)라고 기록했다. 우리는 교회 안에 가룟 유다가 존재한다는 사실을 염두에 두고 손 대접과 관련된 돌봄과 보호와 친절의 한계를 설정해야 한다. 베드로는 "그러므로 형제들아 더욱 힘써 너희 부르심과 택하심을 굳게 하라 너희가 이것을 행한즉 언제든지 실족하지 아니하리라"(벧후 1:10)라고 명했다. 우리가 그리스도의 제자로서 서로에게 복음을 전할 때, 우리의 마음속에서 더욱 깊은 회개가 이루어지게 "나는 아니지요? 내가 배신자인가요?"라고 묻도록 서로를 도와야 한다. 우리는 은혜를 원한다. 그러나 회개 없이는 하나님의 은혜를 얻을 수 없다. 우리는 언제라도 스스로 속을 수 있다. 우리 자신과 다른 사람들에게 이 질문을 하는 것은 정죄가 아닌 친절의 행위다.

———

우리의 작은 교회는 어떻게 되었을까?

주님은 우리가 시련을 통과하게 하셨다. 그 덕분에 은혜가 더 풍성해지고, 교인들의 숫자도 늘었다. 하나님의 은혜와 진리에 굶주린 사람들이 우리 교회에 와서 머물며 등록 교인으로 서약하기 시작했고, 교회 밖에 있는 사람들과 소외된 이웃들을 위한 독특한 사역 활동을 시작했다. 어린아이들도 찾아오기 시작했다. 시련과 역경으로 인한 황폐함 속에서 녹스와 메리는 그들의 삶을 예수님께 헌신했다. 이것은 하나님의 은혜로, 오직 은혜로 된 것이다. 교회가 재미있거나 규모가 크거나 친구들이 있어서가 아니었다. 그들이 그렇게 된 이유는 오직 예수님 덕분이다.

7

망령들을 떨쳐버리라

손 대접의 애가

2017년 2월 3일, 노스캐롤라이나주 더럼

새벽 4시에 자명종이 울리는 순간, 나는 반사적으로 아직도 어머니의 냄새가 그대로 배어 있는 스웨터를 집어 들었다. 스웨터에서는 재스민 향과 헤어스프레이 냄새와 티트리 오일 냄새가 났다.

나와 어머니의 관계는 지나치게 가까우면서도 한없이 멀었다. 나는 어머니의 외동딸이었고, 내 인생의 대부분을 그녀의 강한 기대에 짓눌려 지냈다.

어머니는 페미니스트 딸을 기른 초창기 페미니스트였다. 내가 다섯 살이었을 때, 시카고의 "마셜 필드 빌딩"의 엘리베이터에서 있었던 일이 기억난다. 한 남자가 허리를 숙여 내 얼굴 가까이에 자기 얼굴을 갖다 댔다(지금 생각하면 약간 으스스한 인상을 풍기는 남자였다). 그는 구역질 나는 남성용 화장품 냄새와 파이프 담배 냄새를 풍기면서 "참 예쁘게 생겼구나. 커서 의사와 결혼할 거니?"라고 말했다. 그러자 키가 150센티미터밖에 안 되는 나의 어머니는 나와 그 남자 사이를 얼른 가로막으면서 "내 딸은 의사와 결혼하지 않을 거예요. 의사가 될 거예요."라고 말했다. 그날 이후로 나의 운명은 정해졌고, 남자들로부터 독립해서 여성의 능력을 한껏 발휘하는 것이 나의 삶을 이끄는 원동력이 되었다.

어머니는 조울증 환자였다. 어머니는 일흔일곱 살이 된 2008년에 의사 앞에서 그 사실을 인정하고, 증세를 다스리기 위한 약을 복용하기 시작했다. 사실 그 전까지만 해도 그녀는 함께 어울리기가 몹시 힘들었다. 기분이 좋으면 태산도 낮다 싶을 만큼 한껏 부풀어 올랐고, 기분이 나쁘면 아무리 깊은 구덩이도 모자랄 만큼 절망과 분노로 한없이 가라앉았다. 어머니를 기쁘게 해서 정신 질환을 달래줌으로써 중간 상태의 감정을 유지하도록 돕는 것이 나의 일이었다. 나는 어머니의 정신 건강을 잘 조율하려고 많은 노력을 기울였지만 비참하게 실패하고 말았다.

어머니와 함께 사는 동안, 집안에는 대부분 어머니와 나뿐이었다. 나의 이복 오빠는 내가 열 살 때 내 인생에서 사라졌고, 아버지는 은밀히 사소한 범죄 행위를 일삼으며 늘 술에 찌들어 살다가 나의 스물두 번째 생일이 지나고 나서 7일 만에 세상을 떴다.

어머니는 오랫동안 친구를 사귀지 못했다. 마구 베풀다가도 예측할 수 없는 분노를 터뜨리며 모든 것을 중단했다. 그러나 그녀는 한 번의 미소로 쉽게 친구를 사귀는 재주가 있었다. 그녀는 매력적이었고, 재미있고, 사교적이었으며, 파티를 즐기는 삶을 살았다.

내가 시러큐스 대학의 교수가 되었을 때, 당시 나의 애인이었던 케이트가 나를 자기 아버지와 의붓어머니의 집에 데리고 갔다. 그들은 우리집에서 몇 킬로미터 떨어지지 않은 곳에 살았다. 우리는 케이트의 부모와 함께 브리지 놀이를 하며 포도주를 마셨고, 볼링도 치고, 멕시코 음식을 먹으로 나가기도 했으며, 실번 해변 축제에도 가보고, 술에 취해 몽롱한 상태로 "카니발 게임"을 즐기기도 했다. 또한 우리는 잠옷을 입은 채로 늦게까지 함께 영화를 보곤 했다. 케이트와 나는 그 집에 머물면서 책도 쓰고, 장거리 달리기도 하면서 시간을 보냈다. 우리는 우리의 편의에 따라 마음대로 그 집에 출입할 수 있었다. 방문하지 않는다고 비난받지도 않았고 집에 머물러 있는다고 비난받지도 않았다. 나는 부모와 함께 그렇게 느긋하게 시간을 보내본 경험이 전혀 없었다. 그들과 주말을 처음으로 함께 보내고 나서, 나는 부모와의 관계가 그러하지 못했던 것에 대해 너무 슬프고 비통한 마음이 들었다.

어머니와 함께 살 때, 나는 어머니의 모든 감정을 일일이 살펴야 했고, 그녀의 권위를 거스르는 대화는 모두 피하고, 가능한 모든 방법을 사용해 그녀의 감정 폭발을 방지하려 애썼다. 하지만 그런 노력은 번번이 물거품이 되고 말았었다. 만일 폭발과 파열이 "사랑의 언어"라면 나의 어머니의 언어는 그 두 가지뿐이었다.

내가 레즈비언이라는 사실을 공개하자 케이트와 레즈비언 공동체에 속한 다른 사람들은 나와 나의 어머니의 관계를 "중독성 관계” 또는 “공동 의존 관계”로 옳게 진단했다(레즈비언 공동체 안에서 이보다 비난의 의미가 더 강한 용어는 없었기 때문에 나는 그런 평가를 진지하게 받아들여야 했다). 나는 어머니와 적당한 거리를 두려고 노력하기 시작했다. 다시 말해, 매일 여러 차례 어머니와 대화를 나누는 대신, 일주일에 한 번의 대화로 끝내려고 노력했다. 어머니는 나의 변화된 태도를 가볍게 받아들이지 않았지만, 나는 그녀의 재혼과 애리조나주 스코츠데일로의 이주를 빌미로 어머니에게서 벗어날 기회를 잡았다.

어머니는 내가 대학원에 다닐 때 테오라는 이름의 남자와 재혼했다. 그는 그녀에게 큰 영향을 미쳤고, 그녀의 관심을 나에게서 다른 곳으로 돌려놓았다. 그러나 어머니는 나와 멀어지는 것을 탐탁지 않게 여겼고, 매일 내게 전화할 빌미를 찾으려고 애썼다. 속박의 끈이 조여오자 나는 잔뜩 경계심을 곤두세웠다. 그러나 어머니의 재혼은 그녀의 삶을 한 단계 격상시켰다. 나는 어머니가 새 남편과 함께 유럽으로 휴가를 갈 때마다 몹시 기뻤다. 그곳에 있는 동안에는 전화비가 너무 비싸 내게 전화를 할 수가 없었기 때문이다. 나는 그럴 때마다 자유롭게 숨을 쉴 수 있었다.

어머니는 내가 레즈비언이라는 것에 크게 개의치 않았다. 그녀는 그것을 최선으로 여기지는 않았지만 남자에게 시달리며 사는 것보다는 낫다고 생각했다. 성적 학대를 경험한 어머니는 환상을 갖고 있지 않았다. 내가 종신 교수직을 얻어 성공하기 위해 노력하는 한, 어머니는 나의 선택을 존중할 수 있었다.

그런데 내가 그리스도인이 되었다고 밝히자 온통 난리가 났다.

새 아버지가 완충 역할을 했다. 그는 차분하고, 재미있고, 똑똑했다. 그는 모든 사회적 관계를 원만하게 이끌었고, 좋은 책들을 좋아했으며, 매일 〈뉴욕 타임스〉를 처음부터 끝까지 다 읽었고, 나처럼 매주 도서 서평란을 빼놓지 않고 읽었다. 그는 마치 르네상스 시대의 교양인처럼 나의 삶에서 일어난 큰 변화들을 유연하게 처리했다. 그는 내가 그리스도인이라고 밝히자 그것도 기꺼이 이해해주었다. 그는 그리스 정교회 사제였던 자기 아버지의 뒤를 잇기 위해 신학교를 졸업했었다. 그러나 그는 신학교를 다니는 동안 신약 성경이 변호도 할 수 없고, 방어도 할 수 없고, 신뢰할 수도 없는 거짓이라고 판단했다. 그는 시카고 대학교와 MIT에서 박사 공부를 하기 위해 믿음을 버렸고, 쉰 살이 되기 전에 자수성가한 백만장자가 되었다.

새 아버지는 성격이 매우 침착했다. 내가 그리스도인이 되자 그는 내게 헬라어를 가르쳐주었다. 헬라어 교육은 우리의 많은 연결고리 가운데 하나였다. (나는 헬라어 철자를 잘 익히지 못했지만 헬라어 교육이 이루어지는 동안 우리의 관계는 내가 언어를 습득하는 것보다 훨씬 더 빠르게 발전되었다.)

2008년에 어머니가 정신 질환을 치료하는 약을 복용하기 시작했을 때, 새 아버지는 치매 증상을 보이기 시작했다. 그러나 그의 증상은 그렇게 심하지 않았다. 그는 어머니와 함께 버지니아로 이사해 사랑하는 우리 아이들과 함께 말년을 보내기로 결정했다. 손자들은 그를 "파푸"(할아버지를 뜻하는 헬라어)라고 불렀고, 곧 우리 모두 그를 "파푸"로 불렀다. 버지니아에서 함께 지냈던 시절은 행복했다. 약을 복용한 어머니는 난생 처음 정상적인 삶을 살았다. 조울증만 아니었다면 손 대접을 베풀고, 사람들을 잘 보살피는 어머니의 재능이 찬란하게 빛을 발했을 것이다. 어머니는 우리의 홈스쿨링을 도왔고, 이웃들과도 잘 어울렸으며, 아이들에게 수영을 가르쳐주고, 그들에게 새들을 관찰하는 법도 가르쳐주었으며, 홈스쿨링 협력자들과도 친하게 지냈다.

그러나 교회와 관련된 일이 전면에 대두되거나 남편의 누이와 매형이 마을에 오면 어머니는 모습을 드러내지 않았다. 어머니는 그 두 가지 일을 유별나게 싫어했다. 어머니는 교회 사람들과 나의 시댁 식구들이 우리를 좋아하는 것을 질투했다. 어머니는 자기가 마음대로 주관하지 못할 일은 아예 관여조차 하려고 하지 않았다.

어머니는 우상 숭배에 가까운 순종을 요구했다. 새 아버지는 임종을 앞두고 하나님의 일을 사랑하기 시작했다. 파푸는 치매 증상을 보이면서도 가정 예배 시간을 기다렸다. 저녁 식사가 끝나고 설거지를 마치고 나서, 개들은 자유롭게 산책하고 아이들이 모두 잠자리에 들면 그는 내게 시편 찬송가를 불러 달라고 말하곤 했다. 한번은 설거지를 하고 있는데 어머니가 "우리가 기독교를 쓰레기라고 서로 동의한 줄 알았는데 아닌가요?"라며 새 아버지를 나무라는 소리가 들렸다.

그는 부드러운 어조로 "아마도 내 생각이 바뀌는 중인가 보구려."라고 대답했다.

2011년, 파푸는 여든아홉의 나이로 집에서 요양 중에 서서히 임종을 맞이하는 중이었다. 그가 임종을 맞이하는 동안 어머니는 지칠 줄 모르고 그를 보살폈다. 우리는 그의 방에 모니터를 설치해 두었기 때문에 그의 방 밖에서도 그의 소리를 들을 수 있었다. 어머니는 한시도 경계를 늦추지 않았다. 어느 날, 어머니와 내가 부엌에서 커피를 마시고 있는데 모니터를 통해 아이들이 파푸와 대화를 나누는 소리가 들려왔다. 메리가 시편 23편을 부르고 있다가 말을 하기 시작했다. 메리는 당시 다섯 살이었고, 말을 완전히 반대로 뒤집어서 하는 언어 장애가 있었다(나중에 우리는 그것이 난독증의 징후라는 것을 알았다). 어머니는 무슨 말인지 들어보기 위해 내게 조용히 하라고 했다. 메리가 엉망으로 옹알거리는 말이 무슨 의미인지가 분명해지자 어머니는 분노를 드러냈다. 메리는 언어 장애를 앓고 있다는 것이 믿기지 않을 정도로 분명하고, 뚜렷하게 복음을 전하고 있었다.

"파푸, 죽으면 어디로 갈 거예요? 예수님과 함께 있어요? 그리스도인? 예수님 목자?"

파푸는 메리의 말을 모두 이해했다. 그는 녀석에게 "메리야, 나는 그리스도인이란다. 나는 오랜 시간이 걸렸지만 나의 목자이신 예수님과 화해했단다. 너를 사랑한다."라고 말했다.

메리는 신이 나서 부엌으로 달려왔다. 녀석은 "들었죠? 들었죠?"라고 소리를 질렀다. 어머니는 욕을 하며, 손에 들고 있던 책을 홱 집어 던지고는, 아파트 밖으로 쿵쾅거리며 걸어나갔다.

파푸는 2011년 8월 11일에 세상을 떠났다.

그로부터 일 년 뒤, 남편은 노스캐롤라이나주 더럼에 있는 "제1개혁장로교회"의 목사로 청빙받았다. 우리는 어머니가 우리와 함께 이사하는 것이 최선이라고 생각했다. 그렇게 생각했던 이유가 무엇인지는 정확히 모르겠다. 아마도 우리와 함께 살기 위해 버지니아로 이사해 온 어머니만 그곳에 덩그러니 남겨놓기가 마뜩하지 않아서였을 수도 있고, 워싱턴 DC 외곽의 교외 지역에서 하우스푸어 상태로 몇 년 동안 버텼기 때문에 이번에는 함께 좋은 집을 장만해서 살려는 생각에 이끌려서였을 수도 있다. 지금도 당시에 어떤 동기에서 그런 결정을 내렸는지 옳게 분간하기가 어렵다. 어머니와 다시는 같은 집에서 함께 살지 않겠다고 맹세했는데, 왜 나는 그녀의 정신 질환 치료제를 그렇게 신뢰했던 것일까? 우상들은 괴상한 괴물들이다. 그것들은 모양을 바꾸는 잡초처럼 튀어나와 이번에는 상황이 다를 것이라고 약속한다.

나의 어머니는 2012년 4월부터 2013년 10월까지 약 16개월 동안 우리 가족과 함께 살다가, 우리집에서 3킬로미터쯤 떨어진 은퇴자 전용 주거지로 거처를 옮겼다. 장로들은 남편이 당장 더럼의 "제1개혁장로교회"로 와서 목회자로 일해주기를 바랐다. 어머니가 더럼에 있는 우리집 계약금을 내주었다. 어머니는 매우 관대했지만 그녀의 관대함에는 조건이 뒤따랐다. 우리가 이사한 지 한 달 후에 노던 버지니아에 있던 우리집이 팔려 계약금을 갚을 수 있게 되자 나는 무척이나 감사했다. 그러나 속박의 끈은 빚을 청산하는 것으로 끝나지 않았다. 나는 그 순간, 예수님이 빚을 갚아주셔야만 진정으로 빚이 청산될 수 있다는 사실을 깨달았다.

어머니와 함께 사는 삶은 몹시 힘들었다. 아마 어머니도 우리와 함께 사는 것이 힘들었었다고 말할 것이 틀림없다. 원인을 제공한 나 자신이 미웠다. 저 멀리 아득하게 사라져 기억 속에 희미하게 남아 있던 어린 시절의 고통이 생생하게 되살아났다. 어머니는 화를 내며 모든 것을 지배하려 들었고, 우리 아이들을 수치스럽게 생각 했으며, 남편을 모욕하고, 우리의 믿음을 비난했다. 가정 예배 시간 이 전쟁터로 바뀌었다. 더욱이 남편은 새로 부임한 교회는 오래전 의 죄가 밑바닥에서부터 조금씩 터져 나오기 시작하고 있었고, 남 편은 그러한 교회를 이끌기 위해 어려움을 겪고 있었다.

그런 시기는 영적으로는 오히려 풍요로웠다. 상황이 절망스러울 수록 복음의 약속이 은혜롭게 느껴지기 때문이다. 나는 억지로라도 기독교적인 사랑으로 매일의 전투를 치러야 했다. 나의 어머니는 아침에 잠에서 깨어나는 순간부터 저녁에 잠자리에 드는 순간까지 늘 불행했다. 어머니는 우리가 함께 구입한 집과 (자신이 다른 어떤 것보 다 더 사랑했던 손자들을 비롯해) 함께 사는 사람들은 물론, 머릿속에 떠오 르는 모든 것에 대해 불평을 늘어놓았다. 그녀는 정신 질환 치료제 를 복용하는 것을 중단했다. 그러자 금단 현상이 나타났다. 아무 때 나 화를 냈고, 아마존 쇼핑몰에서 화장실 휴지 등의 종이제품을 너 무 많이 사들였다. 그 제품들은 보관하기도 어려웠고, 포장 박스들 의 규격도 재활용 쓰레기통에 맞춰 버리기가 힘들었다. 우리는 어 떤 손 대접도 베풀기가 두려웠다. 가족들을 내가 어렸을 때 겪었던 고통 속으로 몰아넣었다고 생각하니 참으로 비참했고, 남편이 목회 자로서 응당 해야 할 일, 곧 손 대접을 베푸는 일을 하는 데 걸림돌 이 된 것이 몹시 죄스러웠다. 그 당시, 주님은 나의 마음속에 다른 누구의 죄보다도 더 많은 죄가 도사리고 있는 것을 의식하게 해주 셨다. 나는 어머니가 정신 질환 치료제 때문에 사람이 변했다고 생 각했다. 나는 그 약을 나의 우상이자 어머니의 구원자로 만들었다.

무신론자인 어머니가 약 때문에 우리 기독교 가정에서 함께 살 수 있을 것이라고 생각했던 나의 생각은 순전한 착각이었다.

손 대접을 베푸는 사람들로 알려졌던 남편과 내가 집에 사람들을 초대하지 않는 사람들로 바뀌고 말았다. 우리는 교회에서 또는 "이노 강 주립공원"에서 저녁 만찬 모임을 열었다. 우리집은 공포스러운 감옥으로 전락했다. 우리는 매일 어머니가 하는 말이나 행위를 두려워하며 지냈다. 내가 농담을 하는 줄로 생각한다면 이야기를 좀 더 들어보기 바란다. 어느 날, 나는 집에서 책 인터뷰를 시도했다. 보통은 남편의 사무실에서 인터뷰를 했지만 메리가 아팠기 때문에 녀석을 데리고 교회까지 가고 싶지 않았다. 나는 내 방에 자리를 잡고, 모두에게 절대로 방문을 두들기지 말라고 단단히 당부하고, 종이에 매직펜으로 "인터뷰 중이니 방해하지 마세요."라고 적어 붙였다. 인터뷰가 한참 진행 중인데 어머니가 느닷없이 문을 두들기며 "애, 빌어먹을 전화 좀 그만해. 그리고 네 빌어먹을 개가 방금 바닥에 똥을 갈겨댔으니 당장 치워."라고 소리쳤다.

갱년기에 접어든 나는 몸이 예전 같지 않았고, 남편이 목회자로 일하고 있는 교회에서는 한 교인의 은밀한 죄와 한 장로의 은밀한 죄가 밖으로 드러났으며, 우리 아이들은 나의 어머니가 소리를 질러대는 것을 무서워하면서 집으로 돌아가는 친구들을 잃는 것을 무척 슬퍼했다. 게다가 우리가 산 집의 비용을 감당할 수 없었다. 그 시절에 남편과 나는 마치 감방 안에서처럼 은밀하게 가정 경건 시간을 갖고 함께 기도하는 법을 배웠고, 상황을 두려워하며 살기보다 믿음으로 하나님의 약속을 바라보는 법을 터득했다. 우리는 어머니의 회심을 위해 기도했다. 아마도 그녀가 우리와 함께 살지 않았더라면 그렇게 할 생각조차 하지 못했을 것이다. 하나님은 그런 어려움을 겪는 동안 그리스도 없이 사는 삶이 얼마나 고통스럽고, 두렵고, 절망적인 것인지를 알게 해주셨고, 극단적인 상황 속에서도 성령의 열매를 맺어야 하고, 또 맺을 수 있다는 것을 알게 해주셨다.

어머니가 우리집을 떠나 3킬로미터쯤 떨어진 은퇴자 전용 주거지로 거처를 옮기자, 우리는 숨통이 트였다. 나는 어머니와 매일 대화를 나누고, 일주일에 한 번 점심을 같이 먹는다. 또한 한 달에 여러 번 온 가족이 함께 모여 식사를 하기도 한다. 그러나 어머니의 정신 질환 치료제는 이전과 같은 마법을 더 이상 일으키지 못했다. 매일 이루어지는 어머니와의 전화 통화는 예전과 마찬가지로 나에 대한 분노의 표출로 점철되었다. 이제는 그녀가 분노를 표출할 대상이 둘이나 더 생겼다. 하나는 나의 목자이신 예수님이고, 다른 하나는 나의 남편인 켄트였다. 나의 어머니가 나를 순종적인 그리스도인 아내로 키우지 않은 것은 분명한 사실이지만, 우리는 또다시 어머니의 분노와 절망감이 올가미가 되어 나를 칭칭 감았던 옛 시절로 되돌아가고 말았다.

2015년 성탄절에 어머니에게 새로운 소식이 생겼다. 그녀는 그것을 나의 남편에게 가장 먼저 알렸다. 늘 그녀를 성가시게 했던 기침이 폐암 때문이었음이 밝혀졌다. 어머니는 죽어 가고 있었다. 그녀는 자신의 방식대로 죽기를 원했고, 우리가 그 점을 존중해주기를 바랐다. "헴록 협회"(인간의 죽을 권리를 주장하는 단체)의 오랜 회원인 어머니는, 개도 요청하면 안락사를 시켜 존엄성을 지켜주는데 인간은 그런 권리를 누리지 못하는 시대에 살고 있다며 슬퍼했다.

어머니가 자신이 죽어 가고 있다는 소식을 알리고 난 뒤로 올가미의 옥죄는 힘이 더욱 강해졌다. 나는 어머니의 죽음과 관련해 많은 것이 염려되었다. 나는 어머니의 영혼과 그녀의 영원한 미래가 항상 가장 염려되었다. 나의 어머니는 단순한 무신론자가 아니었다. 그녀는 자타가 공인하는 골수 무신론자였다. 그녀의 무신론은 몇 년 전 우리 교회의 어떤 사람이 그녀에게 큰 잘못을 저지르고 난 후로 더욱 확고해졌다.

노스캐롤라이나로 이사한 우리는 어머니를 기독교적 사랑으로 감쌀 수 있기를 바랐다. 우리는 그녀가 주일에 우리와 함께 교회에 가는 것을 좋아하게 해달라고 기도했다. 처음에는 그랬다. 어머니는 교인들, 특히 나이 든 교인들을 진정으로 좋아하는 것처럼 보였다. 그러던 어느 날, 어머니는 갑자기 퉁명스러운 태도로 분노와 적대감을 드러내며 교인들을 비난하기 시작했다.

한 달이 지나고서야 그 이유가 밝혀졌다. 어머니는 지출한 수표와 관련하여 수입과 지출이 맞지 않자 급기야 내게 도움을 요청하기에 이르렀다. 언제나 산술적인 계산과 돈 관리에 철저했던 어머니에게 그런 일이 생기자 몹시 이상한 생각이 들었다. 누락된 수표 액수는 1,500달러였다. 그렇게 많은 액수가 누락되었다고 생각하니 더더욱 이상했다. 그러나 어머니는 그런 액수의 수표를 지불 처리한 사실을 기억하지 못할 리가 절대로 없다고 힘주어 말했다. 그래서 우리는 누락된 수표가 있는지 확인하기 위해 은행을 찾아갔다. 그 결과, 어머니가 우리 교회에 다시 발을 들여놓기를 싫어했던 이유가 밝혀졌다. 우리 교회에서 오랫동안 지도자로 일했던 사람이 교회 화장실을 향해 가고 있는 어머니를 한쪽으로 불러 세우고 나서 급히 쓸 돈이 몹시 필요하다고 말했다. 그는 나나 나의 남편에게 자기가 돈을 요구했다는 사실을 절대로 알리지 말라고 신신당부하면서 1,500달러를 요구했다. 어머니는 수표책을 꺼내 그에게 수표를 써주면서 마음속으로 다시는 교회에 발을 들여놓지 않겠다고 다짐했다. 그리고 그는 양의 탈을 쓴 살진 늑대처럼 매혹적인 미소를 지으며 시간에 맞춰 예배당에 돌아와서 버젓이 성찬식에 참여했다.

우리가 행한 어떤 일도 어머니를 위험으로부터 보호할 수 없었던 것 같다.

사탄은 우리의 약점은 물론, 그것을 공략할 방법까지 모두 알고 있었다. 그는 우리의 영역 안에 자신의 거처를 마련했다.

이기적인 생각일는지 몰라도 나는 어머니의 죽음이 가까워졌다는 소식을 들었을 때, 그녀가 사라지고 난 뒤에 내가 괴물처럼 변할지도 모른다는 두려움을 느끼지 않을 수 없었다. 어머니가 지킬 박사와 하이드처럼 매일 분노를 터뜨리는 바람에 내 안에서 끓어오르는 노기는 밖으로 표출되지 못하고 억제된 상태였다. 내 마음의 우상들이 물처럼 쏟아져 나왔다. 어머니와 나는 53년 동안 서로 얽히고설킨 채로 해롭고 뒤틀린 공동 의존의 관계를 맺어왔다. 회심하기 전에는 어머니가 날마다 시도 때도 없이 화를 내며 비난의 말을 쏟아내는 것을 보면서 그녀의 속박에서 영원히 벗어나겠다는 각오를 다졌지만, 회심한 이후에는 하나님의 은혜 덕분에 그럴 때마다 무릎을 꿇고 그녀를 위해 기도하지 않을 수 없었다.

어머니의 남은 시간이 길지 않다는 것을 알게 된 나는 모든 여행 일정을 취소하고, 홈스쿨링도 수학과 언어를 가르치는 것만으로 최대한 줄였다. 그러고는 어머니의 집에 가서 어머니의 곁을 지키며 어머니가 옛날 가족 사진과 신문을 뒤적거리며 하는 말을 귀 기울여 들어 주었다. 우리는 오래된 옷들을 정리했고, 나는 어머니를 설득하여 두루마리 화장지 등의 종이제품 주문을 취소하게 했다(그렇게 했는데도 불구하고 어머니는 죽으면서 내게 일 년은 족히 쓰고도 남을 정도의 화장지와 크리넥스를 남겨주었다).

그러던 중 남편과 아이들이 독감에 걸렸고, 남편은 허리까지 다쳤다. 그리고 결국은 나까지 독감에 걸리고 말았다. 우리는 모두 독감 예방 주사를 맞았는데도 독감에 걸렸다. 내가 아플 무렵, 남편과 아이들은 병세가 호전되었다. 그러나 남편은 여전히 발을 절었고, 몸을 굽히거나 물건을 들기가 힘들 만큼 허리가 불편했다.

내가 고열과 고통에 시달리며 침대에 누워 있던 두 주 동안 남편이 모든 일을 처리했고, 아이들은 컴퓨터로 공부를 했다. 메리는 "러닝 얼라이 Learning Ally"(학습이 부진한 어린아이들을 돕는 비영리 교육 프로그램—역자주)를 했고, 녹스는 산수와 수련장을 했다. 당시 나는 어머니와 매일 전화로 대화를 나누었지만 무슨 말을 주고받았는지 기억나지는 않는다. 외삼촌 부부가 어머니와 작별 인사를 나누러 방문했다가 돌아갔다. 남편이 공항으로 그들을 마중 나갔고, 허리 부상 때문에 짐 가방을 들 수 없었기에 친구인 윌에게 동행을 부탁했었다는 것 외에는 기억나는 것이 없다.

두 주 후에, 나는 간신히 힘을 내서 진찰받으러 병원으로 향했다.

의사는 나의 독감이 다 끝나가는 상태라고 말해주고는 진통제와 물약을 처방해주면서 "원래 말씀드리면 안 되는데 부득이하게 알려드릴 것이 있습니다."라고 덧붙였다.

의사는 지난번에 나의 어머니를 진찰했는데, 그때 그녀가 비상연락망에서 내 번호를 삭제해달라고 부탁했다고 말했다. 의사는 어머니가 자신의 건강 상태 때문에 무분별하고, 위험스럽게 행동하고 있다고 말하면서 그렇게 하지 못하도록 도와줄 필요가 있다고 조언했다. 나는 갑자기 쏟아지는 눈 속을 뚫고 집으로 차를 몰았다(남부 지방에서는 일 년에 한두 차례 그런 눈이 온다). 어머니에게 전화를 걸었지만 아무런 응답이 없었다. 나는 다시 은퇴자 전용 주거지의 대표번호로 전화를 걸었고, 어머니가 방금 구급차를 불러 타고 갔다는 사실을 알게 되었다.

우리는 어떤 이유에서인지 "의학의 도시"로 불리는 노스캐롤라이나주 더럼에 살고 있다. 우리가 어머니와 함께 이곳으로 이사 온 이유 가운데 하나는 이곳의 의료 체계가 노던 버지니아 지역보다 낫기 때문이었다. 그러나 이런 상황에서는 어머니가 어느 병원으로 가셨는지 알기 어렵게 만들었다. 그곳에서 자동차로 10분 거리 이내에만 병원이 세 개나 있었기 때문이다. 남편은 서둘러 어머니를 찾기 위해 자동차를 몰고, 병원들을 뒤지기 시작했다.

어머니는 "더럼 지역 병원"에 있는 것으로 밝혀졌다. 그곳은 우리의 이웃인 봅이 일하는 병원이었다. 하나님의 섭리였다. 남편은 "듀크 병원"에서 어머니를 찾을 수 없자 "더럼 지역 병원"으로 왔다. 봅은 매주 우리와 함께 기도하는 기도 동지 가운데 하나였다. 그는 오랫동안 나의 어머니의 구원을 위해 기도해 왔다. 내가 샤워를 마치고, 마스크를 하고, 진통제를 복용한 후 어머니가 있는 병실의 문을 열고 들어갈 즈음에 봅은 어머니와 낱말 맞추기 놀이를 하고, 재활용 크리스마스 호일과 안전가위로 눈송이를 만들고, 다채로운 색깔의 사탕들을 가득 채운 알약 병을 마치 "진통제"인 양 내주는 등, 그녀를 즐겁게 해주고 있었다(믿기지 않으면 그의 웹사이트를 참조하기 바란다).[1] 어머니는 배꼽을 쥐고 웃었다. 그러나 나는 순간 꼼짝도 할 수 없었다. 어머니가 나의 방문을 원하지 않을 수도 있었기 때문이다. 나는 그 자리에 있어서는 안 되었다. '어머니가 나를 보면 마구 화를 낼까? 나를 보지 않겠다는 그녀의 결정에 따라야 할까? 아니면 그냥 내 생각대로 불쑥 모습을 보일까?' 등등 여러 생각이 들었다. 독감으로 몸이 허약해진 상태인지라 어머니와 다투는 것이 버거웠다.

나는 어떻게 해야 할지 몰라 병실 문 앞에 서서 기도했다.

어머니는 문 앞에 있는 나를 보고 안색을 누그러뜨렸고, 마치 저녁 만찬을 베푸는 사람처럼 우리 모두를 환영했다. 어머니는 우리를 보게 되어 매우 기쁜 듯했다. 나는 그녀가 무슨 약을 복용했는지 궁금했다.

우리는 병실에 들어가서 간단한 대화를 나누었다. 남편이 아이들을 자판기가 있는 곳으로 데리고 나가자, 나는 "엄마, 비상 연락망에서 나를 뺀 이유가 뭐예요?"라고 조심스레 운을 뗐다. 어머니는 눈물을 글썽이며 "네게 화가 났었지만 이제 다 잊었다. 너 없이 죽고 싶지 않다."라고 말했다. 그러고는 갑자기 생각난 듯 "나는 여기가 좋다. 봅은 재미있는 사람이야. 병원에서 내게 모르핀을 놓아주었다."라고 덧붙였다.

나는 우리를 향한 하나님의 섭리적인 돌보심을 가능하게 만드는 그런 작은 연결 고리와 퍼즐 조각을 종종 생각하곤 한다. 봅이 이곳에 없었으면 어떻게 되었을까? 남편이 어머니를 찾지 못했으면 어떻게 되었을까? 2주 전에 내가 고열에 시달리며 자리에서 일어날 수도 없었을 때나 4주 전에 온 가족이 독감으로 고통스러워할 때 이런 일이 일어났으면 어떻게 되었을까? 하나님은 사랑의 섭리로 모든 상황을 세세하게 주관하고 계셨다.

어머니가 입원한 지 이틀이 지난 후, 의사들은 어머니의 암이 말기에 임박했다고 말했다. 우리는 어머니를 돌보기 위한 준비를 하기 시작했다. 우리는 그녀를 "호크 패밀리 요양원"의 1인실로 옮겼고, 나도 그곳에 머물렀다. 남편이 홈스쿨링과 집안일을 도맡았고, 나는 성경책과 시편 찬송과 뜨개질감을 가지고 어머니의 방에 있는 의자에 앉았다. 임종의 자리는 특별하고도 거룩한 장소다. 청교도 가운데 한 사람이 성찬과 임종 직전의 회개가 가장 은혜롭다고 말한 것을 기억한다. 그러나 나의 어머니는 누가 어떤 각도에서 생각하더라도 신자가 아니었다.

어머니는 우리 가족과 16개월 동안 함께 지내면서 가정 예배와 성경을 읽는 것과 기독교 홈스쿨링을 비웃었다. 그녀는 종교가 허구라는 것이 과학으로 입증되었기 때문에 자기가 원하는 것은 무엇이든 자유롭게 할 수 있는 권리가 있다고 말했다. 그녀는 낙태와 안락사의 권리를 믿었고, 도구적인 가치가 있는 삶만이 살 가치가 있다고 믿었다. 간호사들이 어머니를 병원 침대에 부드럽게 누이면서 모르핀 버튼을 사용하는 방법을 일러주었다. 친절한 사회복지사 애니가 내게 좋은 독서등과 간이침대를 가져다주었다. 그녀는 레즈비언을 나타내는 스포츠 머리를 하고 있었고, 발에는 복사뼈까지 덮는 빨간 운동화를 신고 있었다. 남편은 어머니가 좋아하는 베개를 가져오기 위해 아이들을 데리고 그녀의 아파트에 갔다.

마침내 우리 단둘이만 남게 되자, 어머니는 나를 바라보았다. 그 순간, 마음속으로 은근히 두려움이 느껴졌다. 어머니는 "얘야, 나는 네 방식이 아닌 내 방식대로 죽으려 하니 그 점을 존중해다오. 나는 그동안 네 책들을 읽어보았단다. 만일 내가 그리스도인이 될 만한 사람이라면 그 책들을 읽고 진작에 그렇게 되었을 것이다. 나는 너처럼 약하지 않단다."라고 말했다.

마르크스주의 이론가 레이먼드 윌리엄스는 어떤 말이나 어구는 단순한 말이 아니라고 선언한다. 즉 키워드에 해당하는 말이 있어서 그런 말들은 혁명을 일으키거나 1,000척의 배를 침몰시킬 수 있다고 말했다. 임종을 앞둔 어머니에게 있어 "나는 너처럼 약하지 않다."라는 말이 그러한 키워드였다. 임종을 앞둔 어머니가 그렇게 말하는 것을 듣자, 수치심이 강하게 느껴졌다. 하지만 내가 약할 때에 그리스도께서 강하시다는 하나님의 말씀이 내 마음 안에서 울려퍼졌다(고후 12:9-10).

임종을 앞둔 어머니를 간병하자니 여러 가지 할 일이 많았다.

분주했지만 정신없이 지내지는 않았다.

나는 처음부터 이것을 기독교적인 활동, 곧 임종을 위한 손 대접으로 여겼다.

임종을 앞둔 사람들은 대개 베개, 사람들, 빨대에서 나오는 물의 온도, 커튼을 치는 방식 등에 대해 변덕스러운 감정을 표출한다.

나의 어머니는 방문객들과 아보카도와 수박에 관해 예민한 감정을 표출했다.

어머니는 나의 큰아들 마이클과 그의 아내는 보고 싶어 하지 않았지만(그녀는 사는 동안 그들을 사랑했는데도 그런 태도를 보였다), 자기와 같이 선택적 자살을 옹호하는 친구들의 방문은 좋아했다.

나는 죽어 가는 어머니의 입 안에 적당한 양의 물을 넣어 드리고, 갈라지는 피부에 오일을 바르고, 허약해진 몸을 일으켜 세워 베개로 등을 받치고, 필요할 때 모르핀 버튼을 눌러 드렸다. 어머니의 친구 중 한 사람이 내게 모르핀을 과다하게 사용해 "그녀의 고통을 끝내주자."고 말했다. 나는 그 말을 듣는 순간 임종을 위한 손 대접의 또 다른 중요 요소를 한 가지 더 깨달았다. 그것은 "방문객 사절"이라는 표지판을 붙여 놓고, 어머니의 병실에 있는 전화기 코드를 뽑아 놓는 것이었다.

임종을 앞둔 어머니를 돌본 지 5일째 되는 날, 세상과 육신과 마귀가 강한 영향력을 발휘하고 있을 때는 사람들이 그리스도께 나오기가 어렵지만, 임종을 앞두고 육신이 연약해진 상태에서 성령의 인도하심을 받게 되면 누구든 그리스도께 나아올 수 있을 것이라는 생각이 들었다. 그럴 때는 누구든, 심지어 나의 어머니도 그렇게 될 가능성이 있다. 그러나 누가 과연 그 길을 인도해줄 수 있을까? 누가 이 연약한 순간에 그리스도의 충만하심을 선포할 수 있을까? 임종을 지키지 않으면 아무런 손 대접도 베풀 수 없을 것이다. 손 대접은 항상 손과 머리와 마음을 요구한다. 또한 혼잡함과 희생과 연약함을 요구한다.

어머니가 그리스도를 악착같이 거부했기 때문에 그녀를 인도하는 일은 쉽지 않았다.

그러나 어머니가 자신의 약함을 인정했을 때, 나는 하나님께 그녀의 연약함을 구원의 능력으로 채워달라고 기도했다.

나는 항상 하던 대로 찬양부터 시작했다.

나는 임종을 앞둔 어머니에게 시편 찬송을 불러 드렸다.

나는 시편 찬송책 전체를 거의 다 불렀다. 어머니가 좋아하는 시편(23, 100, 141편)은 반복해서 불렀다.

간호사들은 다른 환자들도 이 아름다운 음악을 들을 수 있도록 방문을 열어놓아도 되는지 물어보았다.

의대생들과 구급차 운전사들이 이따금 어머니의 방에 들러 모자를 벗어 예의를 표하고, 베이스와 테너 파트를 노래했다.

불교 신자였던 애니는 아름다운 알토 목소리를 지녔다. 그녀는 악보를 보고 바로 노래를 따라 부르는 것을 좋아했다.

하나님은 다양한 사람들이 도움의 손길을 내밀도록 이끄셨다.

남편은 시편 찬송책을 좀 더 가져와서 나와 함께 찬송을 부르길 원하는 사람들이 사용할 수 있게 했다.

열 살 된 나의 딸이 찬송가 곡조를 피아노로 연주할 수 있도록 허락을 받았고, 요양원 거주자들은 그 소리를 들을 수 있었다.

로비에는 내 딸이 있었고, 죽어 가는 사람들의 방에는 내가 있었다. 믿음의 음악은 힘을 주는 믿음의 강장제가 되었다.

"여호와는 나의 목자시니 내게 부족함이 없으리로다 그가 나를 푸른 풀밭에 누이시며."[2]

어머니는 나의 찬송을 잠시 중단시키더니 "너와 이런 시간을 보내게 되고, 나의 모든 필요가 충족되었으니 이것이 진정 푸른 풀밭이로구나. 모르핀을 많이 맞고 죽는다면 그렇게 나쁘지 않겠다."라고 말했다.

나는 계속 찬송가를 불렀다.

"쉴 만한 물 가로 인도하시는도다 내 영혼을 소생시키시고."[3]

어머니는 손을 들어 노래를 중단시키더니, 가까이 오라는 손짓을 했다.

"나는 죽어 가는 중이다. 나는 강하지 않고 약하다. 그런데 어떻게 내 영혼이 소생되겠니?"

그 순간, 일찌기 경험해보지 못한 큰 변화가 나의 세상에 일어나고 있는 것을 느꼈다. 심지어 나 자신의 회심조차 지극히 평범하게 느껴질 정도였다.

나는 조용한 목소리로 "엄마, 엄마의 영혼은 하나님의 형상을 지니고 있어요. 육신은 썩어 없어지더라도 영혼은 영원히 죽지 않아요."라고 말했다. 내 손이 마구 떨리고 있었다. 나는 간신히 그렇게 말했다.

"너는 그런 쓰레기 같은 말을 진정으로 믿니?" 어머니가 말했다.

"온 마음을 다해 믿지요."라고 나는 속삭였다.

"어쩌면 나도 너처럼 약해지고 있는 모양이로구나." 어머니는 혼잣말을 했다. "내가 너처럼 부드러워지고 있다면 왜 나는 이해하지 못하는 걸까?"

"엄마, 난 엄마가 복음을 이해하고 있다고 생각해요. 그런데 엄마는 목자이신 분을 모르기 때문에 복음이 터무니없는 것처럼 보이는 것이에요."

"네가 옳을 수도 있겠구나. 그분에 대해 말해다오. 그리고 부탁이니 계속 찬송가를 불러주려무나."

나는 시편 23편의 나머지를 노래했다.

> "자기 이름을 위하여 의의 길로 인도하시는도다
> 내가 사망의 음침한 골짜기로 다닐지라도
> 해를 두려워하지 않을 것은 주께서 나와 함께 하심이라
> 주의 지팡이와 막대기가 나를 안위하시나이다
> 주께서 내 원수의 목전에서 내게 상을 차려 주시고
> 기름을 내 머리에 부으셨으니 내 잔이 넘치나이다
> 내 평생에 선하심과 인자하심이 반드시 나를 따르리니
> 내가 여호와의 집에 영원히 살리로다."[4]

하늘에서 무언가가 바뀌었다. 삼위일체 하나님의 비밀스러운 뜻 안에서, 가장 멀리 방황했던 양 한 마리가 구원자의 품속으로 돌아왔다. 별들은 더 밝게 빛났고, 우주가 진동했다. 어머니는 눈을 똑바로 뜨고 "이제 결말이 났구나. 나는 지금 연약하다. 나도 너처럼 연약하다. 나도 목자가 필요하다. 이제 어떻게 해야 하니?"라고 말했

다.

"예수님과 화목하는 방법을 알고 싶으세요?"

"그래. 그런데 먼저 내 죄를 어떻게 해야 하는지 알고 싶구나. 하지만 신부는 부르지 말아다오."

그 말과 함께 하늘과 땅의 모든 것이 변했다.

어머니는 내가 더 이상 부를 수 없을 때까지 시편 찬송가를 계속 불러주기를 원했다.

그녀는 나의 남편이 성경을 읽어주고, 기도해주고, 자신의 질문에 모두 대답해주기를 원했다.

평생을 무신론자로 살아왔던 어머니가 죽음을 이틀 남겨 두고 예수님을 믿고, 죄를 회개하고, 하나님과 화목했다.

하나님은 죄인인 내게 참으로 은혜로우시다.

———

아래의 말씀은 지난 8일 동안 그리스도 안에 굳건히 설 수 있도록 우리를 지탱해준 말씀이다.

> "인내를 온전히 이루라 이는 너희로 온전하고 구비하여 아무 부족함
> 이 없게 하려 함이라"(약 1:4).

폐암과 격렬한 싸움을 치르던 어머니가 다른 것들이 아무것도 남아 있지 않은 상태에서 예수님께 모든 희망을 둠으로써 조금도 부족함이 없게 된 것, 그것이 곧 구원이었다. 어떤 경험은 사물의 참된

현실을 밝히 드러낸다. 죽음은 그런 것 가운데 하나다. 타락으로 인해 죽음은 불가피한 현실이 되었고, 마땅히 있어야 할 본래의 것들이 온통 왜곡되었다. 그런데 아담을 통해 우리에게 전가된 죄책과 부패를 예수님이 모두 다 짊어지고 속죄의 사랑을 베푸신 덕분에 우리 자신과 자연을 포함한 모든 것이 온전하고, 선하고, 영광스럽게 변했으며, 우리는 이제 구원자와 함께 영원한 삶을 누릴 수 있게 되었다.

> "여호와께서는 지극히 존귀하시니 그는 높은 곳에 거하심이요
> 정의와 공의를 시온에 충만하게 하심이라
> 네 시대에 평안함이 있으며
> 구원과 지혜와 지식이 풍성할 것이니
> 여호와를 경외함이 네 보배니라"(사 33:5-6).

나는 요양원에서 어머니를 돌보면서 위의 말씀을 수없이 반복해서 읽었고, 위로를 주는 다른 많은 성경 구절도 함께 읽었다. 어머니는 간간이 성경 구절까지 섞어 가면서 전에 헛된 망상처럼 여겼던 것을 현실과 결부시켜 말하기 시작했다. 어머니는 눈을 크고 또렷하게 뜬 채로 베개에서 고개를 번쩍 쳐들더니(당시 어머니가 이 동작을 하려면 헤라클레스와 같은 힘이 필요했다) "왜 이렇게 오래 걸리는 거지? 나는 의의 옷을 입을 준비가 되어 있는데."라고 말했다(사 61:10). 어머니는 천국을 갈망했고, 천국이 무엇을 의미하는지 알았다. 하나님은 예수님을 우리의 주님으로 모시면 "네 시대에 평안함이 있게" 할 것이

라고 약속하셨다. 어머니는 그 약속이 이루어지기를 기다렸다. 그러기는 우리도 마찬가지다. 죽어 가는 것은 평안한 과정이 아니다. 육체가 조금씩 산산이 무너져 내리고, 시간이 지날 때마다 새로운 문제가 생겨난다. 그러나 육신이 쇠하더라도 그리스도 안에 있으면 영혼은 더욱 강건해진다. 이 과정을 거치는 동안(주님이 없는 자에게는 이런 과정이 상상을 초월할 만큼 두려울 것이다) 하나님은 "네 시대에 평안함이 있을 것"이라고 약속하신다. 이것이 여호와를 경외하는 것이 지혜의 근본인 이유다(잠 9:10). 누구에게나 죽어 가는 것은 폭풍우와 같은 시련의 과정이다. 오직 하나님만이 그 시련의 와중에서 평안을 주신다.

요양원에서 지낸 8일 동안, 어머니와 나는 영혼의 일을 함께 도모할 수 있었다. 우리는 우리의 영혼과 하나님의 말씀만이 영원하다는 사실을 인정함으로써 천국에 갈 채비를 갖추었다. 요양원에서의 8일은 우리에게 다음과 같은 말을 주고받을 수 있는 기회를 허락했다.

"너를 사랑한다."
"어머니가 저를 사랑하는 줄 알아요."
"나를 용서해주겠니?"
"네, 어머니를 용서해요."

이것을 사실로 믿으려면 많은 믿음이 필요하다. 어머니가 세상을 떠나고 나서 일주일 후에 나는 홈스쿨링을 돕는 어머니 친구에게 내가 마음속으로 생각하고 있는 말을 했다. 나는 그녀에게 "나는 어머니가 주 안에서 죽었다고 생각해요. 그러나 어쩌면 모르핀 때문이었는지도 몰라요."라고 말했다. 그녀는 나를 부드럽게 꾸짖었다. 그리고 내 눈을 바라보며 "나는 사람들이 처음에 당신의 회심도 사실이라고 믿지 않았을 거라고 장담해요. 하나님이 죄인을 구원하신다는 사실을 믿으려면 믿음이 필요하지 않나요?"라고 말했다. 물론이다. 정곡을 찌른 말이다. 믿음이 필요하다. 믿음은 하나님의 선물이다. 히브리서 11장 1절은 "믿음은 바라는 것들의 실상이요 보이지 않는 것들의 증거니"라고 말씀한다.

어머니의 죽음으로부터 일주일이 경과한 후에 나는 집 근처의 듀크대학교에서 몇몇 그리스도인 학생들과 대화를 나누었다. 나는 불과 일주일도 못 되어 완전한 거짓말로 드러날 말을 했다. 나는 한 학생의 질문을 듣고 "우리집안에서 신자는 남편과 나와 몇몇 아이들뿐이죠."라고 대답했다. 그 순간, 나는 잠시 말을 멈추고, 거의 나만 들을 수 있는 목소리로 "아니야, 그것은 더 이상 사실이 아니야. 나의 어머니는 죽기 이틀 전에 믿음을 가졌어. 나의 어머니도 신자야. 어머니는 나보다 먼저 천국에 가셨어."라고 말했다.

어머니의 구원은 그녀의 미래는 물론, 그녀의 과거까지 모두 변화시켰다. 과거의 비참했던 일들이 모두 하나님의 섭리에 의한 것이었음이 드러났고, 모든 아픔이 주님의 은혜로운 입맞춤이었던 것으로 밝혀졌다. 내가 헤아릴 수조차 없는 일평생의 감정이 인내하는 믿음의 태피스트리 속으로 살포시 녹아들었다. 희망은 치유의 효력을 발휘한다. 믿음은 우리를 새롭게 만든다. 진정으로 그렇다.

8

단조로운 매일의 삶

손 대접의 기초

2017년 1월 1일, 노스캐롤라이나주 더럼

그것은 잠시의 기도조차 필요 없었던 참으로 간단한 일이었다.

지역 YMCA에서 어린이 프로그램을 운영하는 나의 이웃 셰이가 잠시 출타 중이라서 나와 또 다른 이웃인 스카일라가 일주일 동안 그녀의 고양이를 돌보았다. 크고 넓은 줄무늬가 있는 페르시아산 고양이인 녀석의 이름은 "티거"였다. 녀석은 하루에 두 차례 약을 먹어야 했다. 고양이에게 약을 먹이는 일은 내가 별로 좋아하는 일이 아니지만 나는 그것을 잘할 수 있는 기술이 있었다. 나는 아침에, 스카일라는 저녁에 녀석을 돌보았다. 고양이에게 약을 먹이고, 배설물을 치우고, 일주일 동안 집 밖으로 나가지 못하게 단속하고, 사료와 물을 채워주고, 우편물을 수거하는 일 따위는 지극히 작고 사소한 일이었기 때문에 그 두 이웃과 별로 잘 아는 사이가 아니라는 사실이 조금도 부담스럽지 않았다.

고양이에게 약을 먹이는 일만으로도 얼마든지 이웃을 사랑할 수 있다. 그렇지 않은가?

일상적인 손 대접은 이웃들의 관심사에 관심을 기울인다

2017년을 처음 시작하는 주일 오전 6시 반이었다. 열쇠로 문을 열고 들어가는 순간, 무엇인가가 크게 잘못되었다는 직감이 들었다.

피가 섞인 체액이 집안 곳곳에 묻어 있었고, 티거가 태아와 같은 자세로 숨을 가쁘게 몰아쉬고 있었다. 녀석의 몰골이 말이 아니었다.

나는 급히 무릎을 꿇고, 녀석의 따뜻한 머리를 쓰다듬으며 배를 만져보았다.

기품 있는 원로정치인과 같아 보이는 녀석은 건강이 위태로운 상황에서도 머리를 쓰다듬어준 것에 대해 고마움을 표하기 위해 나를 향해 고개를 쳐들려고 애썼다.

고양이가 매우 아픈 것이 분명했다.

나는 녀석의 주인에게 문자를 보냈지만 아무런 답이 없었다.

나는 스카일라에게도 문자를 보내 티거의 상태를 알렸다.

나는 셰이의 종이 수건을 들고 집안 곳곳을 다니며 더럽혀진 흔적들을 깨끗이 닦아 냈다. 그러고는 다시 몸을 숙여 티거에게 "너는 훌륭한 고양이야."라고 말해주고 나서 밖으로 나와 집과 교회로 향했다.

주일에는 일정이 빡빡했기 때문에 3시 반이 되어서야 셰이의 집에 다시 들를 수 있었다. 그즈음, 스카일라가 문자로 답장을 보내 저녁 늦게야 셰이의 집에 들를 수 있을 것이라며 심각한 우려를 표명했다.

저녁이 되자 티거가 죽어 가고 있는 것이 분명해졌다. 나중에 셰이가 외국에 나가 있었기 때문에 문자와 이메일을 확인할 수 없는 처지라는 것을 알게 되었다. 이 불행한 사태에 대한 스카일라와 나의 대응 방식은 서로 달랐다. 수의사 훈련을 받은 스카일라는 티거를 안락사시켜야 한다고 생각했다. 그녀는 티거가 죽을 권리를 지니고 있다고 강력히 확신했다. 그러나 나는 노스캐롤라이나의 법이 고양이의 안락사를 허락하지 않을 뿐 아니라 그런 일을 시도할 양심상의 자유도 없고, 거기에 들어가는 비용을 감당할 능력도 없다고 말했다. 우리의 남편들이 아이들 모두와 친구 수산나를 데리고 셰이의 집에 왔다. 모두가 머리를 맞대고 티거의 문제를 논의하는 동안 또 다른 고양이 메이시가 실수로 열어 둔 뒷문을 통해 집 밖으로 나가버렸다. 아이들과 어른들 모두가 비가 내리는 추운 밤에 검정고양이를 찾기 위해 온 힘을 쏟아부었다. 우리는 한 시간 동안 아무런 소득도 없는 노력을 기울이고 나서 제각기 집으로 향했다. 나는 동네를 돌아다니는 여우가 녀석을 잡아먹지 않기를 바라며 집 안에서 죽어 가는 고양이와 집 밖을 떠도는 고양이에게 작별 인사를 고했다.

나는 집에 오자마자 절망감에 홈스쿨링용 탁자 앞에 무너지듯 앉으며 양손으로 머리를 감싸 쥐었다. 남편은 내 마음을 헤아리기라도 하듯 "정말 난감한 상황이구려."라고 말했다.

나는 한숨을 내쉬며 "어이가 없네요. 고양이 한 마리는 죽어 가고 있고, 다른 한 마리는 행방불명이 됐네요. 애완동물을 나처럼 돌보는 사람은 세상에 다시 없을 거예요."라고 말했다.

남편은 당혹스러운 표정으로 고개를 절레절레 흔들며 "아니, 고양이 얘기가 아니라 내가 말하는 것은 저녁 식사요. 우리는 곤경에 처했소. 저녁으로 무엇을 먹어야 하지?"라고 말했다.

수산나와 아이들이 일제히 크게 웃음을 터뜨렸다.

남편은 우리가 "아빠 얼굴"이라고 부르는 표정을 지어 보였다. 그것은 죄책감을 느끼면서도 눈앞에 닥친 기본적인 일을 처리하겠다는 단호함이 드러나는 표정이었다. 고양이들이 죽어 가고 있는데도 그는 음식을 원했다.

나는 눈알을 이리저리 굴리며 생각했다. 냉장고 안에는 렌틸콩으로 만든 수프가 있고, 조리대 위에는 성찬 때 쓰고 남은 빵이 있었다. 수프는 도기 냄비에 옮겨 데우면 되고, 내가 어제 만든 빵은 얇게 잘린 상태로 바구니에 담겨 있었다. 나는 식기세척기에서 그릇들을 꺼내며 아이들에게 식탁을 정리하라고 말하면서 "그 시체를 어느 냉동고에 보관해야 할까요?"라고 물었다.

그러자 남편은 끔찍한 표정을 지으며 "뭐라고? 무슨 시체?"라고 말했다.

수산나는 훌륭한 침례교회에서 성장한 훌륭한 남부 소녀와 같은 표정을 지으며 "이런 문제는 오직 이 집에서만 일어난다니까."라고 중얼거렸다.

"티거가 오늘 밤 안으로 죽는다면 녀석의 시체를 냉동고에 보관해야 해요. 녀석은 오늘 밤을 넘기기 힘들 거예요. 이번 주 내로 셰이와 연락이 닿지 않으면 그녀의 냉동고를 사용할 수는 없어요. 그녀가 대문을 열고 들어와서 사랑하는 고양이를 자기 냉동고 안에서 발견하는 일은 절대로 없어야 해요."

우리는 곤경에 처한 것이 확실했다. 만일 우리가 이웃들을 사랑하지 않고, 그들을 도울 생각이 없었다면, 우리집 냉동고에 죽은 고양이를 넣어 둘 생각은 절대로 하지 않았을 것이다.

스카일라는 티거가 홀로 고통스러워할 것을 생각하니 도덕적으로 너무나 끔찍한 일인지라 그날 밤 내내 잠을 자지 못했다. 그녀가 보낸 문자 메시지에는 그런 안타까운 심정이 고스란히 담겨 있었다. 그녀의 아이들은 아직 아주 어렸고, 남편은 고양이털 알레르기가 있었기 때문에 셰이의 집에 가서 화장실 바닥에서 죽어 가는 티거를 껴안고 함께 잠을 자고 싶었지만 그렇게 할 수가 없었다. 사실은 내가 더 가까운 곳에 살았기 때문에 그렇게 하기가 더 쉬웠다. 그러나 내가 그렇게 하겠다고 나섰더라면 남편이 제정신이냐며 만류했을 것이 분명했다.

손 대접은 도덕적인 유희가 아니다. 손 대접은 기회가 있을 때마다 희생을 무릅쓰고라도 이웃을 사랑하는 것을 의미한다. 나는 이웃이 휴가를 떠난 사이에 고양이들을 돌보고, 약을 먹이고, 배설물을 치우는 일을 하는 데 매일 30분씩 할애했고, 또 그 정도면 충분히 관대한 것이라고 믿었다. 24시간 동안 고양이와 관련된 위기 상황을 관리해야 할 뿐 아니라 이웃끼리 가치관의 충돌을 일으킨 서

글픈 사태까지 빚어지는 것은 내가 해야 할 일의 목록에 포함되지 않았다.

나는 늘 하던 대로 월요일 아침 일찍 일어나 경건의 시간을 갖고, 기도를 하고, 커피를 마시고 나서 비가 부슬부슬 내리는 어둡고 추운 새벽에 샤의 집으로 향했다. 메이시가 집 뒤편의 테라스 밑에서 뛰어나와 나를 보고 야옹거렸다. 너무나 놀랍고, 감사했다. 녀석은 내가 문을 열자 쏜살같이 집안으로 달려 들어가더니 내가 수건을 가져오기도 전에 소파 위에 앉아 자신의 몸을 핥아대기 시작했다. 나는 고양이 캔을 땄다. 녀석은 내가 그것을 아침 식사로 주기도 전에 발톱을 내민 발로 내 장딴지를 휘감았다. "고맙다"라는 뜻을 전하기 위한 고양이의 표현 방식이라고 생각되었다.

나는 티거가 죽었을 것이라고 생각하고 마음의 준비를 단단히 한 채 화장실 문을 열었다. 그러나 녀석은 아직 목숨이 붙어 있었다. 녀석은 무기력하게 축 처져 있었고, 화장실 바닥과 수건들에는 피가 섞인 배설물이 더 많이 묻어 있었다. 내가 머리를 긁어주자 녀석은 내 손바닥 위에 머리를 무겁게 내려놓았다. 나는 모두에게 티거의 상태를 알리는 단체 문자를 보냈고, 화장실을 청소한 다음 집에 가서 수의사에게 연락을 취했다.

새해 첫날이 일요일이었기 때문에 다음 날인 월요일도 공휴일이었다. 문을 연 동물병원은 "동물 응급센터"뿐이었다. 나는 그곳에 전화를 걸었다. 접수 담당자는 내가 이미 알고 있는 대로 안락사를 시키려면 주인의 문서 동의가 필요하고, 비용은 300달러가 넘을 것이라고 말했다. 근무 중인 수의사는 한 시간마다 점안기를 사용해 물을 공급해주고, 거버 베이비 푸드 치킨을 손가락에 묻혀 먹여주면 티거에게 도움이 될 것이라고 말했다. 나는 다시금 모두에게 단체 문자를 보냈고, 내 점안기를 챙겨오는 한편, 아기 음식을 가지고 있을 만한 이웃집에 들렀다가 곧바로 셰이의 집으로 갔다. 셰이도 우리의 단체 문자 연락망 사용자 가운데 하나였다. 그녀가 휴대전화를 켜는 순간 문자 폭탄을 맞을 것을 생각하니 마음이 몹시 안 좋았다.

크리스틴의 아들들이 셰이의 집에 와서 우리와 만났다. 녀석들은 열 살과 열두 살이었고, 녹스와 메리의 가장 친한 친구였다. 티거에게 물을 먹이고 있는데 거실에서 소란한 소리가 들려왔다. 개들이 미친 듯이 짖어 대는 소리와 함께 "에밀리 누나, 메이시를 나가게 하면 안 돼요."라는 녹스의 말소리가 들렸다. 하지만 소용이 없었다. 에밀리는 요란하게 짖어 대는 개 두 마리를 데리고 곧장 집안으로 들어섰다. 개들은 목줄을 끌어당기며 펄쩍펄쩍 뛰었고, 메이시는 쏜살같이 문밖으로 뛰어나갔다. 그 누가 고양이를 탓할 수 있겠는가?

에밀리는 개들을 데리고 온갖 곳을 다 돌아다니는 사랑스러운 이웃이다. 셰이의 집은 그녀의 안전한 공간이었다. 그녀는 지금도 아무 생각 없이 모습을 드러낸 것뿐이었다. 나는 그런 그녀에게 간결하고, 단호한 태도로 티거가 죽어 가고 있으니 개들을 들여놓을 수 없다고 말했다. 그녀는 자기 개들이 환영받지 못하는 듯한 분위기에 상처를 받았는지 녀석들은 온순하고 착하다는 말을 남기고 신속히 나가버렸다. 그녀는 실망했고, 나는 좀 창피한 생각이 들었다.

그런 일이 있고 난 뒤 셰이에게서 문자가 왔다. 그녀는 마음이 크게 상심했다. 그녀는 티거를 안락사시키기를 바랐고, 녀석의 유골을 원했으며, 자기와 연락이 될 때까지 녀석을 죽지 않게 돌봐주고 번거로운 상황을 감내해준 것에 대해 감사하다고 말했다. 나는 속으로 "우리는 녀석을 죽지 않게 돌봐준 것이 아니에요."라고 생각했다.

스카일라는 일을 하고 있었기 때문에 나와 함께 "동물 응급센터"에 갈 수가 없었다.

그래서 나는 응급 상황이 벌어졌을 때 종종 했던 대로 크리스틴에게 전화를 걸었다.

크리스틴은 내가 아는 한 사람들 사이에서 중재하는 역할을 가장 잘하는 이웃 가운데 하나다. 그녀는 가치관이나 정치적인 입장과 상관없이 다양한 친구들을 쉽게 사귄다. 그녀의 40회 생일날에 모든 연령대의 여성들이 수십 명이나 모여 그녀를 "친구"와 "멘토"로 일컬었다.

우리는 함께 행동에 돌입했다.

크리스틴의 어머니가 아이들의 아침 식사를 해결하기 위해 모두를 데리고 나갔고, 크리스틴과 나는 티거를 데리고 동물 응급센터로 향했다.

그 사이에 셰이가 티거에게 작별 인사를 고하는 문자를 보냈다. 나는 무릎을 꿇고 그녀의 소중한 애완동물에게 그녀가 전해 달라는 말을 모두 들려주었다. "너는 훌륭한 고양이야. 나는 너를 사랑했어. 네가 그리울 거야. 내가 아이들을 키우면서 네 꼬리에 있는 둥근 무늬를 하나씩 세어보았어."라는 내용이었다.

그리고 나서 우리는 안락사시키는 데 드는 계산서를 받았다.

휴일이라서 안락사 비용이 350달러나 되었다.

우리는 그달에 손 대접을 베푸는 일에 너무 많은 돈을 썼기 때문에 통장 잔고가 남아 있지 않았다.

나는 감당할 여력이 없었기 때문에 크리스틴이 비용을 지불했다.

우리는 함께 기도하고, 웃고, 울었다. 우리는 왜 항상 우리가 긴급한 상황을 처리하는 일에 함께 연루되는지 참으로 궁금했다. 우리는 아이들과 크리스틴의 어머니 파울라를 음식점에서 만났다. 파울라는 우리를 테이블에 앉게 하고, 손에 메뉴판을 건네주면서, 아침식사 비용을 내고 아이들을 먼저 집으로 데리고 갈 테니 둘이서 좀더 대화를 나누라고 말했다. 우리는 좋은 음식과 그리스도인들끼리의 충실한 우정을 통해 다시 기운을 차렸다.

나는 그날 밤늦게 홈스쿨링과 설거지를 마치고 나서 메이시를 다시 집안에 들여놓기 위해 셰이의 집에 갔다. 녀석과 내가 그날 아침에 겪었던 상황이 재현되었다. 축축하게 젖어 화가 난 고양이는 맛있는 닭고기와 채소로 만든 캔 음식을 미처 주기도 전에 능숙하지 않은 애완동물 돌보미를 할퀴었다. 그러고 나서 나는 에밀리에게 문자를 보내 성급하게 말한 것을 용서해 달라고 말했다. 그녀는 고맙다고 하면서 나를 용서했고, 개들을 데리고 와서 나를 안아주었다.

———

기독교적 손 대접은 이웃들이 관심을 기울이는 것에 관심을 기울인다. 다른 사람들을 우리 자신보다 더 존중한다는 것은 바로 그런 의미를 지닌다. 우리가 있는 그 자리에서부터 시작해서 주변을 둘러보며 우리를 필요로 하는 사람이 누구인지를 찾아내야 한다. 그리고 말과 행동으로 기독교적 사랑을 전하고, 현실적인 문제와 실질적인 삶의 짐을 나누어질 수 있을 정도의 신뢰를 쌓아야 한다.

급진적으로 일상적인 손 대접은 용기와 관심을 요구한다

교회 친구인 비키는 활달하고 사교적인 젊은 엄마다. 그녀는 다섯 살과 두 살 먹은 두 딸을 두고 있다. 그녀는 작년에 새로 이사해 왔고, 자기도 손 대접을 베풀고 싶다면서 내게 기도를 부탁했다. 그러나 그녀는 어린 두 자녀를 키우는 상황에서 어디에서부터 시작해야 하고 얼마나 감당할 수 있을지 판단하기 어려웠다. 결국 비키는 자기가 좋아하는 일에서부터 시작했다. 그것은 미술, 공예, 그리고 노래에 맞춰 성경 구절을 암송하는 일이었다. 그녀는 동네에서 어린 자녀들을 둔 다른 젊은 엄마들을 초청해 그 일을 함께 하기를 원했다.

그녀는 화요일 오전에 같은 블록에 사는 이웃들을 초청해 이야기를 들려주고, 성경 구절을 암송하는 시간을 갖기로 계획하고, 손수 만든 초청장을 자기 딸들과 함께 이웃들에게 전달했다. 그것이 전부였다. 첫 번째 화요일에 한 이웃이 자기 딸을 데리고 왔다.

다음 주가 되자 그녀는 같은 블록에 사는 사람들뿐 아니라 이웃 블록에 사는 사람들까지 초청했다. 모임은 매주 더 커졌고, 그녀는 매주 더 많은 이웃을 초청했다. 2인용 유모차를 끌고 온 동네를 기도하며 산책하는 것은 좋은 운동이 되었을 뿐 아니라 다양한 집을 구경하고 그 안에 사는 사람들을 만나볼 수 있는 즐거움을 안겨주었다.

그녀의 모임에는 현재 엄마들과 아이들을 합쳐 모두 열다섯 명이 참석하고 있다. 이야기와 게임과 성경 암송이 끝나고 나면 엄마들은 한 주간의 식료품 쇼핑과 아이 돌봄을 위한 계획을 세워 서로를 돕는 시간을 갖는다. 그들 가운데 일부는 신자이고, 일부는 신자가 아니다. 화요일 아침에 어린아이들을 위해 노래에 맞춰 성경을 암송하는 활동이 온종일 이웃을 돕는 이웃의 날로 바뀌었다. 성경 암송과 노래와 점심식사를 마치고 나면 몇몇이 어린아이들을 보살피는 동안 일부는 식료품을 사러 마트에 간다.

비키와 나는 교회에서 함께 주일학교를 가르친다. 우리는 다나 더크슨의 성경 암송과 요리문답 노래를 좋아한다.[1] 비키는 다나의 노래를 화요일 아침 모임에 사용한다. 앞서 말한 대로 그녀의 모임은 화요일 아침 모임 이상의 의미를 갖게 되었다. 엄마들은 그녀에게 공감을 느낀다. 그 결과, 복음이 전해지고, 접촉점이 마련되었다.

그렇게 시간이 좀 지나자 비키의 화요일 모임에 참석하는 사람들은 예수님에 관해 더 많은 것을 알고 싶어 했다. 비키는 젠 윌킨이 저술한《Women of the Word》라는 책을 골랐다.[2] 엄마들 가운데 일부가 곧 함께 모여 책을 읽고 서로를 위해 기도하는 시간을 갖자고 말하기 시작했다. 이 일도 역시 탄력을 받기 시작했다.

내 친구 비키는 주변의 이웃들에게 관심을 갖고, 그들을 위해 기도했고, 그들을 집에 초청하여 하나님의 말씀을 나누려고 노력했다. 하나님은 그녀가 베푼 단순한 손 대접 위에 복을 내리셨다.

나는 매주 화요일 아침마다 비키와 그녀의 친구들을 위해 기도한다. 주님은 어린 자녀를 키우는 엄마들에게 도움이 필요하다는 사실을 알고 계신다. 그들은 하나님의 말씀으로부터 오는 지속적인 도움을 필요로 한다. 주님 안에서 자매가 된 자들은 서로 손을 맞잡고, 다른 사람들을 주님께로 인도하는 일에 앞장서야 한다.

급진적으로 일상적인 손 대접은 나이 든 사람들에게 관심을 기울인다

지난 여름에 도나가 나를 찾아와서 말했다. "나는 늙었지만 일주일에 한 번씩 성경공부에 참석하길 원해요. 따라서 나는 우리가 그런 일을 시작해야 한다고 생각해요."

우리 동네에는 나이 지긋한 할머니들이 꽤 있다. 사실, 우리 블록 끝에 있는 막다른 골목은 "과부의 모퉁이"로 불리기까지 한다.

도나는 내가 아는 가장 훌륭한 성경 교사 가운데 하나다. 그밖에도 나는 아주 훌륭한 성경 교사들을 몇 사람 더 알고 있다.

도나는 나와 샐리를 자기 집으로 초대했다. 우리 세 사람이 예수님의 비유를 나누어 맡아 성경공부 모임을 인도하기로 결정했다. 도나는 뛰어난 성경 교사일 뿐 아니라 훌륭한 멘토이자 격려자이다. 그녀는 나와 샐리가 각자의 목소리와 은사를 사용해 우리 몫을 해주기를 바랐다. 우리는 각자가 맡을 본문을 나누고, 일정을 계획했다. 그렇게 해서 동네 성경공부 모임이 탄생했다.

처음에는 다섯 명 정도가 참석했다. 그들은 서로의 마당을 가로질러 간단한 인사말만 주고받는 사이였다. 성경을 함께 읽는 것은 상당히 친밀한 활동이다. 헤이즐이 던진 첫 질문들 중 하나는 "당신이 말하는 모든 것에 동의하지 않아도 내 생각을 말할 수 있나요?"

였다.

그들은 일주일에 한 번씩 머리를 하는 몸집이 작고 상냥한 남부 여성들이었다. 그들은 또한 마음속 깊은 곳에 갖가지 꿈과 두려움과 소망과 필요를 간직하고 있는 사람들이었다.

매주 모이는 모임은 점점 규모가 커지고, 분위기도 화기애애해졌다. 우리의 삶은 곧 서로 얽히기 시작했다. 우리는 일주일 내내 서로를 위해 기도했고, 때로는 아침에 함께 산책하기도 했으며, 비트리스가 수술을 받았을 때는 서로 돌아가며 식사를 차려주기도 했다.

그렇게 몇 년이 흐르면서 우리의 우정은 더욱 깊어졌다. 일부는 신자였고, 일부는 아니었다. 교회로 인해 상처를 입고, 배신을 당한 사람들도 있었다. 그것은 참으로 큰 피해였다. 혼자 사는 사람들은 자기들을 매일 점검해줄 이웃들과 가까이 어울릴 수 있어서 좋았다. 도나의 노력이 우리를 복되게 했다. 도나가 말한 대로 우리는 늙었을 때도 성경공부에 참석하기를 원한다.

도나는 훌륭한 성경 교사답게 자기가 가장 잘하는 일을 했다. 그녀는 동네에 사는 나이 든 여성들에게 특별한 관심을 기울였고, 양팔을 활짝 벌려 다른 사람들을 맞아들였다.

급진적으로 일상적인 손 대접은 마약과 범죄와 빈곤에 시달리는 동네를 변화시킨다

앞에서 나는 스미스 목사 부부(켄과 플로이)에 대해 언급한 적이 있다. 그들은 나를 회심으로 이끈 주님의 도구였다. 켄 목사는 1975년에 펜실베이니아주 윌킨스버그에서 "커버넌트 펠로십 교회"를 담

임했다. 그곳은 마약과 갱들과 폭력이 난무하는 빈민 도시였다. 켄 목사 부부는 손 대접과 공동체 건설을 중시했고, 두 사람은 빌리 그 레이엄과 도슨 트로트맨(네비게이토 선교회 설립자)에게서 제자훈련을 받아 원대한 계획을 품고 복음을 삶으로 살아냈다. 켄 목사가 황폐 한 도시에 위치한 교회의 목사로 청빙을 받으면서 그들은 선교회를 떠나 목회지로 향했다. 새로 부임한 목회지에서 그들은 복음전도와 공동체 건설에 모든 초점을 맞추었다. 그들은 주중의 성경공부 모 임을 "지역 펠로십 모임"이라고 불렀으며, 교인들 모두 성경공부 모 임에 소속되어 있었다. 교인들은 범죄에 찌든 지역으로부터 도망치 기는커녕 오히려 주택과 복층 아파트를 사서 그곳으로 이주했고, 독신자들도 가족들이 사는 집의 방을 빌려 거처를 그곳으로 옮겼 다. 이렇게 1980년대를 거치면서 복음전도가 활발하게 전개되었고, 말씀을 통한 제자훈련이 이루어지고, 예수님의 사랑에 기초한 강력 한 공동체가 형성되었다.

1987년에 내 친구 드류 고든과 린 고든이 윌킨스버그로 이사했 다. 도시의 형편은 갈수록 열악해졌다. 빈곤과 범죄와 마약과 갱들 이 갈수록 극성을 부렸다. 많은 교인이 도시를 떠나는 상황에서 그 들은 오히려 도시에 들어왔다. 린은 당시에 겪었던 정체성의 위기 와 두려움을 회상한다. 집에서 어린 세 자녀를 키우는 상황에서 대 문 밖에서는 총소리가 빗발치듯 울렸고, 그럴 때마다 그들은 신경 이 곤두서고, 결심이 흔들리곤 했다. 갱들의 전쟁이 계속되었고, 그 누구도 그것을 멈출 방법을 알지 못했다.

교회가 생존할 길을 찾으려고 애쓰는 동안 50명의 교인이 교회를 떠났다. 이해할 수 없는 도시 상황 속에서 교회가 섬김을 실천하려면 의미와 목적을 찾는 것이 필요했다. 그러던 중 설상가상으로 상황을 더욱 악화시키는 일이 발생했다. 켄 목사가 커버넌트 펠로십 교회를 떠나 뉴욕주 시러큐스에 위치한 한 교회로 목회지를 옮기게 되었다. 지금 생각하면 내 입장에서는 그가 그렇게 된 것이 참으로 기쁘다. 내가 《뜻밖의 회심》에서 설명한 대로 당시에는 미처 몰랐지만 그가 내게 절실히 필요한 때였기 때문이다.[3] 그러나 커버넌트 펠로십 교회는 목사 한 사람 없이 홀로 남게 되었다.

드류와 린를 비롯해 몇몇 신자들이 빈곤과 범죄로 인해 황폐해진 도시와 극심한 어려움을 겪는 교회에 머물렀던 이유는 무엇일까? 그 이유는 하나님이 신실하셨고, 드류와 린을 비롯해 남은 교인들은 그렇게 해야 할 사명감을 느꼈기 때문이다. 그들은 교회와 동네 사람들을 끔찍하게 사랑했다.

그로부터 몇 년 후, 또 다른 목회자가 커버넌트 펠로십 교회에 부임했고, 지역 신학교의 한 신학생이 교회에서 "키즈존"이라는 프로그램을 운영하자고 제안했다. 그는 도시 목회에 사명감을 느꼈다. 그 신학생은 신실했고, 키즈존을 단순하게 운영했다. 매주 화요일마다 교회에서 동네 아이들에게 피자를 제공하고, 성경 이야기를 들려주고, 게임을 하는 것이 전부였다. 키즈존은 잘 운영되었고, 동네는 그것에 관심을 기울이기 시작했다. 그리고 그것은 교회와 지역 사회의 중요한 연결 고리가 되었다. 그 신학생이 학교를 졸업하고 그곳을 떠나자 버틀러 가족이 키즈존 운영을 맡았다. 그런 프로그램을 운영하는 데에는 믿음과 사랑과 희생이 뒤따른다.

교회는 마약과 갱들과 폭력에 시달리는 동네에 사는 아이들과 관계를 맺고, 섬김을 실천함으로써 활로를 찾았다. 어린아이들과의 관계가 형성되자 교회의 활로가 열리기 시작했고, 교인들은 가난이 아이들에게 어떤 고통을 안겨주는지를 직접 보고 상세히 알게 되자 겸손한 마음을 갖지 않을 수 없었다. 그 모든 과정을 누가 지켜보았을까? 그분은 다름 아닌 "어린 아이들을 용납하고 내게 오는 것을 금하지 말라 천국이 이런 사람의 것이니라"(마 19:14)라고 말씀하셨던 예수님이다.

이것은 박애주의를 실천하는 또 하나의 교회에 불과할까? 그렇지 않다. 그 교회는 〈웨스트민스터 신앙고백〉을 중시하고 성경을 믿는 보수적인 교회다. 그러나 그런 교회는 또한 선행을 중시한다.

교회가 탄력을 받으며 제자훈련과 동네 아이들을 돌보는 일에 집중하는 동안 "월킨슨버그 크리스천 하우징"이라는 또 다른 사역이 시작되었다. 그것은 교인들이 낡은 집을 살기 적합한 집으로 만들 방법을 찾기 위해 기도하며 고심했던 노력의 산물이었다. 월킨슨버그는 버려진 건물들과 집 없는 사람들이 많기로 유명하다. 그래서 "월킨슨버그 크리스천 하우징" 사역이 조직되어 절망 속에 버려진 집들을 사서 새롭게 복원해 그곳을 사역 장소와 주거지로 사용하기 시작했다. 교회는 "키즈존"과 "월킨스버그 크리스천 하우징"을 통해 활력을 얻었고, 지역 주민들이 도움을 구하는 장소가 되었다. 교회는 또한 동네 청소의 날을 정하고, 공동체 텃밭을 만들고, 교도소 사역을 추진했다. 주님은 구원받은 사람들의 숫자를 더하셨고, 교회는 그런 역사를 직접 목격했다.

커버넌트 펠로십 교회는 2014년에 피터 스미스를 목회자로 청빙해 "윌킨슨버그 크리스천 하우징" 사역을 조직화시켜 집중적으로 운영하는 일을 돕게 했다. 피터 목사의 지도 아래 교회는 계속 성장했고, "윌킨슨버그 크리스천 하우징" 사역은 세금을 면제받는 비영리 단체의 지위를 획득했다.

교회는 최근에 이웃들에게 음식을 공급하는 일을 돕기 위해 교회 건물 옆에 과실수 스무 그루를 심었다. 공동체 과수원과 텃밭은 인도의 깨진 콘크리트 평석들, 파헤쳐진 노면, 쓰레기, 낙서 등과 극명하게 대조를 이룬다.

———

참으로 훌륭했던 플로이 스미스는 2017년 4월 7일에 주님의 부르심을 받았다. 향년 아흔한 살이었다. 한 달 후에 열린 그녀의 추모예배에서 나는 울었고, 찬양을 불렀으며, 윌킨슨버그의 옛 친구들의 환영을 받았다. 나는 커버넌트 펠로십 교회에서 열린 추모예배에서 켄 스미스 목사 바로 옆에서 4부 합창으로 시편 찬송가를 불렀다. 그 교회 목회자인 그녀의 아들 피터가 사회를 보았다. 나는 전에 내 스스로 기도할 능력이 없을 때 나를 위해 기도해준 사람들과 함께 찬양을 부르고, 예배를 드리고, 눈물을 흘렸다. 하나님을 영화롭게 하는 추모예배를 통해 본향으로 돌아간 사랑하는 성도, 곧 왕이신 주님의 딸이요 주님 안에서 내 어머니인 그녀의 삶을 기리고 난 후에 나는 린과 드류의 집 뒤편 베란다에 나가 앉았다.

고든 부부는 자기들이 살아온 지난 수십 년 동안 동네가 어떻게 변했는지를 설명했다. 그들은 갱들과 총소리와 암흑과 같은 상황을 변화시킨 철야기도에 관해 말해주었다.

그리고 우리는 오른쪽을 돌아보고 스미스 가족들에게 손을 흔들어 인사했다. 켄 목사와 그의 아들 피터를 비롯해 그들의 가족 친지들이 그의 집 뒤편 베란다에서 아이스티를 마시고 있었다. 약 17년 전 이 무렵에 켄 목사가 내 손을 잡고 통로를 걸어 내려와서 신랑인 켄트 버터필드에게 나를 인계했다. 그때의 일이 아득한 옛날처럼 느껴졌다. 주님은 지금까지 내게 얼마나 신실하셨는지 모른다. 그동안 그분은 나를 주님과의 더 깊은 연합 안으로 인도하셨고, 다른 사람들을 더욱 성심껏 섬기도록 이끄셨다.

이번에는 왼쪽을 돌아보고 버틀러 가족에게 인사했다. 그는 교회의 장로로서 가족들과 함께 신앙생활을 하고 있었다. 그들도 뒤편 베란다에서 차를 마시고 있었다. 윌킨스버그는 어떨까? 도시는 아직도 빈곤과 범죄가 근절되지 않았다. 갱들의 폭력이 전보다는 많이 줄어들었지만 여전히 존재했다. 그러나 여기 이 집은 기도하는 그리스도인 이웃들, 곧 그리스도의 피를 나누었을 뿐 아니라 동네를 위해 함께 기도하며, 어려웠을 때도 떠나지 않고 머물렀던 이웃들에 둘러싸여 있다.

고든 가족의 베란다에서 나는 밝은 표정의 젊은 그리스도인 여성과 오렌지를 나눠 먹었다. 그녀는 그 집에 머물면서 근처의 대학교에서 오페라를 공부하는 중이었다. 고든 가족은 그녀를 "키즈존"에서 처음 만났다. 그들은 처음에는 서로를 알지 못했지만 나중에는 이웃이 되었다. 그리고 지금은 그들 모두 하나님의 가족이다.

이것이 주님의 은혜 안에서 급진적으로 일상적인 손 대접이 이루어질 때 나타나는 현상이다. 이러한 손 대접은 낯선 사람들을 이웃으로 만들고, 이웃들을 가족으로 만든다.

급진적으로 일상적인 손 대접은 어린아이들의 관심사를 존중한다

나의 이웃 행크가 감옥에 가고 난 직후 내 눈앞에서 즉각 필로폰 제조실이 철거되기 시작했다. 우리집과 그의 집이 정면으로 마주하고 있었기 때문에 우리는 그 처참한 광경을 상세하게 목격할 수 있었다. 파괴의 진행 과정을 눈을 돌려 외면하기가 불가능했다. 필로폰은 유해물질이다. 그래서 일부는 못을 박아 폐쇄하고, 나머지는 모두 철거되어야 했다. 철거된 집에서 나온 개인 사물이 대형 쓰레기통으로 일곱 개나 되었다. 철거가 끝난 후에는 주 보건국 직원들이 벽을 거듭 씻어냈고, 집안 공기와 벽의 위생 상태를 점검했다.

필로폰 제조실을 철거하는 일은 큰 구경거리이기도 했다. 다른 동네에서 온 차들이 그 광경을 지켜보느라고 지체하며 길게 줄지어 늘어섰다. 잔디밭 주위에는 여러 주 동안 범죄 현장을 알리는 테이프가 쳐 있었다(사실, 그곳은 행크가 강박감에 이끌려 많은 구덩이를 파 놓은 데다 경찰들이 그와 그의 동거녀 에이미를 체포하면서 그들과 함께 마약과 관련된 잡동사니들을 제거하느라 온통 짓이기고 다닌 까닭에 잔디밭의 흔적만 남아 있을 뿐이었다). 우리는 필로폰을 만들고 남은 화학 물질 찌꺼기들이 마당과 숲에 스며들었기 때문에 그곳을 거니는 것이 안전하지 않다는 말을 들었다. 그런데도 부주의한 사람들은 숲과 앞마당을 지나 곧장 차고 안으로 걸어 들어갔다. 그들은 문이 열려 있는 곳마다 그 안을 들여다

보고, 마당에 있는 장비들을 유심히 살펴보았다. 그들은 사유지가 무상으로 제공된 것처럼 행동했다.

행크의 범죄가 몇 번이고 거듭해서 드러나는 것처럼 느껴졌다. 행크가 그 집에서 살 때 부 래들리의 화신처럼 보였다면, 우리에게서 사라졌을 때는 실제보다 훨씬 더 중요한 인물이라도 된 듯했다.

우리 아이들은 얼이 빠진 상태로 두려워했다. 우리와 함께 모인 이웃의 어린아이들도 그러기는 마찬가지였다. 우리와 함께 살게 된 행크의 개 탱크는 동네에서 사랑받는 애완견이 되었다. 어린아이들이 녀석을 귀여워해주었고, 이웃들이 교대로 녀석을 데리고 산책을 했다. 그들은 우리집 현관에 개 사료가 담긴 큰 봉지들을 두고 가기도 했다. 탱크를 사랑하는 것이 행크를 안타깝게 여기는 표현 방식 가운데 하나가 되었다.

청소를 위해 고용된 사람들이 와서 행크의 개인 사물과 그가 소중히 여기던 소유물을 대형 쓰레기통 일곱 개에 담아서 가져갔다. 그들은 그가 소유했던 물건을 모두 쓰레기로 처리했다.

우리 아이들은 쓰레기차를 보자 상실감과 슬픔이 잔뜩 배인 대답할 수 없는 질문들을 쏟아내기 시작했다.

"엄마, 행크의 칫솔은 어디에 있어요?"

"엄마, 사람들이 내가 지난 추수감사절 때 행크 씨를 위해 그려준 그림을 가져갔나요? 숲속에 있는 빨간 여우를 그린 그림 말이에요."

"엄마, 내가 작년에 행크 씨에게 준 부활절 토끼 초콜릿을 그가 먹었을까요, 아니면 그게 저 쓰레기통에 있을까요?"

"엄마, 왜 사람들이 행크 씨의 드럼 세트와 기타를 버리는 거죠?"

우리 아이들과 우리와 함께 모여 있는 동네 아이들은 행크의 물건이 어디에 버려질 것인지를 비롯해 모든 것을 알고 싶어 했다. 만일 그의 칫솔이 해롭고, 위험하다면 쓰레기통 안에서도 해롭고, 위험하지 않을까? 만일 그것이 고체 상태에서 해롭다면 불에 태우면 더 해롭지 않을까? 어떻게 그 더러움과 위험이 사라지는 것일까? 왜 다른 사람들이 우리 동네의 해로운 쓰레기 때문에 피해를 입어야 할까? 우리 이웃집에서 일어난 일은 마약 중독, 형벌적 사법 체계, 쓰레기 관리, 원죄, 환경보호 등 모든 문제를 논의하는 계기가 되었다.

어린아이들은 폭력적인 범죄를 저지르지 않은 사람이 수십 년 동안 감옥에 갇혀 지내야 하는 이유를 알고 싶어 했다(그 점은 나도 마찬가지였다).

아이들은 "중독"이 무슨 의미인지를 알고 싶어 했다.

우리 친구의 물건이 가득 들어있는 쓰레기통보다도 더 많은 질문들이 쏟아졌다.

세대에 따라 동네 사람들의 생각이 달랐다. 어른들은 사유재산의 가치를 짓밟는 것에 분개했고, 아이들은 물건을 담아 버리는 쓰레기차를 보고 행크를 안타깝게 여겼다. 그들은 고통과 비애를 느꼈다. 경찰과 몇몇 사람들은 행크를 괴물로 보이게 만들기 위해 최선을 다했다. 그러나 드럼 세트와 개를 내버리는 슬픈 행위는 어린아이들을 납득시키지 못했다. 쓰레기통이 하나씩 채워지거나 옮겨질 때마다 아이들은 눈물을 흘렸다.

길고, 무더운 여름날이었다. 트램펄린, 숲, 연못, 옥외 냉동고에 보관된 아이스크림, 쓰레기통을 치우는 광경 때문에 동네 아이들이 우리집에 모여들었다. 녹스와 메리도 자기 방식대로 손 대접을 베풀었다. 메리는 내가 부엌에서 쓰는 컵을 가져다가 진흙 파이를 만들었다. 녹스는 뱀과 다람쥐(대개는 기절하거나 다친 것들)와 두꺼비를 집 안으로 가져와서 그것들을 좀 더 세밀하게 관찰하기도 하고, 자연과 동떨어진 채 집안에서만 지내는 고양이에게 보여주었다. 한번은 녹스가 검정 뱀을 내 침실에 가져와 고양이 캐스피언이 볼 수 있게 베개 위에 올려놓았고, 또 한번은 메리가 연못에서 짝짓기를 하려고 둘씩 붙어 있는 두꺼비들을 발견하고는, 몇 마리를 국자로 퍼 올려 홈스쿨링을 하는 방에 가져와서 책상 위에 올려놓았다. 그러고는 "클래시컬 컨버세이션스Classical Conversations"(기독교적 세계관에 근거한 학습 프로그램의 일종—번역주)를 통해서 배운 "건너뛰며 세기 노래"('예수 사랑하심은'의 곡조에 맞춰 "2, 4, 6, 8"의 숫자를 부르는 것)를 불렀다. 녀석은 신기하게 생긴 두꺼비의 혹을 손으로 이리저리 만졌다. 녀석들의 자연 탐구는 놀이이자 슬픔의 표시였다.

남편과 나는 놀이가 슬픔을 표현하는 중요한 수단이 되는 과정을 지켜보았다. 우리 아이들이 다른 아이들에게 베푸는 손 대접에는 행크의 인간성을 옹호하려는 의미가 담겨 있었다. 남편과 나는 아이들이 느끼는 슬픔과 그들이 그들 나름의 시각과 방식으로 좋은 사람과 나쁜 사람을 구별하고, 또 그 모든 일이 일어난 과정을 지켜보며 슬픔을 달래는 것을 목격했다.

나는 우리집이, 아이들이 행크의 체포를 안타까워하고, 그것을 자기들의 방식대로 이해할 수 있는 장소가 되게 해달라고 기도하기 시작했다.

나는 아이들의 친구들이 집에 놀러오는 것을 언제나 환영한다. 아이들은 우리집에 오면 물이나 우유나 스포츠음료를 마실 수 있고, 과자를 보관한 찬장에서 과자를 꺼내 먹을 수 있을 뿐 아니라 내게 좀 더 달라고 말할 수도 있다. 우리는 아이들에게 인색하거나 까다롭게 굴지 않는다. 나는 아이들이 우유나 팝 타르트를 먹어 치워도 당황하지 않는다. 우리는 그들의 관심사에 관심을 기울이지만, 다치거나 위험한 일이 발생하지만 않으면 깊이 관여하지 않는다(우리집 뒷마당은 숲과 연결되어 있기 때문에 다치거나 뱀 같이 위험한 것에 노출될 수 있다). 나는 단지 트램펄린에서 동시에 놀 수 있는 인원수나 물총 싸움에 사용할 수 있는 물의 양에 관한 규칙만을 정해놓는다. 최근에 나는 아이들에게, 주일에 전투를 하는 행위는 십계명의 네 번째 계명을 어기는 것이라는 사실을 주지시킬 필요가 있었다(그 날 오후, 그들은 나의 그런 주장을 설득력 있게 입증해 보라고 요구했다).

메리와 녹스는 급진적으로 일상적인 손 대접을 중시하는 우리집에서 중요한 역할을 한다. 녀석들은 저녁마다 친구들을 식사에 초대한다. 아이들은 저녁 식사는 물론, 가정 예배에도 함께 참여한다. 그러나 우리집 식당 밖으로 내다보이는 범죄 현장의 모습은 후덥지근한 여름철의 습기와 같은 슬픔을 안겨주었고, 많은 질문과 두려움의 대상이 되었다. 가정 예배와 슬픔은 좋은 조합을 이룬다. 아이들은 단지 핫도그를 먹고, 광검 싸움을 하기 위해 찾아오지 않았다. 그들은 범죄 현장에 관해 대화를 나누고, 그것을 이해하고 싶어 했다. 그들은 노는 일과 슬퍼하는 일을 한꺼번에 했다.

아이들은 종종 자기 집에 전화를 걸어 우리집에서 놀아도 된다는 허락을 받고, 모두 함께 식탁을 차린다. 우리는 함께 음식을 먹고, 성경을 읽고, 기도를 드린다. 요즘에는 항상 여러 부류의 사람들이 섞여 모인다. 교인들도 있고, 이웃들도 있고, 어린아이들도 있고, 노인들도 있다. 동네 아이들 가운데 일부는 교회에 다니고, 일부는 다니지 않는다. 아이들은 좋은 질문을 던진다. 그들의 질문은 솔직하다. 그들이 던진 질문들 가운데는 약간의 조사를 해야만 대답할 수 있는 질문들이 많았다. 예를 들면, "필로폰이 뭐예요? 그것이 그렇게 위험한 이유가 뭐죠? 왜 사람들은 그렇게 오랫동안 감옥에 있어야 하나요? 마약에 중독된다는 것이 무슨 뜻인가요? 중독이 범죄인가요? 행크 씨는 베개와 이불이 있나요?" 등과 같은 질문들이었다. 때로 우리는 행크가 최근에 보낸 편지를 읽어주기도 했다.

사람들을 인도하고, 보살피는 하나님의 손길을 볼 줄 아는 눈으로 문제를 바라보면 강력한 치유의 효력이 발생한다. 하나님의 섭리는 고통스러울 때조차도 분명한 목적을 지닌다. 필로폰 중독자이자 범죄자가 그리스도 안에서 형제가 되면 모든 것이 변한다. 우리는 "너희도 함께 갇힌 것 같이 갇힌 자를 생각하고 너희도 몸을 가졌은즉 학대 받는 자를 생각하라"(히 13:3)라는 말씀을 자주 인용한다. 하나님의 보살핌이 미치지 않는 사람이 아무도 없다는 사실을 기억하면 슬픔이 치유된다.

이 위기는 우리 동네를 하나로 결속시켰다. 그리스도께서 이미 그리스도인들을 이곳에 두어 상황을 옳게 이해하도록 이끄셨기 때문이다. 하나님은 번지수를 잘못 찾는 법이 없으시다. 쓰레기통들이 수거되고, 행크의 집이 깨끗하게 정리되어 팔리고 나자 우리의 식탁에서는 이웃들과 아이들과 성경과 하나님의 약속과 기도를 통해 상처가 치유된 흔적이 확실하게 드러났다. 물론, 해서는 안 될 일이나 되어서는 안 될 사람을 말할 때 행크를 본보기로 내세우는 사람들도 더러 있다. 그러나 나와 아이들은 그런 식으로 생각하지 않는다. 우리는 행크의 인간성과 그의 믿음을 본다.

회개한 사람은 아이들을 위한 가장 훌륭한 본보기가 된다.

우리 아이들은 자랄수록 음식을 더 많이 먹고, 우리와 서로를 더 많이 돕고 있다. 우리는 그들을 위해 기도하고, 또 그들과 함께 기도한다. 우리는 그들이 신실한 하나님의 사람들로 자라게 해달라고 기도한다. 한없이 연약해 보이는 저 아이들(나의 아들이나 그와 함께 숲속에서 요새를 만들고 핫도그와 피자를 먹고 자란 아이들) 가운데 하나가 언젠가 키와 믿음이 부쩍 자라 나를 인도하는 목회자가 될지 누가 알겠는가?

지금까지 상상할 수 없는 일들이 많이 일어났다.

9

긍휼히 여기는 자는 복이 있나니

손 대접의 소망

2016년 5월 12일, 화요일 오후

"버터필드 가족은 행크를 알고 있습니다. 그들은 서로 친구예요. 그들이 필로폰 제조에 관해 알고 있었을까요?"

행크와 그의 동거녀 에이미가 지하실에서 필로폰을 제조했다는 이유로 체포되던 그날 아침에 이웃들은 경찰들에게 그렇게 말했다.

모든 이목이 우리에게 쏠렸다. 우리는 행크의 친구가 되어 외로운 그를 우리 삶의 리듬 속으로 끌어들이려고 많은 노력을 기울였기 때문이다. 우리는 행크와 함께 식사하고, 휴일을 같이 보내고, 개를 데리고 함께 산책을 다녔지만, 그의 성씨를 알고 그에게 휴대 전화로 문자를 보내도 좋다는 허락을 받기까지는 일 년이라는 시간이 소요되었다. 그러나 일단 서로 친구가 되자 우리는 그를 사랑했고, 그의 진가를 알아보았다. 그도 우리에 대해 그러기는 마찬가지였다.

메리와 녹스가 행크의 집 나간 개를 찾는 일을 도와주고 나서, 행크는 우리를 신뢰하게 되었다. 그는 "당신들은 나와 한패예요. 너무 좋아요."라고 말했다.

마약단속국 직원들을 통해 행크와 에이미가 마약 중독자라는 수치스러운 비밀이 밝혀지는 과정을 지켜보는 일은 매우 고통스러웠다. 행크는 차마 우리를 볼 낯이 없어서 고개를 떨구었고, 에이미는 마약에 취해 들뜬 상태로 자신의 눈빛처럼 야생적인 분홍 머리카락을 휘날리며 나를 보고 손을 흔들었다. 그녀는 동창회의 여왕처럼 우리 아이들을 향해 연신 키스를 날렸다.

경찰들은 행크와 에이미를 마약에 취한 상태에서 깨우기 위해 소방 호스로 물을 뿌리고, 그들이 마치 봉제 인형인 양 거칠게 흔들어 대는 등, 그들을 그들의 애완견 탱크보다 더 못하게 다루었다. 경찰들은 방호복으로 자신들의 몸을 보호한 채, 그들을 인간 이하의 쓰레기로 취급했다. 그 과정이 끝나자 경찰들은 그들을 쓰레기처럼 땅바닥에 밀어뜨리고, 그곳에서 몸을 말리도록 내버려 두었다. 너무나도 비인간적이고, 비참해서 지켜보기가 어려웠다. 하나님의 형상을 지닌 인간이 죄수 번호를 단 무가치한 존재로 전락하는 과정이었다. 행크는 더 이상 우리의 이웃이 아니었다. 그는 절대 되어서는 안 될 것이 무엇인지를 보여주는 구체적인 본보기였다.

경찰들은 우리가 행크를 가장 잘 알고 있는 이웃이라는 사실을 알았다. 우리는 여섯시 반쯤 그들에게 행크의 어머니의 전화번호를 알려주었다. 또한 우리는 기가 죽어 있는 탱크(몸무게가 50킬로그램이나 나가는 거대한 핏불)를 돌보겠다고 말했다. 경찰 가운데 한 사람이 핏불 애호가였다. 그녀는 우리가 탱크를 데려간다고 하니 고마워했다. 그녀는 "필로폰 제조실에 있던 핏불들은 보호소에서 오래 견디지 못해요."라고 말했다.

그러나 우리는 단지 정보를 제공한 이웃이 아닌 범죄자의 친구로 지목되었다. 우리가 친구인 것은 사실이었다. 그런 사실이 우리를 다르게 보이게 만들었다.

온 동네가 죄인인 행크를 사랑했다는 이유로 우리를 비난했다. 그것은 우리가 실천한 기독교적 증거 활동 가운데 가장 훌륭한 것일 수 있을지 몰라도 결코 가장 유쾌한 일은 아니었다.

정오가 되자 우리집은 마치 외상 치료 전문센터를 방불했다. 마약단속국 직원들과 경찰들이 우리집의 부엌과 화장실을 사용했고, 이웃들도 끊임없이 모습을 드러내고 걱정과 안타까움과 비난이 담긴 말을 쏟아냈다. 탱크는 아동용 목욕통에서 몸을 적시며 다른 개들과 뒷마당에서 뛰놀고 있었다. 세상이 정상적인 것(아이들, 개들, 요새들, 개구리들)과 비정상적인 것(범죄 현장 봉쇄 테이프, 지금쯤 곤두박질치고 있을 동네 주택 가격에 관한 언론 보도를 불평하는 이웃들, 따뜻한 날씨에도 만인이 보는 앞에서 물장구를 친 수치심을 어쩌지 못해 물을 뚝뚝 떨어뜨리며 떨고 있는 탱크)으로 나누어졌다. 1시경이 되자 마약단속국 직원들이 우리집 부엌에서 완전히 철수해 행크의 집으로 되돌아갔다.

그들은 우리집을 떠나면서 모든 이웃에게 집 밖으로 나오지 말라고 경고했다. 행크의 집에 있는 모든 창문과 문을 열어젖히고 우리가 호흡하는 대기 속으로 유독한 독소를 날려 보낼 예정이니 저녁 6시 전까지는 집 안에 있는 것이 안전하다는 말이었다. 특히 우리집은 행크의 집과 가까웠기 때문에 더욱 엄격한 경고가 주어졌다. 슬픔과 안타까움과 분노의 감정에 더해, 꼼짝달싹 못하게 되었다는 피해 의식으로 사람들은 모두 씩씩거렸다.

아침부터 우리집 부엌을 서성거리며 커피를 마시던 빌은 이렇게 말했다.

"그런 사람과 친하게 지낼 수 있었다는 걸 믿기 어렵군요. 당신네 그리스도인들의 문제가 무엇인지 알려 드릴까요?"

나는 속으로 생각했다.

'빌, 나는 알고 싶지 않지만 당신은 어쨌든 하고 싶은 말을 하겠죠?'

그는 이렇게 말했다.

"당신네 그리스도인들은 지나치게 개방적이에요. 아무 생각이 없는 사람들 같아요."

이웃이 커피를 마지막 한 방울까지 얻어 마시고 나서 즉시 모욕적인 말을 하는 것을 참으며 듣고 있으려면 하나님의 은혜가 필요하다.

친절한 노인인 시시는 나를 부둥켜 안고 눈물을 흘렸다.

"그 악한 마약 중독자가 당신의 사랑스러운 가족들을 거의 중독시켰군요."

캘리포니아 특유의 느린 말투를 사용하는 그녀는 모음을 말할 때마다 목소리를 떨며 힘을 주었다. 숨을 들이쉴 때마다 그녀의 앙상한 어깨가 들썩였다.

몇몇 이웃이 물었다.

"당신도 필로폰 제조실에 관해 알고 있었나요?"

또 어떤 이웃들은 물었다.

"당신이 그를 경찰에 신고했나요? 어떻게 그 사실을 몰랐을 수가 있죠?"

이웃들은 행크를 미워했지만 그를 친구로 삼은 우리에 대해서는 어떻게 생각해야 할지 난감해하는 눈치였다.

남편과 나는 온종일 이웃들과 이웃의 아이들, 그리고 슬픈 표정으로 불안해하는 행크의 개를 진정시켜 주어야 했다.

언론이 병적인 집착을 보이며 우리 동네로 몰려들었고, 우리는 그들이 마치 식중독균인 것처럼 그들을 피하려고 애썼다. 당시의 사건은 노스캐롤라이나주 더럼에서 가장 규모가 큰 필로폰 제조 사건이었다. 그야말로 큰 뉴스거리였다. 언론은 최선을 다해 불안과 험담을 부추기며, 이웃들이 마치 발가벗겨지는 듯한 심정을 느끼게 만들었다.

나의 아들 녹스는 슬픔을 가누기가 힘들었다. 행크는 우리의 친구였다. 그는 붉은 어깨 말똥가리가 어디에 둥지를 틀고 있고, 2월에 어느 곳을 파면 동면 중인 도롱뇽을 찾을 수 있는지를 알고 있었다. 그는 녹스가 소중히 여기는 것들을 공유했다. 녹스는 그날 온종일 탱크를 안심시켜 주려고 노력했다. 녀석도 여느 핏불처럼 감정이 몹시 예민했다. 녀석은 지난 이틀 간의 공포를 우리보다 더 많이 알고 있었고, 자신의 유일한 주인을 안타깝게 생각하고 있었다.

녹스는 크리스토퍼 아저씨(유안)에게 문자를 보내고, 이웃 친구들과 함께 "앵그리 버즈"와 "라인 라이더" 게임을 하면서 슬픔을 달랬다. 딸 메리는 온종일 울면서 개들을 빗질해주고, 조각천을 가지고 냄비 받침대와 인형 옷을 만들면서 위로를 얻었다.

어른들은 분노를 드러내며 비난과 불평을 늘어놓았고, 그 뒤로는 〈스타 워즈〉의 소음과 재봉틀 돌아가는 소리와 광기가 난무하는 상황에서도 동심을 잃지 않으려는 어린아이들의 웃음소리가 배경 음악을 형성했다.

결코 끝나지 않을 것 같았던 하루가 끝날 무렵, 남편과 나는 아이들과 개들이 서로 위로가 되게 하려고 모두 한 방에 몰아넣고, 그날 처음으로 단둘이서 얼굴을 마주한 채 상황을 정리해 보려고 노력했다. '어떻게 바로 집 앞에서 필로폰이 제조되고 있다는 사실을 모를 수가 있었을까? 우울한 표정으로 세상을 겁내던 친절하고, 순한 행크가 그렇게 위험한 사람이었을까?'라는 생각이 들었다.

우리는 함께 기도했다. 기도 후에 남편이 나를 돌아보며 물었다. "당신이 행크를 다르게 대할 수 있었을까?"

나는 무슨 뜻인지 곧 알아차렸다. 이웃들은 행크에 대해 분통을 터뜨렸고, 그들의 분노는 우리에게까지 미쳤다. 우리가 중요한 단서를 놓친 것은 아닐까? 지난 2년 동안, 이웃들은 우리에게 행크를 조심하라고 경고했다. 그들은 그가 별로 느낌이 좋지 않다고 말하곤 했다. 그들이 옳았고, 우리는 틀렸던 것일까? 겉으로는 틀림없이 그렇게 보였다.

나는 "아뇨, 그렇지 않아요. 예수님은 죄인들과 식사하셨어요. 우리도 그랬을 뿐이에요."라고 대답했다.

남편은 "그래 맞아. 전에는 알지 못했지만 죄인의 친구로 알려진다는 것은 위험한 일이야. 그러나 그것은 실제로는 칭찬과 같아. 이것이 예수님이 하신 일이야. 그러나 분명히 위험한 일이긴 하지."라고 말했다.

그 위험은 싫든 좋든 이제 우리가 감수해야 했다.

그리스도인들은 세상에서 살지만 세상처럼 살지는 않는다. 그리스도인들은 죄인들과 식사를 하지만 그들과 함께 죄를 짓지는 않는다. 그러나 그리스도인들이 예수님과 운명을 함께 하려면 우리의 평판을 보호하려는 권리는 포기할 각오가 되어 있어야 한다.

우리는 그 날 밤 늦게까지 잠을 자지 않고 두 통의 편지를 썼다. 하나는 행크에게, 하나는 이웃들에게 보내는 것이었다.

우리는 행크에게 보낸 편지에서 우리가 그를 위해 기도하고 있고, 마음으로나마 그와 함께 있고 싶다고 썼다.

그리고 "넥스트도어" 연락망을 통해 이웃들에게 보낸 편지에서, 다가오는 주일 예배 후에 우리집에서 야외 식사를 준비할 예정이니 참석해 달라고 썼다. 이웃들은 동네에서 일어난 일에 관해 대화를 나눌 시간과 공간이 필요할 것이다. 우리는 이런 버거운 상황에 예수님이 개입해주시기를 바라는 마음으로 그날 밤에 초청장을 발송했다.

다음 날 아침, 녹스와 메리는 행크를 위해 손으로 신문을 만들고 "탱크의 위로 쳐든 발바닥과 아래로 내린 발바닥"이라는 제목으로 글을 쓰기 시작했다. 오렌지색 고양이 캐스피언이 집 안에 개가 한 마리 더 늘어난 것을 혐오하는 것을 기사로 쓴 내용은 너무나도 재미있었다. 탱크는 고양이에 대한 불안감을 느낄 때면 발톱을 털 속으로 오그리고 앞발을 내렸고, 고양이는 녀석을 향해 사납고 적대적인 태도를 취했다. 반대로 탱크는 작은 상자에 자유롭게 다가갈 때는 앞발을 쳐든 채 신을 냈다. 어렵사리 알게 될 사실이지만 녀석은 초콜릿 사탕이 들어 있는 모래통을 자신의 먹이로 착각했다.

우리는 행크를 위해 매일 기도하고 그가 면회를 받아준다면 면회를 가기로 작정했다. 그것이 그런 심각한 상황에서 우리 가족이 믿음을 실천하는 한 가지 방법이었다. 우리는 행크와의 관계를 끝까지 유지하고 싶었다. 왜냐하면 그리스도인이 이웃을 어떻게 대하느냐 하는 것은 참으로 중요한 문제이기 때문이다. 우리는 행크가 우리의 면회를 받아줄지 궁금했다.

우리는 편지를 부치고 나서, 조용하고 은둔적이었던 기이한 이웃, 곧 자신의 숙련된 기술과 개에 대한 지식을 아낌없이 베풀며 깊고 어두운 비밀을 간직한 채 살았던 행크로부터 소식이 오기를 기다렸다.

2016년 5월 15일 주일

필로폰 제조실이 발견된 후 처음 맞는 주일 오전 9시에 이웃들은 야외 식사를 위해 필요한 물건들을 가져오기 시작했다. 이웃들이 야외용 식탁과 의자를 배치하는 동안 우리는 교회로 향했다.

3시가 막 지날 무렵, 우리는 교회에서 집으로 돌아왔다. 2년 전에 도둑을 맞았을 때 그랬던 것처럼 거의 모든 교인이 우리집을 방문했다. 충격에서 벗어날 수 있도록 사람들을 돕는 그리스도인 이웃의 손길은 참으로 복되다 아니할 수 없을 것이다.

집에 도착해 보니 앞마당과 뒷마당이 마치 야외 졸업식장이나 결혼식장처럼 보였다. 푸른 잔디가 식탁과 의자와 아이스박스와 깔개로 뒤덮여 있었다. 마음을 설레게 하는 광경이었다. 우리가 주인인지 객인지 알기 어려웠다. 익숙한 얼굴들, 활짝 벌린 팔들, 어린 소녀의 앞치마에 담긴 집에서 기른 꽃들, 그릇 받침대 위에 놓여 있는 프라이팬 안에 들어 있는 집에서 구운 콩들을 보니 생생한 위로를 느낄 수가 있었다. 이웃들의 표정은 모두 부드러워져 있었다. 우리는 이번 일을 함께 슬퍼하며 서로를 위로했다.

우리는 서로를 따뜻하게 안아 주었다. 신성한 감정이 느껴지는 순간이었다.

사람들이 물과 아이스티를 보관한 아이스박스에 불룩한 얼음주머니들을 부어 넣었다. 나의 남편은 갓 구운 햄버거와 핫도그가 담긴 팬을 그릴에서 바로 꺼내 빨간 체크무늬 식탁보 위에 올려놓고서 우리를 앞마당으로 모이게 했다. 그는 현관 앞에 서서 이웃 사랑에 대한 짧은 설교를 전하고, 음식을 위한 감사 기도를 드렸다. 남편은 5분 동안 짧게 말했지만 매우 강력한 인상을 심어주었다. 남자들은 모자를 벗었고, 우리는 머리를 조아려 기도를 드렸다.

남편은 행크는 우리의 이웃이며, 예수님은 사랑하기 쉬운 이웃이건 사랑하기 어려운 이웃이건 모든 이웃을 사랑하라고 명령하셨다고 말했다. 그는 행크를 온순한 은둔자로 일컬으면서 그가 나무들을 베고, 뒷마당에서 도망친 설리를 찾는 데 힘을 보탰다고 말했다. 남편은 행크가 우울증과 불안감에 시달렸으며, 군대에서 잠시 복무하기도 했다고 말했다. 그는 서로를 용서하지 못하고 험담을 일삼는 것이 큰 파괴력을 지닌다고 경고했다. 아울러 마약 중독이 사람들을 노예로 만든다는 점과 우리도 어떤 죄든 다 저지를 수 있다는 점을 상기시켰고, 우리 주 예수 그리스도를 죽은 자 가운데서 다시 살리신 하나님의 능력이 죄를 회개하고 예수님을 믿는 모든 자에게 주어진다고 말했다. 행크의 이야기는 아직 끝나지 않았다. 우리의 이야기도 마찬가지다. 예수님은 우리 같은 죄인들을 구원하신다.

식사를 마치고, 아이들은 아이스크림을 하나씩 들고 숲속으로 사라졌다. 녀석들은 그곳에서 경찰과 도둑 놀이를 하며 물총 싸움을 하고 나서 옷이 젖은 채로 트램펄린에서 뛰며 놀았다(한 번씩 뛸 때마다 물방울이 튀면서 무지개가 나타났다). 그러는 동안 남편은 우리를 다시 현관 앞에 불러 모아 놓고 말을 했다. 사나운 이웃들은 남편이 행크를 너무 좋게 말한다면서 이의를 제기했고, 어떤 사람들은 주택 가격에 대한 우려를 표명했다. 어른들이 대화를 나누고 있을 때 아이들과 개들은 따뜻한 풀밭에 털썩 주저앉았다. 아이들의 팔뚝을 타고 아이스크림 방울이 뚝뚝 떨어지고 있었다. 탱크는 뒤로 벌렁 누워 아이들이 자기 배를 쓰다듬거나 귀 뒤쪽을 긁을 수 있게 해주었고, 녹아 흘러내리는 아이스크림을 깨끗이 핥아 먹는 친절을 베풀었다. 한껏 치솟았던 사람들의 노기가 서서히 가라앉고, 부드럽고 명랑한 말투로 바뀌었다.

석양이 질 무렵, 나는 커피잔들을 꺼내왔다. 사람들은 비극적인 사건과 분쟁 속에서도 함께 모여 어울리는 마법과도 같은 현상에 매료된 까닭인지 서둘러 자리를 뜨지 않았다. 우리는 날이 어두워 포크가 보이지 않을 때까지 커피를 마시고, 토마토 샐러드를 집어 먹으며 그곳에 머물렀다.

이웃들은 아직도 충격이 채 가시지 않은 상태였지만 훈훈한 마음으로 집으로 돌아갔다. 자기들을 이해해주는 사람들이 곁에 있고, 또 특별한 사건을 함께 경험한 사람들 가운데 자신이 소속되어 있으며, 모두가 서로 공감하며 함께 어울릴 수 있었던 덕분이다.

한 이웃은 흐르는 눈물을 손등으로 닦아내며 나의 남편에게 자기도 어렸을 때 침례교회에 다녔다고 말했다. 그녀는 자신도 한때는 남편이 말한 대로 예수님이 우리와 같은 죄인들을 구원하신다는 것을 믿었지만 그 후로 20년 동안은 그런 생각을 한 번도 해보지 못했다고 말했다. 그녀는 예수님이 아직도 자기를 기다리고 계신지 궁금해했다. 또 다른 이웃 하나는 자기 교회의 목회자가 그날 아침에 더럼의 필로폰 제조 사건에 대해 말했지만 그것을 인간적인 차원에서 다루지 않았다고, 즉 행크나 예수님을 인격적인 차원에서 다룬 내용이 전혀 없었다고 말했다. 어떤 여성은 주중에 직장에서 일할 때 누군가가 그런 끔찍한 필로폰 중독자는 평생 감옥에서 썩는 것이 마땅하다고 말하는 소리를 들었다고 했다. 또 한 이웃은 행크의 그리스도인 이웃들은 그와의 관계를 계속 유지해야 한다고 말했다. 그는 그것이 그리스도인 이웃들이 해야 할 일이라고 강조했다. 노란색 테이프가 수치스러운 사실(한 이웃이 사라지고, 한 채의 집이 "범죄 현장"으로 격리된 것)을 드러내고 있었지만 그것으로부터 좋은 결과가 나올 것이라는 기대감과 약속과 희망이 느껴지는 시간이었다. 평범한 동네 바비큐 파티에서 예수님의 희망이 선포되었다.

2017년 1월 7-8일 노스캐롤라이나 더럼

금요일부터 우리 지역에 폭설주의보가 내려졌다. 미국 남부 지방에서 이런 일이 있을 때는 마치 기묘한 "마르디 그라(Mardi Gras) 축제" 같은 분위기를 자아낸다. 지난 한 주간 동안, 사람들의 화제는 온통 날씨에 집중되었다. 남부 지방에서는 눈을 기다리는 일은 은혜로운 축복이었다. 눈에 대한 합리적인 예보가 곧 발표될 예정이었다. 몇 센티미터나 올까? 날씨는 얼마나 추울까? 아이, 어른 할 것 없이 모두 다 뉴스에 이목을 집중했다. 우리 아이들의 가장 중요한 기도는 "눈이 오게 해주세요."였다.

마침내 토요일 아침 오전 4시에 눈이 내리기 시작했다. 메리와 녹스는 6시에 일어나 이웃집에 가자고 졸랐다. 크리스틴은 눈 오는 날이면 아이들을 위해 팬케이크를 만들고, 라이언은 세탁용 광주리, 부기보드, 리놀륨 판과 같이 판판한 물건들을 눈에 띄는 대로 찾아 들고 길거리에 나가 눈썰매를 즐기는 일을 감독한다.

커피의 첫 방울이 떨어지기 시작하기도 전에 지역 교회들은 주일 예배를 취소했다. 남편은 내게 이웃들을 모두 우리집으로 불러 가정 예배를 드리자고 말했다. 나는 "넥스트도어" 연락망을 이용해 다음과 같이 공지했다.

사랑하는 이웃 여러분,

위험한 도로 상태 때문에 (켄트가 담임하고 있는 더럼 제1개혁장로교회를 비롯해) 많은 교회가 오늘 예배를 취소했습니다. 그래서 저희 집에서 2017년 1월 8일 주일 오전 10시 30분에 비공식적인 예배를 드리기로 했습니다. 원하시면 누구든 오실 수 있습니다. 시편 찬송가를 몇 곡 부르고, 켄트가 설교 말씀을 짧게 전할 예정입니다. 로자리아는 커피와 수프를 준비할 것입니다. 안전하고, 따뜻하게 머물다가 가시기 바랍니다. 우리 동네에서 도움이 필요한 사람을 알고 계시면 저희에게 알려주세요.

하나님이 축복하시길.

로자리아

토요일 오후가 되자 도로는 아이들이 놀거나 썰매를 타기에 최적의 상태로 변했다. 눈은 이미 13센티미터나 내렸고, 아이들은 신이 나서 어쩔 줄 몰랐다. 아이들이 무리를 지어 부기보드를 어깨에 메고 크리스틴의 집 근처에 있는 언덕 위로 걸어가는 모습이 눈에 띄었다. 북쪽 지방 출신의 조부모를 둔 어린아이들은 진짜 썰매를 들고 나왔다. 아이들은 몇 시간 동안 지칠 때까지 놀다가 우리집에 와서 뜨거운 코코아를 마시고, 눈 속에서 트램펄린을 뛰기도 하고, 다리가 세 개뿐인 "원더 독" 설리와 함께 서로서로 어울려 눈싸움을 하였다. 5시경이 되자 한 떼의 아이들이 콧물이 덕지덕지 얼어붙은 얼굴로 몰려와서는 몸을 녹였다. 녀석들은 홈스쿨링을 하는 방의 바닥에 물방울을 뚝뚝 떨어뜨리며 현관문 옆에 젖은 흰색 양말을 잔뜩 쌓아놓은 채로 넷플릭스 영화를 감상했다. 나는 아이들 모두가 필요할 것이라고 생각해서 바르는 파스를 준비해 두었고, 설리가 물어 뜯어 구멍을 내기 전에 양말을 모두 세탁 건조기 안에 집어넣었으며, 젖어 있는 아이들을 수건으로 닦아주었다(설리는 양말을 먹는 개가 아니다. 녀석은 단지 짭짤한 땀에 젖은 양말의 맛을 보고 싶어 할 뿐이었다).

남편은 도로 사정을 점검했고, 삽으로 자동차 옆에 쌓인 눈을 치웠으며, 이웃들에게 전할 짧은 설교를 구상했다. 그는 무엇을 설교할지, 어떤 말씀이 치유와 구원의 은혜를 가져다줄지, 선지자요 제사장이요 왕이신 예수 그리스도를 전하기에 적합한 말씀이 무엇일지를 놓고 기도했다.

나도 주일에 우리집에서 드릴 예배를 통해 하나님이 영광을 받으시고, 우리가 치유되기를 기도했다. 아직도 8개월 전에 마약단속국 직원들이 행크를 체포했을 때 우리 동네에 덧씌워진 공개적인 수치를 분하고, 억울하게 생각하는 이웃들이 많았다. 동네 사람들이 느끼는 분노와 수치는 말로 다 표현하기 어려울 정도였다. 그런 감정이 모든 것에 배어 있었다.

그러나 참으로 놀랍게도 하나님은 모든 이웃이 서로의 반응에 대해 실망을 느끼면서도 솔직하고도 정직하게 행동할 수 있게끔 도와주셨다. 사람들은 똑같은 일을 경험하면서도 서로 의견이 크게 엇갈렸다. 동네의 그런 긴장된 분위기가 여전히 나의 마음과 우리 아이들의 마음을 무겁게 짓눌렀다. 어떻게 해야 이 모든 것이 바뀔 수 있을까? 남편은 변화에 관해 말할 때마다 관계나 문화나 그 어떤 외부적인 것에서부터 변화가 시작되어서는 안 된다고 강조했다. 우리 자신에게서부터, 곧 우리가 있는 그 자리에서부터 먼저 변화가 시작되어야 한다. 변화의 과정은 우리 자신의 죄를 의식하는 순간부터 시작된다. 주위 사람들이 무엇을 하든 하지 않든, 우리는 시작할 수 있다. 우리 동네 사람들은 노란색 경찰 테이프로 봉쇄된 큰 집을 멍한 눈으로 바라보고 있고, 다른 동네에서 온 사람들도 자동차를 타고 지나가면서 여전히 고개를 돌려 그곳을 쳐다본다. 그곳은 흉물스러울 뿐 아니라 우리의 생각을 그릇된 방향으로 이끌었다.

토요일 오후에 나는 일요일 모임을 위해 음식을 준비하면서 자동차 운행이 가능할지 생각했다. 친구인 수산나는 수술 후 사후 관리를 위해 의사를 만나기로 일정이 잡혀 있었다(앞서 말한 대로 그녀는 금요일에 눈 수술을 하고 나서 우리집에서 몸을 회복하는 중이었다. 그녀에게는 안된 일이지만 우리집은 대개 난리법석이고 우리 아이들은 그녀를 편한 이모쯤으로 생각하고 있었다. 한마디로 사생활과 고요함이 보장되기 어려웠다). 더럼에 13센티미터의 눈이 내린 것은 시러큐스에 63센티미터의 눈이 내린 것과 같았다. 밖에는 여전히 눈이 내리고 있었다. 아무리 빨라도 월요일 아침이 되어야만 눈을 치울 수 있을 것처럼 보였다. 남부 지방의 제설 전략은 눈이 녹을 때까지 기다리는 것일 때가 많다.

나는 다음 날에 사람들이 우리집에 와서 하나님을 예배하며 시편 찬송가를 부를 것이라고 확신했다. 그들 가운데는 스스로의 의지로 더럼 제1개혁장로교회의 문을 열고 들어오지 못할 사람들도 더러 있을 것이 분명했다. 남편과 나는 현재까지 16년 동안 이런 일(날씨가 좋지 않아 교회에 가기가 어려울 때 우리집에 많은 사람을 불러 모아 예배를 드리는 일)을 해오고 있다. 남편은 결혼생활과 사역 활동을 해오는 동안 날씨 때문에 교회 예배가 취소되는 날을 휴일로 생각한 적이 한 번도 없었다. 남편은 눈이 오는 날도 영적으로 특별히 엄격하게 지켜야 할 근무일로 여겼다.

마침내 주일 아침이 되었다. 차가운 눈이 온 세상을 뒤덮었다. 우리집 앞마당과 뒷마당, 녹색 야외용 식탁, 타이어 그네가 제자리에 그대로 얼어붙어 있었다. 거리는 온통 빙판이었고, 현관 앞 드라이브웨이도 마찬가지였다. 우리는 "넥스트도어" 연락망과 연결된 모든 이웃을 초청했다(다 합치면 삼백 가정이었다). 따라서 해야 할 일이 아주 많았다.

나는 커피를 잔에 붓고, 성경책을 펼쳤다. 나는 아침 경건의 시간을 위해 일 년 통독 성경을 사용한다. 나는 "사랑하는 아버지, 주님의 성령으로 제 마음과 눈을 열어 오늘 주님의 섭리를 통해 나타나게 될 독생자 예수님의 영광을 하나도 빠뜨리지 않고 볼 수 있게 도와주소서."라는 기도로 경건의 시간을 시작했다. 나는 일 년 통독 성경에서 그 날 읽어야 할 분량을 읽고 나서는 〈테이블토크〉와 다섯 편의 시편(1월 8일이었기 때문에 시편 8, 38, 68, 108, 138편)과 잠언 8장을 읽었다. 그러고 나서는 시편 찬송가를 펼쳐 찬양을 부르고, 뜨개질 바늘을 챙겨 시카고에 있는 친구들에게 줄 털양말을 만들었다. 나는 털양말을 만들면서 신앙일지를 펼쳐 중보 기도 목록에 따라 기도하기 시작했다.

경건의 시간을 마치고 나서는 부엌으로 갔다. 지난밤에 빵을 굽고, 콩을 물에 담가 놓았기 때문에 이제는 사람들을 위해 요리를 할 차례였다. 나는 항상 많은 사람을 위해 요리를 하기 때문에 누가 올 것인지를 모른다는 점만 제외하면 오늘 아침이라고 해서 다른 아침과 다를 것은 아무것도 없었다. 나는 브라질 검정콩 수프와(요리책을 보고 요리함) 향신료를 넣은 인도식 콩 스튜인 달^{dahl}과(나의 머릿속에 있는 요리법에 따라 요리함) 자잘한 갈색 쌀을 요리했다. 또한 나는 아침 식사로 먹을 오트밀을 한 냄비 준비하고, 샐러드에 쓸 붉은 피망을 잘게 잘랐다. 나는 요리를 하면서 '피난처 : 예배를 위한 시편 찬송'이라는 CD를 이용해 시편 찬송가를 듣는다.[1] 나는 10년 전부터 가수들의 목소리를 구별할 줄 알았다. 강력하면서도 역동적인 목소리의 론은 낭랑하게 울려 퍼지는 바리톤이다. 샤리는 경쾌한 소프라노로 노래를 부른다. 수프가 끓는 동안 예수님을 찬양하는 노래가 나를 감싼다. 그럴 때면 예스럽고, 인격적인 느낌이 느껴진다.

아이들이 일어났고, 아침 식사가 끝났다. 커피 탁자를 임시 강대상으로 사용하기 위해 그 위에 있던 '모노폴리 게임'을 다른 곳으로 치웠다. 남편은 기도를 드렸고, 나는 커다란 전기 커피메이커를 가동하기 시작했다.

다음에 일어난 일은 너무나도 신성했다.

나의 사랑하는 이웃들이 예배를 드리기 위해 문을 열고 들어오기 시작했다. 미시를 시작으로 밀러라는 성씨를 가진 두 가족, 라이언과 그의 아들 벤, 머터라는 성씨를 가진 세 가족, 쉐퍼드라는 성씨를 가진 다섯 가족, 하뷰라는 성씨를 가진 두 가족, 맥켄지라는 성씨를 가진 다섯 가족을 비롯해 메브와 금요일 눈 수술을 받고 회복 중인 수산나가 참여했다. 그녀는 볼 수 없었지만 메리의 손을 붙잡고, 위층으로 올라왔다. 우리는 그녀를 편안한 의자에 앉혔다. 나의 딸 메리가 눈이 온통 벌겋고 앞을 볼 수 없는 수산나가 로라 잉걸스 와일더의《실버 레이크 호수가에서》에 나오는 메리와 같다고 말했다. 다행히도 수산나는 PRK 레이저 수술을 받았기 때문에 몇 주 뒤에는 눈이 흐릿한 현상이 사라지고 우리 가운데 그 누구보다 더 잘 보게 될 것이었다.

　나는 차를 내리거나 코코아를 타 먹을 때 사용할 물을 끓여 큰 보온병에 부었다. 그러고는 작은 마시멜로를 찾기 시작했다(나는 아이들이 꺼내 먹지 못하게 그것을 감추어 두었었다. 너무 잘 감추어둔 탓에 식료품 저장실의 선반들을 몇 개나 다시 정리해야 했다). 아이들은 친구들을 맞이했고, 외투를 둘 곳을 찾아주었다. 작고 우아하게 생긴 시추 벨라는 곧 방바닥에 놓아둔 외투 속으로 파고들 것이 분명했다. 나의 남편 켄트와 봅은 의자들의 숫자를 셌고, 메리 베스는 큰 냄비에 담긴 수프를 들고 왔다. 우리는 그것을 난로 위에 올려놓고, 그녀에게 감사를 표했다. 냄비가 하나 더 필요했다. 우리는 머그잔을 한데 모았고, 서로 미소를 지으며 차가운 볼을 맞대어 인사했다. 우리는 이웃들이다. 도나와 나는 서로 팔을 끼고, 눈을 맞추었다. 그녀는 "내가 생각했던 것보다 더 굉장해요."라고 속삭였다. 개신교 신자, 가톨릭 신자, 교회에 다니지 않은 사람, 어린아이, 노인 등 모두가 한 지붕과 하나의 말씀 아래 모였다. 몇몇 이웃들이 방 건너편에 있는 나이든 여성을 바라본다. 그들은 그녀를 위해 20년 동안 기도해 왔다. 그들은 그녀를 교회 안에서, 그리고 그리스도 안에서 보기를 갈망해 왔다. 보통 때는 그들을 가로막는 장벽이 도저히 뛰어넘지 못할 것처럼 보였다. 그러나 "상심한 자들을 고치시며 그들의 상처를 싸매시고…별들의 수효를 세시고 그것들을 다 이름대로 부르시는" 주님은 상한 마음을 치유하신다(시 147:3-4). 그래서 그녀가 이곳에 왔고, 그들도 이곳에 왔다. 그들은 기도의 열매를 보았다. 기적은 이미 우리 안에서 이루어지고 있었다.

남편은 모두를 환영했고, 예수님이 부여하신 강력한 이웃 역할에 대해 말씀을 전했다. 큰 창문 밖으로는 여전히 행크의 집을 둘러싸고 있는 노란색 테이프가 보였다. 남편은 "예수님은 우리에게 용서하라고 하십니다. 용서하지 않으면 은혜의 길로 행할 수 없고, 은혜를 전할 수도 없기 때문입니다."라고 말했다. 그는 내게 찬양 인도를 부탁했다. 나는 함께 찬양을 부르면서 이웃들의 얼굴을 바라보았다.

우리가 노래부르는 시편의 곡조는 '크리몬드'였다. 음악 훈련을 받은 사람들에게는 이 웨일스 선율이 익숙하면서도 우아하게 들린다. 우리는 천천히 찬양을 부르면서 어떻게 말씀이 확신을 불러일으키는지를 음미했다. "여호와는 나의 목자시니 내게 부족함이 없으리로다 그가 나를 푸른 풀밭에 누이시며 쉴만한 물가로 인도하시는도다." 밖에 있는 물은 꽁꽁 얼어붙었고, 녹색 야외용 식탁은 물 아래 잠겨 있는 것처럼 보였다. "내 영혼을 소생시키시고 자기 이름을 위하여 의의 길로 인도하시는도다." 나는 각각의 말씀과 각각의 영혼과 각각의 약속을 하나하나 음미했다. "내가 사망의 음침한 골짜기로 다닐지라도 해를 두려워하지 않을 것은 주께서 나와 함께 하심이라 주의 지팡이와 막대기가 나를 안위하시나이다." 나는 머릿속으로 동물학 교수이자 자폐 권리 운동(자폐를 치료할 질병으로 보기보다는 인간 두뇌의 자연적 변이의 결과로 보아야 한다고 주장하는 사회 운동-편집주)지도자인 템플 그랜딘의 기록 영화를 떠올렸다. 그녀는 소들을 연구했고, 도살장을 좀 더 인간적인 곳으로 만들기 위해 활강로를 통해 소들을 이동시키는 체계를 개발했다. 거의 채식주의자에 가까운 내가 보기에는 역설적이고 혐오스러운 발상이었다. 그러나 템플은 소는 양과 다르다는 사실을 입증했다. 소들은 뒤에서 몰아야 하고, 양들은 앞에서 끌어야 한다. 그것이 우리가 두려움 없이 죽음의 골짜기를 지나갈 수 있는 이유다. 우리의 목자이신 예수님이 앞에서 우리를 부드럽게 이끄신다. "주께서 내 원수의 목전에서 내게 상을 차려주시고 기름을 내 머리에 부으셨으니 내 잔이 넘치나이다."

이웃들과 함께 우리집에서 예배를 드리며 시편 찬송을 부르니 더할 나위 없이 감격스러웠다. 하나님의 말씀이 현실로 다가왔다. 그분은 우리에게 위험이 없도록 보호하실 뿐 아니라 위험의 와중에서 우리를 보호하신다. 예수님은 누가복음 10장 3절에서 "갈지어다 내가 너희를 보냄이 어린 양을 이리 가운데로 보냄과 같도다"라고 말씀하셨다. 우리는 교회에서 부르는 속도보다 좀 더 천천히 찬송가를 불렀다. 이 찬송을 처음 불러보는 사람들이 많았다. 그리스도의 말씀이 우리 가운데 깊숙이 파고들었다. 우리는 마침내 "내 평생에 선하심과 인자하심이 반드시 나를 따르리니 내가 여호와의 집에 영원히 살리로다"라고 찬양을 마무리했다. 우리는 숨을 들이쉬고, 주위를 둘러보았다. 이웃들과 함께 시편 찬송을 부르니 친밀감이 넘쳤다. 시편을 함께 찬송하는 것은 하나님의 진리, 곧 우리의 문제나 불평불만에 의해 조금도 영향받지 않는 진리를 서로에게 말하는 것이다. 어쩌면 이런 일은 우리의 삶 속에서 생전 처음 있는 일일 수 있다. 사람들은 20년 동안 서로 이웃으로 지내면서도 이런 일을 한 번도 경험하지 못할 수 있다.

남편이 우리의 예배를 위해 기도했다. 그는 하나님이 우리 가운데 오셔서 치유가 필요한 곳에는 치유를 허락하시고, 회개가 필요한 곳에는 회개를 허락하시고, 구원이 필요한 곳에는 구원을 허락하시기를 간구했다. 남편은 말씀을 우롱하지 않는다. 그는 강단에 섰을 때의 모습과 집에 있을 때의 모습이 조금도 다르지 않다. 나는 그가 성경을 펼치는 모습을 보면서 그런 그를 내게 남편으로 허락해주신 하나님께 감사했다.

남편의 설교는 간단하고 명료했다. 그의 설교 본문은 마태복음 5장 7절("긍휼히 여기는 자는 복이 있나니 그들이 긍휼히 여김을 받을 것임이요")이었다. 설교는 간단하고, 명료했지만 팔복은 제자들에게 주어진 것이고, 그것을 실천하기 위해서는 믿음이 필요하다. 남편은 이웃들에게 "하나님의 평화를 알아야만 긍휼을 베풀 수 있습니다. 여러분에게 아직도 행크를 미워하는 마음이 있다면 영적으로 점검해봐야 할 것이 있습니다. 여러분은 하나님의 평화를 소유하고 있습니까? 예수님과 화목했습니까? 그분을 아십니까? 여러분의 죄를 회개하고, 오직 그리스도께만 소망을 두고 있습니까?"라고 말했다. 그러고 나서 그는 기도했다. 그는 우리가 하나님이 원하시는 이웃이 되어 그분을 영화롭게 하고, 서로를 유익하게 할 수 있게 해달라고 간구했다. 그는 구원이 필요한 곳에 구원을 허락하시고, 우리의 믿음 없는 것을 도와주시길 기도했다.

남편은 시편 찬송을 하나 더 부르고 나서(내가 좋아하는 시편 104편이었다) 다음의 말씀으로 축도했다.

"능히 너희를 보호하사 거침이 없게 하시고 너희로 그 영광 앞에 흠이 없이 기쁨으로 서게 하실 이 곧 우리 구주 홀로 하나이신 하나님께 우리 주 예수 그리스도로 말미암아 영광과 위엄과 권력과 권세가 영원 전부터 이제와 영원토록 있을지어다 아멘"(유 24-25절).

남편은 축도 후에 모두를 식당으로 초대했다. 우리는 수프와 따뜻한 빵과 코코아와 커피를 즐겼다. 나의 딸 메리가 돌아다니며 개 소유주들에게 개들을 뒷마당에 데려가서 설리와 함께 놀게 하자고 말했다. 곧 뒷마당은 개집처럼 변했고, 집안은 수프와 따뜻하고 신선한 빵을 먹는 이웃들로 붐볐다. 기분 좋은 냄새와 노래를 부르는 듯한 이웃들의 낭랑한 대화 소리가 좋은 일을 약속하는 듯했다.

우리는 스물다섯 명을 위한 자리를 마련하고, 세 개의 식탁에 나눠 앉았다. 늘 그러듯이 식당에 의자가 부족할 때는 등받이 없는 부엌 의자, 피아노 의자, 운동용 공 등 깔고 앉을 만한 것이면 무엇이든 의자로 사용했다. 우리는 좁은 복도를 수프 냄비를 전달하는 통로로 삼고, 메이시가 가져온 따뜻한 빵과 티나가 만든 기가 막힌 화이트 치킨 칠리를 보고 탄성을 내질렀다. 어린아이들은 접시를 높이 쳐들고, 각자 자기 그릇에 양껏 퍼담고 나서 어른들이 없는 곳에서 먹기 위해 추운 뒤쪽 현관으로 향했다. 우리는 자녀들, 갑자기 내린 눈, 직장 일, 건강, 무릎 통증, 정치 등을 주제로 대화를 나누었고, 나중에는 화제가 행크에게로 옮겨갔다.

"켄트, 감옥에 있는 행크를 방문한 것으로 아는데 그가 어떻게 지내고 있는지 말해줘요." 따뜻한 빵이 한 차례 더 식탁 위에서 돌아갈 때 데이비드가 말했다.

"행크는 많이 연약합니다. 감옥 생활이 사람을 힘들게 하죠. 그러나 행크는 최근에 예수님을 영접했습니다. 예수님은 그를 실망시키지 않으실 겁니다. 그분은 그가 수감 생활을 잘 견딜 수 있게 도와주실 겁니다. 물론, 수감 생활은 두려운 일입니다. 그러니 우리 모두 기도도 하고, 편지도 많이 써줍시다. 그리고 예수님께 소망을 둡시다."라고 말했다.

이것은 귀한 소식이 아닐 수 없다. 남편과 나와 아이들은 아직도 이 소식을 놀랍게 여기고 있다. 우리는 이 좋은 소식을 이웃들에게 전하기를 원하지만 하나님을 영화롭게 하고, 행크를 유익하게 하는 방법으로 전하기 위해 신중하게 행동하고 있다. 이것은 하찮은 소식이 아니다. 이것은 남편이 페이스북이나 블로그에 올려 자랑삼아 떠벌림으로써 그 가치를 떨어뜨려도 상관없는 그런 소식이 아니다. 남편은 그리스도인이다. 그리스도인은 하나님의 영광을 훔치지 않는다. 이것은 산을 옮길 만한 소식, 곧 식탁의 교제라는 신성한 순간에만 공유할 수 있는 그런 소식이다.

좌중이 고요해졌다. 거룩한 침묵이 식탁을 뒤덮었다. 남편은 행크가 도움을 절실히 원하고 있지만 그를 실제로 도울 수 있는 세상의 도움은 존재하지 않는다고 말했다. 그는 행크의 체포가 우리와 그 사이에 긴급하면서도 생명력 넘치는 새로운 관계 구축의 계기가 되었다고 설명했다. 행크가 예수님을 필요로 한다는 사실을 아닌 것처럼 꾸밀 필요는 전혀 없었다. 그에게 구원자가 필요한 이유는 다른 사람은 그 누구도 그가 붙잡혀간 곳에 다가갈 수 없기 때문이다. 그는 필로폰에서 깨어났고, 완전히 홀로 버려진 심정을 느꼈다. 행크에게 필요한 것은 격려의 말이 아니었다. 그는 하나님의 구원을 필요로 했다. 이제 그는 앞으로의 길고, 어두운 나날들을 목자처럼 인도해줄 구원자 예수님이 필요하다는 사실을 알고 있다. 그는 교회 안에서 성장하지 않았기 때문에 모든 것이 생소할 뿐이지만 성경을 읽고, 기도를 드리고 있다. 그는 우리 모두를 위해 기도한다. 그는 우리가 자기를 위해 기도하는 것에 감사한다.

남편은 조용한 어조로 말했다. 대화와 웃음소리로 가득했던 방안에 침묵이 감돌았다. 남편은 행크가 더 이상 길 건너편에 사는 필로폰 중독자가 아니라 주님 안에서 형제라고 말했다.

복음이 실시간으로 전개되는 듯한 느낌이 들었다.

동네의 마약 중독자가 예수님을 영접했다는 소식이 퍼지면 지역사회에 어떤 일이 벌어질지 예측하기가 어렵다. 그러나 누구나 충분히 상상할 수 있을 것이다. 그것은 모든 것을 변화시킬 것이다.

사람들은 천천히 다시 서로 대화를 나누기 시작했다. 우리는 음식을 거의 다 먹었기 때문에 뒷정리는 쉬웠다. 우리는 식기세척기에 그릇들을 집어넣은 다음, 각자 자신의 외투와 모자와 신발을 찾았다. 아이들은 영화를 보고, 눈밭에서 놀 생각으로 뒤에 남았다. 겨울날 늦은 오후, 그림자가 어둠 속으로 길게 드리울 무렵 이웃들은 자신의 개와 수프 냄비를 챙겼다. 그들은 천천히 각자의 집으로 돌아갔다. 우리는 신성한 것을 경험했다. 각양각색의 이웃들이 함께 모여 하나님을 예배하고, 함께 빵을 뗐다. 부 래들리는 더 이상 문신과 비밀스러운 중독을 즐기는 무서운 사내가 아니다. 그는 여전히 나의 이웃이고, 하나님의 형상으로 창조된 인간이다.

━━━

나는 그날 있었던 일에 대해 많은 생각을 했다.

그러기는 우리 이웃들도 마찬가지였다.

눈이 온 날 예배를 드리고 나서 몇 달이 지났다. 한 이웃 주민은 거실에서 식당으로 걸어 들어갔을 때 모두를 위해 세 개의 식탁이 준비되어 있는 것을 보고, 평생 그렇게 사랑받는 느낌은 처음 느껴 보았다고 말했다.

준비물은 간단하다. 수프, 빵, 누가 오든 잘 맞이할 수 있게 준비된 상차림(다양한 그릇들과 식사 도구), 집에 온 사람들에게 전할 하나님의 말씀이면 충분하다.

그런데 이토록 간단한 것이 그렇게 하기 어려운 이유는 무엇일까?

언론인이자 저술가인 데이비드 프랜스는 《전염병에서 살아남기》라는 책에서 클리프 콜런과 리처드 버코위츠가 서로 만나 대화를 나눈 일을 소개했다. 그 두 사람은 1980년대 초에 에이즈에 걸린 사람들이었다. 에이즈 양성 판정을 받은 그들의 남은 수명은 2년밖에 되지 않았다. 콜런과 버코위츠는 의학적인 도움을 받지 못한 채 고통을 겪으면서 미국의 주류 사회에 만연한 동성애 공포증을 비난했다. 그들의 대화 주제가 죽는다는 것이 무엇일까를 생각하는 내용으로 바뀌었을 때 콜런은 버코위츠에게 "당신은 다른 대다수 동성애자와는 달리 죽음을 미화하거나 환영하지 않을 것입니다. 그 점은 병에 걸린 나도 마찬가지입니다. 나는 죽을 때가 되면 하나님이나 종교를 의지하지 않고, 죽음의 현실을 직시할 것입니다. 왜냐하면 그런 것들을 의지하는 것은 내가 싸워 온 모든 것과 내가 믿는 모든 것을 배신하는 것이기 때문입니다."라고 말했다.[2]

나는 오늘 그 책을 읽으면서 그런 모진 말에 숨이 탁 막히는 듯한 느낌을 받았다.

영원의 문턱 앞에 서 있는 한 남자의 가장 큰 두려움이 자기를 창조하신 하나님을 의지하는 것이라니 너무나도 놀라웠다.

그 두 사람과 함께 식탁에 앉아 점심을 먹는다면 그들의 말을 어떻게 들을 것인가?

그들에게 무슨 말을 할 수 있을까?

과연 그런 자리에 함께 앉아 있을 수 있을까?

그 두 사람과 식탁에 앉아 점심을 같이 먹을 수 있을까?

눈이 온 날 예배를 드릴 때는 우리 대다수가 흔히 경험하는 이견과 갈등은 존재하지 않았다.

난민과 공포

그달 말, 그러니까 2017년 1월 30일에 트럼프 대통령이 난민들을 막기 위해 넉 달 동안 국경을 폐쇄했다. 우리 동네는 물론, 전국적으로 큰 논쟁이 벌어졌다.

이웃들과 나는 그런 조처에 대해 서로 의견이 달랐지만 함께 대화를 나누기 위해 우리집에 모여 식사를 했다. 우리는 이미 우리집을 개방했기 때문에 뭔가 위기 상황이 발생하면 이웃들은 스스럼없이 우리집에 몰려와서 서로 안부를 묻기도 하고, 울기도 하였다. 홈스쿨링을 위해 협력하는 캐시라는 이웃은 정치에 관한 문제를 논의하는 자리를 마련하는 것이 어떻겠냐고 물어왔다. 우리는 선거가 있기 전날 밤에 그런 모임을 마련하고, 제각각 다른 입장이 우리를 분열시킬까봐 두려워하며 우리의 우정과 국가를 위해 기도했다. 우리의 의견은 서로 달랐다. 클린턴에게 표를 던진 이웃들도 있었고, 트럼프에게 표를 던진 이웃들도 있었다. 남편과 나는 어느 쪽도 아니었다.

타이는 부엌에 들어오면서 화가 나 씩씩거렸다. 그녀는 "그는 나의 대통령이 아니야."라고 말하며 울분을 터뜨렸다. 베스는 그보다는 좀 차분했다. 그녀는 앞으로 어떻게 해야 할지 모르겠다며 슬퍼했다. 테리는 예수님은 난민이셨기 때문에 난민들을 막기 위해 국경을 봉쇄한 정부나 그런 정책을 지지하는 사람들은 그리스도인이 아니라고 주장했다. 그 말에 동의하는 사람들도 있고, 그렇지 않은 사람들도 있었다. 나는 양측에 속한 사람들 모두의 친구이자 이웃이다. 갈등과 분열이 불거지는 순간이었다. 베스는 부엌에서 울면서 그런 모습을 보고 잠시 생각에 잠긴 듯하더니 "사람들이 함께 예배를 드리고, 함께 성찬에 참여할 때 의견이 다 같아야 하는 것이 중요할까요? 나는 성경적인 결혼을 지지하고, 내 옆에 앉아 있는 사람은 동성애자도 결혼할 권리가 있다고 생각한다면 그건 괜찮을까요?"라고 말했다.

저녁 식사는 캐시가 유기농 마트에서 사 온 엄청나게 크고, 맛있는 통밀빵과 수프와 샐러드였다. 우리는 함께 모여 대화를 나누고, 기도하고, 아이들을 먹이고, 서로 포옹했다. 우리는 아래의 성경 말씀에 묘사된 불변의 진리를 기꺼이 인정했다.

> "하나님은 우리의 피난처시요 힘이시니 환난 중에 만날 큰 도움이시라 그러므로 땅이 변하든지 산이 흔들려 바다 가운데에 빠지든지 바닷물이 솟아나고 뛰놀든지 그것이 넘침으로 산이 흔들릴지라도 우리는 두려워하지 아니하리로다 (셀라)"(시 46:1-3).

또한 우리는 하나님이 우리의 창조주요, 거룩하고 선하신 주권자라는 사실을 기억했다.

> "여호와께서 공의로운 일을 행하시며 억압당하는 모든 자를 위하여 심판하시는도다"(시 103:6).

이런 성경 말씀의 배후에는 하나님의 말씀에서 떠난 현실에 대한 슬픔이 깔려 있다. 그런 슬픔은 하나님의 말씀의 능력을 간절히 원할 뿐 아니라 또한 그것을 거룩한 두려움으로 두려워한다. 여기에는 세상이 온통 분노에 찬 분열로 인해 갈기갈기 찢길 것을 우려하는 마음과 슬픔이 배어 있지만 곤란할 때 하나님이 우리의 피난처가 되신다는 확신이 더욱 분명하게 나타나 있다.

전 세계적 난민 위기는 예수님 없이는 인류가 멸망할 수밖에 없다는 사실을 분명하게 알게 해준다. 이 위기가 앞으로 어떤 방향으로 전개되어 나갈지 참으로 걱정스럽다. 그러나 자기 백성을 구원하기 위해 죽음을 마다하지 않으신 예수님이 우리의 갈 길을 알려 주시고, 거칠 것 없는 능력과 내적 평화와 조용한 마음의 결심을 허락하실 것이다. 예수님을 죽은 자 가운데서 살리신 그 능력이 그분께 삶을 헌신한 사람들에게 주어졌다. 따라서 우리는 이 어두운 세상 안에서 복음의 평화를 전하고, 사람들을 주님께로 인도하는 다리 역할을 할 수 있다. 우리가 해야 할 일은 너무나도 많다.

하나님의 긍휼이 모든 것을 가능하게 한다. 그분의 긍휼이 십자가 위에서 부어졌기 때문에 우리는 담대하게 다른 사람들을 위해 집 대문을 활짝 열 수 있다.

우리 동네에서 일어난 갈등이 오히려 이웃들을 더욱 가깝게 만들었다.

물론, 그런 친밀한 관계가 교회를 대신할 수는 없다. 그런 관계는 오히려 사람들을 교회로 인도하며, 사람들이 있는 그 자리에 복음의 은혜를 들고 찾아갈 수 있게 해주며, 사람들에게 좀 더 많은 것을 알아보고자 하는 마음을 일으킨다.

우리의 시간과 재물과 가정을 다른 방식으로도 얼마든지 사용할 수 있겠지만 대문을 활짝 열어 수프와 빵과 예수님의 말씀으로 이웃들을 대접하는 것이 무엇보다도 중요하다. 어디에 있든, 우리가 있는 그 자리에서 복음을 전하는 이 단순한 활동이 세상을 변화시키는 하나님의 수단이 될 수 있다는 것을 잊지 말라.

10

엠마오로 가는 길

손 대접의 미래

2016년 봄과 여름, 노스캐롤라이나 더럼

"그 날에 그들 중 둘이 예루살렘에서 이십오 리 되는 엠마오라 하는 마을로 가면서 이 모든 된 일을 서로 이야기하더라 그들이 서로 이야기하며 문의할 때에 예수께서 가까이 이르러 그들과 동행하시나 그들의 눈이 가리어져서 그인 줄 알아보지 못하거늘 예수께서 이르시되 너희가 길 가면서 서로 주고받고 하는 이야기가 무엇이냐 하시니 두 사람이 슬픈 빛을 띠고 머물러 서더라"(눅 24:13-17).

위의 누가복음 본문에서는 은혜와 사랑이 물씬 느껴진다. 예수님은 여기에서 친히 본보기가 되어 날마다 이루어지는 우리의 일상적이고 급진적인 손 대접이 어떠해야 할 것인지를 분명하게 알려주셨다.

첫째, 예수님은 변증적인 가르침을 베풀지 않으셨다. 예수님은 한 가지 질문을 던지시고 나서, 고통과 실망과 버림받은 배신감을 토로하는 두 제자의 말을 귀 기울여 들어주셨다. 그들이 느끼는 고통은 마음을 달래기 위해 발걸음을 멈춰야 할 정도로 극심했다. 그들은 잠깐 발걸음을 멈춘 것이 아니라 한 자리에 머물러 서기까지 했다. 본문의 이야기는 "두 사람이 슬픈 빛을 띠고 머물러 서더라"라는 말씀으로 잠시 중단되었다.

그들은 어딘가를 향해 가고 있었지만 어떤 이유로 가고 있었는지는 알 수 없다. 그들은 미래의 비전을 잃었고, 큰 의문에 사로잡힌 상태였다.

많은 사람에게 그런 일이 일어난다.

예수님은 그들을 재촉하지 않으셨다. 예수님은 그들에게 유쾌한 농담을 던지지도 않으셨다. 예수님은 그들의 고통을 회피하지 않으셨다. 그리고 그들의 잘못된 메시아관도 회피하지 않으셨다. 예수님은 그런 과정이 중요하다는 것을 알고 계셨다. 그분은 인간의 영혼이 때로 슬픔과 탄식을 느낄 수밖에 없다는 것을 아셨다. 신앙생활은 수학 시험과는 다르다. 단순히 답을 맞추는 것보다 더 중요한 것들이 많다. 따라서 예수님은 고통을 느끼는 그들의 동무가 되어 주셨다. 우리도 그렇게 해야 한다. 사람들이 하던 일을 중단하고, 우리에게 자신의 상처를 털어놓으면 우리는 그런 기회를 허락하신 하나님께 감사하며, 하던 일을 멈추고, 조용히 입을 다문 채 귀 기울여

들어야 한다.

두 제자는 자신들이 겪은 일을 말하기 시작했다. 그들은 예수님이 그리스도이신 줄로 믿었다. 하지만 그분은 십자가에 못 박혀 죽으셨다. 그런데 사흘째 되던 날에 그분의 무덤이 비어 있었고, 천사들이 나타나 그분이 살아나셨다는 소식을 전해 주었다. 무덤 안을 들여다보자 빈 무덤 외에는 아무것도 볼 수 없었다(눅 24:19-23).

예수님은 그들의 말을 모두 듣고 나서 은혜의 말씀을 전하셨다. 그것은 전체 스토리를 알려주는 말씀, 율법과 은혜의 선함을 드러내는 말씀이었다. 성경은 항상 그렇다. 성경은 언제나 전체 스토리를 말하며, 그 전체 스토리는 다방향의multidirectional 소망에 관한 것이다. 즉, 과거와 현재, 그리고 미래와 관련되고, 앞으로 무슨 일이 일어나고, 소망이 이루어지려면 무엇이 성취되어야 하는지를 말해준다.

예수님은 두 제자에게 구약성경의 예언에서 벗어난 일은 단 하나도 일어나지 않았다고 말씀하셨다. 그리스도의 고난은 영광에 이르기 위한 정해진 길이었다. 구약성경은 그런 사실을 미리 알 수 있도록 충분한 정보를 주었지만, 혹독하고 수치스러운 십자가의 이미지가 제자들의 이해에 걸림돌로 작용하고 말았다. 두 제자는 구약성경을 알고 있었지만 십자가만을 생각하다 보니 너무 힘들어 감당하기 어려웠다. 그 때문에 예수님은 그들의 손을 잡고 함께 걸어가셨다. 은혜는 힘든 일을 없애주지 않고, 그 영원한 의미와 목적을 밝혀준다. 은혜는 고난 당하는 자들이 그리스도와 하나님의 가족 안에서 동행자를 찾게 해준다. 매튜 헨리는 이렇게 말했다.

복음의 은혜라는 금실이 구약성경 전체를 관통한다. 그리스도께서는 가장 탁월한 성경 해설자이시다. 그분은 부활 이후에도 새로운 개념을 제시하지 않고, 단지 구약성경이 어떻게 성취되었는지를 깨우쳐 성경을 진지하게 연구하게 함으로써 자신에 대한 비밀을 이해하도록 이끄셨다.[1]

예수님은 성경에 붉은색으로 쓰여진 부분만(성경 중에 예수님이 직접적으로 말씀하신 부분을 붉은 글자로 표기해 놓은 것을 의미함—편집주) 중시하는 그리스도인들과 같지 않으셨다. 이런 사실은 우리에게 엄중한 경고의 의미를 지닌다. 예수님은 사람들에게 자신에 관한 비밀을 깨우쳐주신다. 그분은 엠마오로 가는 길 위에서 두 제자에게 구약성경의 말씀을 돌아보게 하셨다. 이를 통해 태초에 존재했고, 지금도 여전히 구속력을 지니는 하나님의 도덕법이 어떻게 그분의 영광과 우리의 유익을 위한 것인지 보여주셨다. 말씀 안에 간직된 "비밀"과 관련된 것은 무엇이든 천천히 음미하며 오랫동안 대화를 나눌 필요가 있는 것이기 때문에 급히 서둘러서는 안 된다. 매튜 헨리는 "그리스도를 찾는 사람들은 그분을 발견할 것이다. 그분은 자기를 알고자 하는 자들에게 자신을 나타내시고, 지식을 얻기 위해 자신이 가지고 있는 수단들을 부지런히 활용하는 자들에게 지식을 허락하신다."라고 말했다.[2]

그리스도를 찾는 사람들은 그분을 발견할 것이다.

그러나 그리스도를 찾으려면 우리가 소중하게 움켜쥐고 있는 것들 가운데 많은 것을 버려야 한다. 우리가 가진 미래의 꿈이 사라지면 우리는 크게 슬퍼할 수밖에 없지만, 경건한 슬픔은 주님이 베푸시는 용서와 화해와 회복이라는 치유의 향유를 경험하는 계기가 된다.

에이미

행크가 체포되기 한 달 전에 에이미라는 이름의 깡마른 여성이 그의 집에 이사해 들어왔다. 머리를 분홍색으로 물들인 그녀는 볼이 홀쭉하고, 얼굴에 상처가 나 있는 등, 전형적인 마약 중독자의 모습을 하고 있었다. 그녀는 고개를 숙인 채 다른 곳을 쳐다보며 낮은 목소리로 인사말을 웅얼거리곤 했다.

에이미가 온 뒤로 이상한 일들이 일어나기 시작했다.

탱크가 다시 집을 나가 거리를 떠도는 시간이 점점 많아졌다. "넥스트 도어" 연락망에는 다음과 같은 글들이 올라왔다.

"탱크가 또 집을 나갔어요."

"덩치 큰 회색 핏불이 누구네 집 개인지 아는 사람 없나요? 유기견 포획자에게 신고해야 할 것 같네요."

"당장 조처를 취해야 합니다. 어젯밤에 퇴근해서 오는 데 그 염병할 개를 칠 뻔 했다구요."

어느 날 새벽 4시 반쯤 재활용 쓰레기를 버리려고 뒷문을 열고 나가보니 탱크가 그곳에 앉아 나를 기다리고 있었다. 녀석은 애처로운 눈빛으로 무엇인가를 말하는 듯 보였지만 그 속마음을 알 길이 없는 나는 녀석을 집 안으로 들여 먹을 것을 주었다. 녀석은 소파에 웅크린 채 꾸벅꾸벅 졸았다. 잠에서 깬 메리와 녹스는 녀석을 귀여워해주었다. 우리는 함께 산책을 나가 녀석과 한동안 놀아주다가 행크에게로 데려다주려고 했다. 우리는 행크의 집에 가서 초인종을 누르고, 문을 두드리고, 문자를 보냈다. 하지만 아무런 반응이 없었다.

그런 식의 상황이 계속되었다.

행크는 우리와 함께 산책하는 일이나 정원에서 하는 일을 일체 중단한 채 모습을 보이지 않았다. 우리는 그가 보고 싶었다.

그런 일 외에도 이상한 일은 또 있었다. 행크는 새 트럭을 구입했다. 그 트럭이 그의 현관 길에 주차된 지 이틀째 되던 날 폭우가 쏟아졌다. 에이미가 조수석 문을 밤새 열어놓은 탓에 의자와 카펫은 물론, 전선까지 빗물에 흠뻑 젖고 말았다. 차가 완전히 망가졌다. 부주의한 행동 하나로 인해 새 자동차가 쓰레기로 변한 것이다.

에이미는 아이들을 좋아했다. 그녀는 아이들을 좋아한다고 말하면서 자신이 낳은 아이들에 대한 양육권을 인정받지 못한 슬픔을 토로했다. 어느 날, 그녀는 옷이 가득 들어 있는 커다란 검정 쓰레기봉투 두 개를 들고 왔다. 그녀는 밤새 우리 가족에 대해 생각하면서 우리를 위해 무엇인가를 해주고 싶은 마음이 들었고, 그래서 쓰레기 배출일에 쓰레기를 뒤져 멀쩡하다고 생각되는 옷들을 수거했다고 말했다. 그녀는 심지어 나를 위한 것도 가져왔다. 그녀는 슬퍼 보이는 회색빛 눈동자 너머로 한 줄기 기쁜 빛을 드러내며 "당신을 위해 치수 6호짜리 검정 시프트 드레스를 한 벌 찾아왔어요. 밑단이 무릎 바로 위에 오는 앙증맞은 옷이에요. 밖에 나가 강의할 때 입으면 세련되어 보일 거예요."라고 말했다.

나는 에이미를 껴안아 주었지만 그 쓰레기봉투를 간이 차고에 놔두었다. 그것을 가능한 한 빨리 다시 몰래 내다 버릴 생각이었다. 에이미를 안아보니 마치 허깨비를 안는 듯했다. 몸이 뼈만 앙상하고, 너무 허약해서 꽉 안으면 금방이라고 죽을 것만 같았다. 나는 포옹을 풀고 물러섰다.

행크가 체포되기 바로 전 주일 날, 에이미는 쓸쓸해 보이는 모습으로 앞마당에 서 있었다. 나는 개를 데리고 산책한 후 돌아오는 중이었다. 그녀는 길을 건너와서 내게 인사말을 건넸다. 그녀의 모습은 너무나도 참혹해 보였다. 얼굴은 상처투성이였고, 몸은 뼈만 앙상하게 남았으며, 가느다란 머리털은 떡이 져 두피와 관자놀이 주위에 들러붙어 있었고, 공허한 눈은 피로로 인해 붉게 충혈되어 있었다. 그녀는 입을 열어 말을 하기 시작했지만 목이 쉬어 거친 쇳소리를 냈기 때문에 무슨 말인지 알아듣기가 어려웠다. 나는 몸을 기울여 들으려다가 본능적으로 몸을 움찔할 수밖에 없었다. 그녀의 입과 몸에서 나는 냄새는 담뱃진과 토사물보다 더 고약했다. 그러나 나는 결국 그녀의 말을 분명하게 들을 수 있었다.

그녀는 온 힘을 다해 "로자리아, 단둘이서 이야기 좀 할 수 있을까요? 행크가 좀 이상해요. 뭔가가 잘못돼도 크게 잘못된 것 같아요."라고 말했다.

그런데 나는 참으로 부끄럽게도 그 말에 이렇게 대답하고 말았다.

"이번 주는 일정이 좀 **빡빡해요**. 홈스쿨링도 해야 하고, 어디를 좀 다녀와야 하거든요. 다음 주에 얘기하면 어떨까요?"

이것이 나의 답변이었다.

거절당하는 것에 익숙한 에이미는 그간의 경험 때문인지 내 말을 순순히 받아들였다.

나는 그 중요한 며칠 동안 그녀에게 저지른 나의 잘못을 아무렇지도 않게 생각했다. 그러나 그 문제는 해결되지 않은 상태로 잠복해 있었다.

마약단속국 직원들이 행크의 집에 몰려와 나의 이웃을 쓰레기처럼 끌어내는 모습을 보고 나서야 비로소 나의 양심을 찌르는 하나님의 손길이 생생하게 느껴졌다. 선한 사마리아인이 제 역할을 하지 못했다. 나는 나의 시간과 공간을 보호하는 것에만 관심을 기울였다.

위험물질 취급 요원들이 제복을 입고 나타나서 대문을 부수는 광경을 보는 순간, 나의 잘못이 생각났다. 하나님이 나의 잘못을 깨우쳐주시자 에이미와의 대화를 회피한 것이 너무나도 후회스럽게 느껴졌다. 그제야 나는 그 일을 곰곰이 생각하기 시작했다. '에이미는 내게 무슨 말을 하고 싶었을까? 그녀는 도움을 원했어. 그들은 지하실에서 필로폰을 만들고 있었어. 그녀는 내가 자기를 구해주기를 바랐을까?' 그녀가 무슨 말을 하고 싶어 했는지를 정확하게 알 길은 없었다. 그러나 한 가지는 분명했다. 그것은 내가 도움을 줄 수 있었는데 너무 바쁘고, 이기적인 탓에 관심을 기울이지 못했다는 사실이다.

행크가 감옥에서 보내온 편지들은 우울하고, 어둡고, 비관적인 내용이 주를 이루었다. 수감 생활로 인해 그의 불안 장애, 만성적인 우울증, 외상 후 스트레스 장애, 주의력결핍 과잉행동 장애가 더욱 악화되었다. 혼자서 은둔자처럼 살아가던 사람이 공개된 감방에서 공용 화장실을 사용하는 것은 모든 규칙과 한계를 무너뜨리는 일이었다. 그는 매일, 매 순간을 두려움 속에서 지내야 했다. 필로폰 중독에서 벗어나는 과정은 참으로 혹독했다. 그 경험은 그에게 감당하기 어려운 고통을 안겨주었다. 그는 최근에 지극히 연약한 상태에서 간신히 힘을 내 구원자이신 주님을 따르고, 성경을 읽고, 기도하기 시작했다. 그런 사실이 하나님이 모든 것을 섭리하고 계신다는 사실을 여실히 보여주고 있다. 이름조차 기억하지 못하는 지방 검사로부터 사전 형량 조정과 관련된 소식을 기다리는 일은 그에게 있어 견딜 수 있는 한계를 넘어서는 일이었다.

그러나 그는 우리에게 편지를 썼다.

우리도 그에게 부지런히 답장을 보냈다.

남편이 감옥에 있는 그를 면회했다.

우리는 그에게 책들을 보내주었다.

우리는 그에게 《NIV 라이프핵스 바이블》과 내가 아이들에게 읽어주고 있는 소설책 몇 권을 포함해 스스로를 돌보는 법에 관한 책들을 보내주었다.

크리스토퍼 유안은 그에게 "이해합니다."라는 쪽지와 함께 《먼 나라에서》라는 책을 보내주었고, 린과 드류 고든도 하나님의 가족이 된 것을 환영한다는 따뜻한 편지와 함께 '크라운 커버넌트 출판사'에서 발행한 신앙 서적을 몇 권을 보내주었다.

추수감사절이나 성탄절이나 부활절에 우리집에서 행크를 처음 만났던 교인들도 편지와 역사책과 일기장을 보내주었다. 나는 잠시 이 일을 곰곰이 생각해보았다. 하나님은 행크가 그를 양팔 벌려 반갑게 맞아주었던 그리스도인들과 함께 명절을 보낼 수 있게 섭리하셨었다. 우리집 식탁이 아니면 필로폰에 중독된 나의 이웃이 과연 어디에서 신자들을 만날 수 있었을까? 켄 목사 부부의 식탁이 아니었다면 나는 또 어디에서 신자들을 만날 수 있었을까?

행크는 기분이 좋은 날이면 메리와 녹스에게 편지를 보내 탱크를 잘 돌봐주는 것과 감옥에 있는 자기를 위해 기도해주는 것과 개들을 데리고 함께 산책하던 좋은 추억을 만들어준 것에 고마움을 표했다. 그는 아이들에게 보낸 편지를 "오늘을 잘 견딜 수 있게 은혜를 더 많이 베풀어주시도록 하나님께 기도해주렴. 밖에 개들을 데리고 나가서 함께 산책하고 싶구나. 그리스도 안에서 너희의 형제가 된 행크가."라고 마무리했다. 아이들은 항상 답장을 보내 "사랑하는 행크 아저씨, 그 여우가 숲에 다시 나타났어요. 붉은 어깨 말똥가리 새끼들이 둥지를 떠났어요. 많은 일이 일어나고 있어요. 탱크는 나와 함께 자요. 아저씨를 사랑해요. 보고 싶어요. 아저씨를 위해 매일 기도하고 있어요."라고 말했다.

행크는 '지역 교도소'라고 불리는 지옥에서 그를 잘 아는 기도하는 아이들이 보내 온 편지를 받을 수 있었다.

하나님의 손이 그가 감금되어 있게 섭리하시는 것을 볼 때 하나님을 사랑하는 것은 쉬운 일이 아니다.

행크는 기도와 편지와 사진들을 부탁했다. 그는 개들과 함께 산책하며 대화를 나눈 것에 대해 내게 감사하다고 말했다.

어느 날 그는 내게 특별한 부탁을 해 왔다.

"로자리아, 에이미에게 편지를 보내주세요. 그녀는 아무도 없는 외톨이에요. 모두 제 잘못입니다. 그녀는 도움이 필요해요. 음식도 필요하고요."

행크의 부탁을 받고 에이미에게 편지를 보내면서 나는 그녀의 이름 철자를 잘못 적었으며, 내가 그녀의 성씨도 모르고 있는 것을 발견했다.

아무튼, 양심이 찔렸던 나는 두 번째 기회를 맞이한 셈이었다.

이것은 나의 두 번째 기회였다.

나는 그녀에게 편지를 썼다.

나는 먼저 그녀의 용서를 구했다.

그녀는 즉시 답장을 보내 심심한 사의를 표했다.

그녀는 첫 번째 보낸 편지에서 자기 아이들을 위해 기도해달라고 부탁했다. 그녀는 자기 아이들이 자신이 저지른 잘못을 모두 용서할 수 있도록 기도해달라고 말했다. 또한 그녀는 내게 준 옷들을 어떻게 했느냐고 물었다. 그녀는 혹시나 필로폰이 옷 주머니에 들어 있을지 몰라 하나하나 모든 주머니를 다 살펴보았다고 말했다. 그녀는 주의 깊고 안전하게 나를 대하고 싶어 했고, 또 나를 보호하려고 애썼다. 그녀는 "내가 마약 중독자인 동시에 엄마라는 사실을 기억해주세요."라고 말하면서 매달 음식을 좀 보내달라고 부탁했다.

교도소 음식은 불충분하고, 빈약할 뿐 아니라 식사 시간과 마약 중독 치료 시간이 겹칠 때는 끼니를 걸러야 했다. 허기진 배로 마약 치료 과정을 거치는 것은 너무나도 힘든 일이 아닐 수 없다.

나는 에이미에게 '아이케어'를 통해 고기 통조림이 들어 있는 음식을 보냈다. '아이케어'는 지역 교도소에 음식을 공급하는 프로그램이다. 그 음식들은 값이 비싸고, 내용물은 약간 빈약했지만 그런대로 괜찮다.

에이미는 감옥에서 드리는 예배에 참석하기 시작했다. 그녀는 감옥에서 KJV 성경(흠정역 성경)을 읽으려고 시도했다. 용어들은 어렵고, 글자 크기는 작았다. 무슨 말인지 이해할 수가 없었던 그녀는 내게 성경책을 한 권 보내줄 수 있느냐고 물었다.

나는 다음 날 바로 큰 글씨로 쓰인 매일 묵상용 성경인 NLT 성경(New Living Translation)을 보내주었다. 수산나가 아마존을 검색해 그녀에게 맞는 성경책을 찾게끔 도와주었다.

에이미는 새 성경책이 마음에 든다고 말했다. 첫 페이지를 시작할 때마다 서예체로 쓰인 간단한 성경의 약속들, 곧 예수님의 사랑과 신실함을 나타내는 말씀들이 그녀의 마음을 움직여 '예수님이 나의 목자가 되실 수도 있을까?'라는 생각을 하게 만들었다.

에이미는 다음번 편지에서 성경을 읽는 데 도움이 필요하다고 말했다. 나는 '하나님의 말씀이 의미하는 것을 설명하는 내용을 읽고 스스로가 느낀 감정을 글로 표현할 수 있는 그런 책을 보내줄까? 아냐, 좀 더 단순한 책을 찾아보자. 그녀는 머리가 아플 거야. 오랫동안 글을 읽지 않았을 테니까. 그녀는 고등학교도 다 마치지 못했어.'

라는 생각이 들었다.

내 친구 호프가 아마존을 검색해 딱 맞는 책을 찾아냈다. 에이미가 수감되어 있던 교도소는 아마존이나 아이케어를 통해서만 책이나 음식의 공급이 허용되었다. 직접적인 택배 발송으로는 아무것도 보낼 수 없었다. 그것은 매우 위험한 일이었다. 왜냐하면 가족들이 성경책 사이에 칼을 끼워 넣거나 집에서 구운 블루베리 머핀 속에 대마초를 숨겨 보낼 가능성이 있기 때문이다.

에이미는 아이케어를 통한 음식 공급과 매일의 기도가 필요했다. 우리 아이들은 그녀가 감방을 장식할 수 있도록 그림을 그려 보냈고, 나는 대략 나흘에 한 통씩 편지를 써 보냈다. 에이미는 다채로운 카드를 좋아했고, 감옥에서 뭉툭한 연필로 썼다고는 믿어지지 않을 만큼 글씨를 아름답게 잘 썼다. 거의 모든 카드의 안쪽에는 성경 읽기를 계획한 것처럼 보이는 "창세기-말라기"라거나 기도 요청으로 보이는 "5-S 감방에 있는 CGH", "타리시 독방동 R의 3-E에 있는 클라리사"와 같은 문구들이 적혀 있었다. 나는 그런 문구들의 정확한 의미를 알 수는 없지만 카드에 이름이 적혀 있는 것을 보면 무조건 그들을 위해 기도한다.

수감 생활은 힘들다. 마약 중독 치료 과정도 마찬가지다. 에이미는 관선 변호인이 사전 형량 조정을 신청해주기를 무작정 기다리는 중이다. 그녀는 아무렇게나 버려진 잊힌 존재와 같은 심정을 느낀다.

지난달, 에이미의 감방 바로 옆에 있는 감방에서 한 젊은 여성이 스스로 목을 매달았다. 죽어 가는 비명소리가 들렸지만 아무런 도움도 줄 수가 없었고, 간수마저도 그것을 부주의하게 흘려 버렸다. 에이미는 숨을 쉴 수도, 잠을 잘 수도, 움직일 수도 없었다. 한 생명이 밤새도록 외줄에 매달려 있었다. 나중에 알고 보니 겨우 열일곱 살 된 소녀였다.

내 책상 위에는 에이미의 편지가 놓여 있다. 나는 이번 주에 답장을 보낼 생각이다. 이번 편지는 희망적이다. 그녀는 "이곳에 갇힌 지 거의 일 년이 다 되어 가네요. 당신에 대해 생각해보았습니다. 덕분에 이곳에 그렇게 오랫동안 있으면서도 별 탈 없이 지내고 있네요. 나의 친구여, 하나님이 축복하시길. 모두에게 안부 전해주세요. 나의 사랑을 담아 보냅니다."라고 썼다.

내가 그 편지에 답장하기 전에 또 한 통의 편지가 도착했다.

중요한 소식이 있어요. 10년의 형량 조정을 받아들이기로 했어요. "자유 형량 조정"으로 불리는 건데요. 판사가 재량으로 형기를 정하는 것이에요. 내가 올바른 결정을 내렸기를 바래요. 10년은 긴 시간이지만 시간을 잘 사용할 계획을 세우겠어요. 검정고시를 마치고, 감옥에서 직업을 가졌으면 좋겠어요. 나는 슬프지 않아요. 나에 대해 걱정하지 마세요. 행크가 걱정돼요. 나의 아이들도요. 10년은 긴 세월이지만 이것이 하나님의 뜻이라는 것을 알아요. 내가 나의 삶 속에서 지금까지 누려왔던 것보다 훨씬 더 많은 것을 누리고 있어요. 마약 중독에서 벗어났고, 믿음을 갖게 되었으며, 구원을 얻었고, 하나님 안에 소망을 두게 되었어요. 모두에게 저의 사랑을 전해주세요. 당신과 수산나가 지난주에 가외로 아이케어 음식을 또 보내주어서 감사해요. 언젠가 이 모든 은혜를 갚을 날이 왔으면 좋겠어요. 당신을 위해 매일 기도하고 있습니다.

에이미와의 일을 통해 나는 상처 입은 사람들의 동행이 되어 엠마오로 가는 길을 함께 걸어주면 그들의 손을 이끌어 구원자의 손을 붙잡게 할 수 있다는 사실을 깨닫게 되었다. 이것이 복음의 핵심이다.

에이미의 상황은 시편 147편 2-4절을 생각나게 했다.

"여호와께서 예루살렘을 세우시며 이스라엘의 흩어진 자들을 모으시며 상심한 자들을 고치시며 그들의 상처를 싸매시는도다 그가 별들의 수효를 세시고 그것들을 다 이름대로 부르시는도다."

별들의 숫자와 이름을 아시는 주님이 자신의 상처 난 손으로 우리의 상한 마음의 파편들을 붙잡고 계신다. 나는 이 사실을 분명히 확신한다.

성경은 현실적이면서도 강력한 대답을 제시하지만 못 박힌 예수님의 손과 발이 없으면 그런 대답만으로는 충분하지 못하다. 일상적인 손 대접은 예수님의 손과 발이다. 그것은 감옥에 보내는 편지와 따뜻한 포옹으로 사람들을 굳게 붙들어준다. 손 대접은 세계관의 차이를 뛰어넘어 복음의 은혜를 전하는 다리 역할을 한다. 예수님은 자기를 방어하기 위해 오지 않으셨다. 그분은 빵과 물고기를 가지고 오셨다. 우리도 그래야 한다.

에이미는 지역 구치소에서 조지아의 교도소로 옮겨 본격적인 수감 생활을 시작하기 직전에 세례를 받았다. 그녀는 물에서 나왔을 때 자신의 손을 결박한 수갑과 사슬을 보았지만, 그 사슬 위로 펼쳐진 캐롤라이나의 푸른 하늘에서 희망을 발견했다며 그 순간의 심정을 묘사했다. 나는 이해가 부족해 정확히 말하기 어렵지만 아마도 그녀는 사슬과 수갑 안에서 예수님에 관한 무엇인가를 깨달은 것이 틀림없다.

결론

오천 명 먹이기

손 대접의 기본 요소

급진적으로 일상적인 손 대접은 우리의 가정을 병원과 인큐베이터로 간주한다. 우리가 영적으로 가난하고, 눈멀고, 상하고, 절뚝거리는 사람들을 집으로 초청하는 이유는 우리도 예전에 그런 사람들이었기 때문이다. 우리도 전에 무신론적인 신념을 지니고 있었고 그 사상의 유혹이 무엇인지 잘 안다. 누구나 무슨 악이든 다 저지를 수 있다. 유혹은 우리의 약점을 정확히 알고 늘 마수를 펼친다. 우리는 연약하다. 우리는 빈손으로 그리스도께 나왔다. 우리 자신 안에는 우리를 구원할 만한 것이 아무것도 없다. 우리는 죄로 인해 절름발이가 되었고, 우리의 힘으로는 하나님의 진리를 발견할 능력조차 없다. 하나님이 우리에게 먼저 다가오셔서 우리를 구원해주지 않으면 우리에게는 소망이 없다. 우리는 자신을 구원할 힘이 없다. 설혹 그런 힘이 있다 해도 사용하는 방법을 모른다. 구원은 예수님께 속해 있고, 예수님은 지금도 구원하신다. 우리는 그리스도께 연합되어 그분 안에서 성장함으로써 날마다 새롭게 된다. 우리는 구속받고 용서받아 하나님의 자녀로 입양된다. 우리는 자신에 대해 죽어야 하며, 은밀히 즐기던 죄에 대해 죽어야 한다. 심지어 그 옛날부터 우리의 동반자였던 죄들에 대해서도 죽어야 한다. 마음을 사곡하게 만드는 원죄, 마음을 산만하게 만드는 자범죄, 우리를 마음대로 휘두르려고 하는 내주하는 죄 등 모든 죄를 회개해야 한다. 이것이 고귀하면서도 힘든 우리의 소명이다. 하나님이 사랑하시는 것을 사랑하고, 그분이 미워하시는 것을 미워할 수 있는 초자연적인 능력이 우리에게 주어졌다. 우리는 성경 말씀이 제시하는 기준을 임의로 낮추어 죄와 타협해서는 안 된다. 우리가 그리스도와 동행할 때, 하나님은 우리를 회복시키고 새롭게 하셔서 다른 사람들에게 나눠줄 것이 풍부하게 하신다.

그리스도인들은 두려워하며 재물을 쌓기에만 급급한 사람들이 아니다. 우리는 두려움 없이 베푸는 사람들이다. 시편 112편은 그 이유를 이렇게 밝힌다.

"그는 영원히 흔들리지 아니함이여 의인은 영원히 기억되리로다 그는 흉한 소문을 두려워하지 아니함이여 여호와를 의뢰하고 그의 마음을 굳게 정하였도다"(6-7절).

NLT 성경(New Living Translation)은 "그들은 나쁜 소식을 두려워하

지 않고, 하나님이 자기를 보살펴주실 것이라고 굳게 믿는다.”라고 번역했다. 급진적으로 일상적인 손 대접은 하나님이 우리를 보살피시고, 우리의 순종을 통해 다른 사람들을 보살피실 것이라고 확신한다.

하나님은 어떻게 빵과 물고기를 풍성하게 늘리실까? 그분은 어떻게 오천 명을 먹이실까? 그분은 우리를 어떻게 사용하실까?

모든 그리스도인은 각자 자신의 집에서 손 대접을 베풀도록 부름받고 있다. 독신자 가정도 기혼자 가정과 마찬가지로 손 대접에 필요하며, 중요한 역할을 담당한다. 자녀들이 있는 가정이나 자녀들이 없는 가정이나 모두 그리스도의 축복을 전하는 통로이기는 마찬가지다. 구원받은 부자들이나 구원받은 빈자들이나 그 중간에 속한 사람들도 가정과 기숙사와 버스 정류장과 공원에서 기독교적 손 대접을 베풀도록 부름받고 있다.

한계

기혼자 가정에서는 남편과 아내가 손 대접을 베푸는 소명을 함께 공유하고, 필요한 일정과 음식과 계획과 예산을 잘 생각해 결정해야 한다. 아내들은 남편의 지도에 따르고, 남편들은 아내의 체력을 잘 파악해야 한다. 남편과 나는 마라톤 훈련 모델을 적용한다. 마라톤의 비결은 일정한 속도를 유지하며 꾸준히 달리는 것이다. 두 사람이 마라톤 훈련을 할 때는 느린 쪽에 보조를 맞춰야 한다. 이 원리는 남편과 아내가 한 팀이 되어 손 대접을 베풀 때 똑같이 적용된다. 즉 체력이 가장 약한 사람의 속도에 맞춰야 한다. 남편과 나는 현재 10년이 넘도록 한 팀이 되어 손 대접을 베풀어 왔다. 우리는 서로의 은사와 한계를 잘 알고 있다. 그러나 손 대접을 베푼다는 이유로 가정의 하나 됨이 깨어져서는 안 된다. 오히려 손 대접을 통해 가정의 결속이 그리스도 안에서 더욱 강해지는 결과가 나타나야 한다. 만일 손 대접이 다툼의 원인이 된다면 무언가가 잘못된 것이 틀림없다. 그럴 때는 모든 것을 잠시 중단하고, 재점검하라. 기도하면서 손 대접의 목표와 가치를 분명하게 설정하고, 한 팀이 되어 행하라.

일정

나는 콩과 쌀을 좋아한다.

얇고 긴 재스민 쌀도 좋고, 짧은 갈색 쌀도 좋다. 쌀은 가장 완벽한 곡식이다. 검정콩에 약간의 커민과 빨간 고추와 소금과 올리브유와 마늘을 넣고 천천히 끓인다. 최근에는 붉은 편두와 생강과 카레와 가람 마살라와 빨간 고추를 넣은 인도 요리를 만들어 내놓고 있다. 이곳에 있는 많은 사람이 이 음식을 좋아하기 때문에 나는 그것에 '데일리 달'이라는 이름을 붙여 매일 만들고 있다. 또 우리집 부엌 한쪽 구석에서는 유기농 닭고기가 냄비 안에서 약불에 천천히 끓고 있는 모습이 눈에 띈다. 손 대접 사역의 기본 요소는 콩, 쌀, 채소이고, 이따금 닭고기가 추가된다.

매일의 손 대접은 화려하거나 거창하지 않다. 아침에 개들과 산책을 나서기 전에 하루 동안 먹을 기본적인 음식들을 미리 준비해 두면 큰 도움이 된다. 식탁 교제는 우리의 일상 사역의 중심이다. 따라서 좋은 음식이 중요하다. 물론, 녹스와 메리를 홈스쿨링하는 일이나 교인들과 이웃들을 섬기는 일이나 이 책을 쓰는 일과 같은 다른 일들도 중요하기는 마찬가지다. 따라서 내가 오전 6시 45분쯤에 개들을 데리고 산책을 나갈 무렵이면 쌀밥이 지어지면서 김을 내고, 콩이 끓고, 닭고기가 천천히 익어간다. 그러면 집에 찾아오는 사람들을 먹일 기본 음식이 준비되는 셈이다.

매일의 식탁 교제를 준비하는 일은 이제 습관으로 굳어졌다. 그러나 부엌에 놓인 스프링 노트에 적힌 다른 일들은 대부분 시간 계획을 세우는 것이 필요하다. 시간 계획을 세워두면 청소기를 돌리고, 욕실을 닦는 일을 잊지 않고 기억할 수 있다. 구석구석까지 깨끗하게 청소하는 일은 2주에 한 번씩 행한다. 노트에는 또한 다른 허드렛일들과 매주의 쇼핑 목록이 적혀 있다. 우리와 함께 사는 사람들이나 우리의 손 대접 사역을 돕는 사람들은 종종 쇼핑 목록에 다른 것을 추가하기도 하고, 목록에 적힌 것들을 가져다주기도 하고, 특별한 임무를 맡아 처리하기도 한다. 급진적으로 일상적인 손 대접은 공동체의 노력으로 이루어진다.

홈스쿨링 일정은 따로 관리하지만, 이 일도 한 아이당 한 권의 스프링 노트를 배당해 거기에 필요한 일을 적어 놓는다. 나는 다른 사람들도 볼 수 있고, 필요에 따라 적절히 수정할 수 있도록 노트에 일정을 적어 놓는 것이 매우 중요하다고 생각한다.

우리집은 아름다우면서도 혼잡스러운 축복의 통로다. 우리는 우리집을 다양한 용도로 사용한다. 우리집에서 일도 하고, 사람들도 보살핀다. 우리집의 커다란 마호가니 식탁은 중앙 부분의 폭이 138 센티미터이고, 길이는 스물다섯 명이 충분히 앉을 수 있을 만큼 길다. 명절이 아닐 때는 식탁의 가운데 길이만 사용하는데 그렇게 하면 의자를 열다섯 개 놓을 수 있다. 이 식탁은 시댁에서 5대째 물려오는 것이다. 이 식탁에서 내가 기록할 수 있는 것보다 훨씬 더 많은 복음의 대화가 이루어졌다. 식탁이 말을 할 수만 있다면 정말 사랑스러울 것이다. 나는 식탁을 잘 간수하려고 노력한다.

하루의 삶

나는 우리집 식탁에서 날마다 손 대접을 베풀기 위해 준비한다. 어떤 이유로 우리집에 별 방문자가 없는 날에는 나는 냉동고에 음식을 얼려 둔다. 그것은 그렇게 어려운 일이 아니다. 저녁 식사 시간이 되면 거의 항상 한두 명의 교인과 한두 명의 이웃과 한 무리의 아이들로 집안이 북적거린다. 우리는 함께 모여 충분한 시간을 보내기 때문에 새로운 사람들이 오더라도 그들을 기꺼이 맞이할 준비가 되어 있다.

성경이 가르치는 대로 우리집에서는 모두가 주인이자 손님의 역할과 책임을 맡는다. 우리는 매일 손 대접을 베풀기 때문에 우리 아이들은 기독교적인 삶의 본보기를 많이 접할 수 있다. 그런 본보기들에는 활력 있고, 생기 넘치는 그리스도인 독신자들이 보여주는 본보기들도 아울러 포함된다. 우리 아이들은 어른들이 하나님 앞에서 심각한 문제로 고민하는 모습을 종종 목격한다. 그들은 그런 모습을 보고 자신들의 개인적인 고민은 별것 아니라고 생각한다. 우리집에서는 죄로 인한 고민과 갈등을 공개적으로 드러내는 일이 다반사다. 회개는 사회적으로 수치스러운 일이 아닌 기독교적 열매다.

지난해 도나를 비롯한 몇몇 이웃들과 함께 성탄절 노래를 즐겁게 부르고 있는데 나의 친구 에일린에게서 문자가 왔다. 그녀는 한 이웃이 암 진단을 받았다는 사실을 알게 되었다. 에일린과 그녀의 가족은 그 일이 너무나도 부당하게 생각되어 큰 충격을 받았다. 암에 걸린 사람은 혼자서 특수 아동을 키우는 아버지였다. 하나님은 왜 그런 사람에게 가혹한 시련을 허락하시는 것일까? 나는 '아름답게 장식하세'와 '고요한 밤 거룩한 밤'을 부르는 중간에 에일린의 가족을 저녁 식사에 초대했다. 우리는 이미 선교사 가족을 대접하는 중이었기 때문에 저녁 식탁을 최대한 넓게 폈다. 에일린은 맛있는 수프를 한 냄비 끓여 왔다.

식사를 마치고, 성경을 읽고 난 후 한 이웃이 "신학자들이 가득한 곳에 있는 것 같아요."라고 말했다. 그는 나의 남편과 선교사들을 돌아보며 "하나님은 왜 케빈에게 이런 일을 허락하신 거죠? 그의 딸이 그를 절실히 필요로 하는 상황에서 그가 불치병에 걸리게 허락하신 이유가 무엇인가요?"라고 물었다.

질문도 중요하고 좋았으며, 그런 질문을 한 시간과 장소도 매우 적합했다. 나의 남편과 다른 사람들은 마음을 활짝 열어놓고, 성경의 가르침을 전하기 시작했다. 선교사인 마이클은 아이들에게 강한 인상을 줄 만한 말을 남겼다. 그는 "위기가 찾아오기 전에 하나님의 섭리의 비밀을 잘 이해해두는 것이 최선입니다. 바로 지금이 하나님을 우리의 창조주요 구원자로 알 때입니다."라고 말했다.

우리는 두 개의 식탁에 모두 스무 명이 둘러앉아서 암 진단을 받은 이웃을 위해 기도했다. 그리고 그에게 교대로 음식을 해다 주기로 결정했다. 저녁 식사 후에 아이들은 게임을 하며 놀았고, 어른들은 질병과 영원과 하나님의 긍휼을 주제로 대화를 좀 더 나누었다.

또 하루가 끝날 무렵 우리가 그날 받은 축복을 세어보니 하나님이 우리의 식탁을 통해 많은 사람을 대접하고, 치유하신 것에 깜짝 놀라지 않을 수 없었다. 한 이웃이 누군가의 위기에 관한 정보를 알게 되었고, 또 그 사실을 말하고 싶어 한다는 것을 어떻게 알 수 있었나? 아마도 우리 스스로는 결코 알지 못했을 것이다. 그러나 위기 상황이 발생하자 그들은 그 사실을 알리고, 묻고 싶은 것을 묻기 위해 스스럼없이 우리집을 방문했다. 그들은 그렇게 하는 것에 별 어려움을 느끼지 않았다. 그들은 우리집에서는 어떤 문제라도 말할 수 있고, 모든 두려움과 의심과 고통을 은혜의 보좌 앞에 가지고 나갈 수 있다는 것을 알았다. 무엇이 그들로 하여금 그렇게 인식하게 만들었을까? 우리집이 손 대접을 베푸는 장소였기 때문이다. 집 밖에 주차된 여러 자동차들, 환하게 켜져 있는 불빛들, 타이어 그네를 타고 노는 아이들, 함께 모여 있는 이웃들, 이 모든 것이 모두가 볼 수 있게 공개되어 있다.

매일 손 대접을 베풀려면 시간을 들여 우리의 집과 마음을 준비해야 한다. 이를 위해서는 의도적인 노력과 철저한 연습이 필요하다. 게다가 매일 베푸는 손 대접을 방해하는 요소들도 많다. 피할 수 없고 법률적인 장애 요소들도 있다. 재능이나 흥미가 없어서 자격 미달이라는 그릇된 느낌, 그릇된 습관이나 숨겨진 죄, 위조된 손 대접, 성취욕과 물욕의 우상 등이 걸림돌이 될 수 있다.

재능과 흥미가 있어야 자격을 갖춘 것이라는 잘못된 느낌

나는 '마이어스-브리그스' 성격 유형 가운데 'INTJ(내성적이고, 직관적인 성격 유형)'에 해당한다. 더욱이 지난 5년간 밝은 조명 아래에서 강의를 하다 보니 빛에 예민한 나의 특성이 더 심해졌다. 나는 전형적인 내향적 성격의 소유자다. 나는 혼자 있을 때 내적인 활력이 재충전되고, 책을 읽거나 고양이와 놀거나 뜨개질하는 것을 좋아한다. 나는 사람들과 어울리는 법을 알고 있지만 그렇게 하면 심신이 쉽게 고갈된다. 그래서 나는 혼자만의 시간을 갖기 위해 다른 식구들보다 더 일찍 일어나서 부엌에서 꾸무럭거리며 일하고, 성경을 읽고, 책을 쓰고, 세탁물을 정리한다. 나는 혼자 있는 시간을 잘 사용함으로써 활력과 집중력을 새롭게 한다.

나같은 내향적인 사람들이 심신 고갈을 이유로 손 대접을 베푸는 일을 회피한다면 큰 축복을 놓칠 수밖에 없다. 나는 종종 사람들을 상대하는 것이 나를 지치게 하는 것을 발견한다. 그러나 나는 오랜 세월을 거치면서 속도를 조절하는 법과 재충전에 필요한 개인적인 시간을 확보하는 법과 불편함 속에서도 나를 잘 유지해 나가는 법을 터득했다. 자신의 기질과 감정이 예민하다고 해서 손 대접의 사역을 회피할 이유가 될 수는 없다. 다른 사람들과 다른 방식으로 그 사역을 위해 준비하면 된다.

그릇된 습관이나 숨겨진 죄의 위험성

우리는 모두 그릇된 습관을 지닌 채로 그리스도께 나온다. 그릇된 습관은 고쳐야 하고, 새로운 좋은 습관을 익혀야 한다(엡 4:22-24). 그릇된 습관은 발견하기가 어렵고, 그것을 버리기는 더더욱 어렵다.

그릇된 습관을 고치려고 노력해본 적이 있는가? 아니면 재능이 있기 때문에 그 정도의 습관은 고치지 않아도 괜찮다는 헛된 생각에 미혹되어 있는가? 우리의 재능은 기껏해야 더러운 옷에 불과하다(사 64:6 참조). 하나님은 우리에게 섬기고, 베풀라고 요구하실 뿐 아니라 그것을 공로로 내세우지 말라고 말씀하신다.

때로는 성격이나 자라온 배경 때문에 나쁜 습관이 깊이 감추어져 있어서 발견하기가 쉽지 않을 수 있다. 우리 자신을 알 수 있는 가장 좋은 방법은 우리를 잘 알고 있는 사람들에게 우리에 대한 솔직한 의견을 말해달라고 부탁하는 것이다. 교회의 장로들이나 가까운 친구들에게 조언을 구하면 스스로 깨닫지 못하던 이기심과 욕심과 죄를 발견할 수 있다. 사람들에게 물어보라. 그리고 죄를 죽이라. 죄를 변명하지 말라. 죄와 그릇된 평화를 누리지 말라. 자아에 대해 죽고, 그리스도 안에서 성장하라.

위조된 손 대접

우리는 위조된 손 대접이 넘쳐나는 세상에 살고 있다. 하나님의 참된 은혜와 그 위조품의 차이를 구별하는 것은 신앙생활에서 매우 중요하다.

'위조'란 속이려는 의도로 무엇인가를 모조하는 것을 의미한다.

위조된 지폐, 즉 위폐는 진폐를 모조하며, 사람들을 속이려는 의도로 제작된다.

위조된 손 대접은 때로 성매매나 음란물처럼 위험하고 음험하다. 성매매나 음란물은 겉으로는 친밀함을 약속하지만 이에 예속된 여자들과 어린아이에게 실제로는 상상할 수 없는 학대와 폭력과 속박과 잔혹함과 불의를 자행하는 문화를 창조한다. 성매매는 음란물과 밀접한 관련이 있다. 교회는 신자들의 죄의 패턴을(음란물과 같은 죄) 발견했을 때 그런 죄로 인해 발생하는 희생자들을 보호할 책임이 있다. 회개는 그런 적극적인 행동을 요구한다. 위조된 손 대접은 죄를 적당히 변명하거나 부분적인 문제로 한정시키게 유도한다. 그러나 복음은 우주적이고, 전인적이며, 복음은 단호하다. 예수님은 이를 위해 죽으셨다. 죽은 자 가운데서 부활하신 그분은 다른 방식으로, 즉 희생적으로 살 수 있는 능력을 부여하신다.

위조된 손 대접도 때로 상냥하게 보일 수 있다. 스타벅스에서 일하는 바리스타는 위조된 손 대접을 행할 수 있다. 물론, 그것이 죄는 아니다. 남는 방을 '에어비앤비'(숙박 공유사이트)에 내놓는 것도 위조된 손 대접일 수 있다. 물론, 그것도 죄는 아니다. 남는 방을 '에어비앤비'에 내놓는 것 자체에 잘못된 것은 아무것도 없다. 그러나 대가가 있어야만 손 대접을 베풀 수 있다고 생각한다면 그것은 큰 잘못이 아닐 수 없다.

위조된 손 대접으로 충분하다고 생각하면 모든 것을 왜곡된 시각으로 바라보게 된다. 위조된 손 대접은 주인과 손님의 역할을 따로 분리하여 뒤섞이지 않게 한다. 그런 분리가 위험을 나타내는 첫 번째 신호다. 위조된 손 대접은 거짓된 이원적 구분(사람들을 고매한 시여자 / 곤궁한 수혜자로 구분짓거나, 고용된 공급자 / 수혜받는 소비자로 구분지음)을 조장한다. 시여자와 수혜자가 모두 위조된 손 대접으로 오염될 수 있다. 위조된 손 대접에는 항상 조건이 뒤따른다. 그러나 기독교적 손 대접은 낯선 사람을 이웃과 하나님의 가족으로 만들어 장차 임할 하나님의 나라를 고대하면서 모이게 한다.

급진적으로 일상적인 기독교적 손 대접을 베풀지 못하는 그리스도인들이 그토록 많은 이유는 우리의 진정한 필요를 알지 못한 채 그 위조품에 정신이 팔리기 때문이다.

성취욕과 물욕이라는 우상

손 대접을 베풀 능력이 전혀 없는 가정이 있을 수 있다. 그런 가정은 바람을 잡으려고 하는 것만큼이나 무익하다. 물질은 너무 많이 사랑하고, 사람들은 너무 적게 사랑하는 가정은 급진적으로 일상적인 손 대접을 통해 하나님을 영화롭게 할 수 없다. 물질적인 소유를 중시하고, 지나치게 높이 평가하는 가정은 성취욕과 물욕이라는 우상에 미혹될 수밖에 없다. 물욕과 성취욕에 사로잡힌 상태라면 손 대접을 베풀기 어렵다. 그런 경우에는 서로 생각이 비슷한 사람들을 불러 모아 우상에게 절하게 만들 수 있을지는 몰라도 참된 손 대접은 절대로 베풀 수 없다. 흰색 카펫, 새로 칠한 페인트, 멋진 소파, 수집한 고가의 술들, 세미-포르노 동영상 따위를 비롯해 갖가지 삭막한 속된 것들을 우상으로 떠받들면 죄에 사로잡혀 가장 기본적인 기독교적 손 대접(가정을 개방하는 것)조차도 베풀 수 없게 된다.

이따금 공간이나 그릇이나 음식이 충분하지 않아서 손 대접을 베풀기 어렵다고 말하는 그리스도인들이 있다. 그들은 베풀 것이 부족할까봐 걱정한다. 그러나 그것은 조금도 걱정할 필요가 없는 문제다. 손 대접은 자신에게 있는 것을 함께 나누는 것이다. 그것으로 충분하다. 손 대접은 잔치가 아니다. 손 대접이 잔치가 될 필요는 없다.

사실, 부유한 그리스도인들이 손 대접을 베푸는 데 가장 인색하다. 그들은 각종 우상들에 사로잡혀서 아무것도 베풀 수가 없다. 이러한 이유로 종종 돈 많고 부유한 그리스도인들이 손 대접을 베풀지 않는 사람으로 알려지고, 경제적으로 넉넉하지 않은 가난한 그리스도인들이 풍성한 손 대접을 베푸는 사람으로 알려진다. 그리스도인들이여, 우상들을 죽이라. 요한일서 2장 15-17절은 이렇게 말한다.

"이 세상이나 세상에 있는 것들을 사랑하지 말라 누구든지 세상을 사랑하면 아버지의 사랑이 그 안에 있지 아니하니 이는 세상에 있는 모든 것이 육신의 정욕과 안목의 정욕과 이생의 자랑이니 다 아버지께로부터 온 것이 아니요 세상으로부터 온 것이라 이 세상도, 그 정욕도 지나가되 오직 하나님의 뜻을 행하는 자는 영원히 거하느니라."

몇 년 전, 우리 교회의 교인 가족 중 하나가 우리의 손 대접 사역이 도를 넘었다고 생각한 일이 있었다. 우리가 해외에서 온 신학생과 그의 가족을 위해 우리가 쓰던 승합차를 학기 중에 사용하라고 내주었을 때 그들은 비판적인 목소리를 내기 시작했다. 솔직히 말해, 우리 교회가 그런 식의 도움을 베풀 만큼 재정이 넉넉한 교회였더라면 목회자가 집에서 사용하는 세컨드카를 내줄 필요가 없었을 것이다. 그러나 남편과 나는 불편과 희생을 즐겁게 감수했다. 우리의 이웃 크리스틴과 라이언이 바로 근처에 살고 있었기 때문에 차를 이용할 필요가 있을 때는 쉽게 도움을 구할 수 있었다. 우리가 필요로 할 때 도움을 구하는 것이나 다른 가족을 돕기 위해 귀중한 것을 내주는 것이나 모두 다 좋은 일이었다. 우리는 희생이 사역에 중요한 기여를 한다고 믿기 때문에 기꺼이 자동차 열쇠를 내주었다. 그런데 그런 일에 대한 소문이 새나가자 우리에 대해 비판적이었던 교인 가족은 우리가 손 대접을 베푸는 방식이 잘못되었다고 생각했다. 그들은 우리의 손 대접이 너무 지나쳐 과시적인 성격을 띠고 있다고 판단하고, 속으로 은근히 분노를 느끼기에 이르렀다.

어느 날, 예배가 끝난 후 우리 아들과 그 교인 가족의 자녀 가운데 하나가 추수감사절에 관해 대화를 나누었다.

우리 아들이 물었다.

"너희 집에는 누가 왔었니?"

친구는 대답했다.

"의자는 달랑 두 개뿐이었어."

우리 아들은 혼란스러워하며 무슨 말이냐며 설명을 요구했다. 그러자 그 아이는 '가족이 먼저다. 의자는 두 개면 족하다.'라는 문구가 자기 집의 표어라고 말했다.

무슨 의미일까? 그것은 한 번에 두 명이 넘는 손님은 절대로 초청하지 않을 것이기 때문에 그 집의 가장이 의도적으로 대궐 같은 집의 식당 안에 여분의 의자를 두 개만 준비해 두고 있다는 뜻이었다. 그것은 가족들의 시간을 가장 중요시하겠다는 의도였다.

우리 아들은 "그러면 두 사람은 누가 왔었니?"라고 물었다.

그 아이는 "아무도 안 왔어. 우리 가족들만 있었지. 좀 지루했어."라고 대답했다.

우리 아들은 그 날 밤 저녁 식사 자리에서 그 친구와 나누었던 이상한 대화를 언급하며 "의자는 두 개면 족하다."라는 것이 추수감사절에 손님들이 오는 것을 왜 방해하는 것인지 그 이유를 이해할 수 없다고 말했다. 녹스는 말을 액면 그대로 받아들인다. 녀석은 앉을 의자가 마련되어 있지 않은 것과 사람들이 올 수 없는 것이 왜 서로 관련이 있는지 이해하지 못했다. 우리집의 경우에는 의자 갯수가 아무런 문제가 되지 않는다. 사람들은 추수감사절 음식을 접시에 담아 들고 풀밭이나 트램펄린이나 녹색형광색 야외용 식탁이나 현관이나 커피 테이블이나 마룻바닥에 자유롭게 앉아서 먹었다.

물론, "의자는 두 개면 족하다."라고 생각한 가족은 옹졸한 사람들이 아니었다. 그러나 그들의 우상들이 손 대접을 베풀 여지를 남겨놓지 않았다. 그들은 너무 많은 것을 소유했다. 너무 많은 것을 소유한 사람들은 스스로를 매우 중요하게 생각하기 때문에 하나님의 명령이 요구하는 방식대로 다른 사람들에게 희생적으로 손 대접을 베풀기가 매우 어렵다.

이렇게 하면 어떻게 될까

모든 그리스도인이 주인이나 손님이 되어 급진적으로 일상적인 손대접을 베푼다면 어떻게 될까?

모든 그리스도인이 등록 교인이 되기로 서약하고, 그것을 귀하게 여긴다면 어떻게 될까?

모든 그리스도인이 십일조 헌금을 하고, 다른 사람들에게 베풀기 위해 의도적으로 씀씀이를 줄이고, 또 우리가 이웃들을 필요로 하는 것보다 이웃들이 우리를 더 많이 필요로 하는 동네로 이사한다면 어떻게 될까?

인간이 거룩한 하나님의 형상을 지닌 존재라는 사실을 기억함으로써 우리 자신과 다른 사람을 바라보는 관점과 방식이 달라진다면 어떻게 될까?

이웃들이 "그리스도인들은 마을에서 가장 훌륭한 식사 자리를 마련해. 큰 문제나 일이 있을 때는 초대받지 않아도 언제든 스스럼없이 찾아갈 수 있는 사람들이 바로 그들이야."라고 말한다면 어떻게 될까?

동네 아이들이 자신들의 삶이나 가정에 큰 어려움이 닥쳤을 때 도움을 구할 수 있는 안전한 사람들로 그리스도인들을 떠올린다면 어떻게 될까?

남자들은 하나님의 남자들로, 여자들은 하나님의 여자들로, 아직 태어나지 않은 아이들을 비롯한 모든 아이는 하나님의 자녀들로 귀하게 여김을 받는다면 어떻게 될까? 큰 희생을 감당하는 것이 필요할지라도 젠더와 섹슈얼리티 역할이 다른 사람들에게 축복의 길이 된다면 어떻게 될까? 남자로 태어난 사람은 남자대로, 여자로 태어난 사람은 여자대로 약점은 솔직히 인정하고, 장점은 유감없이 발휘하며, 각자의 역할을 독특하고 고귀한 소명으로 받아들여 귀하게 여긴다면 어떻게 될까?

모든 그리스도인이 이웃의 사정을 잘 알고, 영적으로나 물질적으로 도움을 베푼다면 어떻게 될까?

모든 그리스도인이 감옥에 갇혀 있거나 빈곤하게 사는 사람들을 기억하고, 그들과 그들의 미래에 관심을 기울이며, 그 때문에 일반 사람들과는 다른 방식으로 살아간다면 어떻게 될까?

성생활이 강간이나 근친상간이나 음란물이나 자학적 수단과 무관하게 성경이 정한 한계 내에서 안전하게 이루어진다면 어떻게 될까?

성경적인 가부장제(아버지가 종의 마음으로 가족들을 잘 다스리는 제도)를 받아들여 선한 아버지들이 무리를 지어 돌아다니는 악한 사람들로부터 우리를 보호해줄 것을 알고 안심할 수 있게 된다면 어떻게 될까?

그리스도인들이 회개의 열매를 맺고, 손 대접을 실천함으로써 예수님이 부활의 능력으로 구원을 베푸신다는 사실을 아직 믿지 않는 이들에게 좋은 평판을 얻는다면 어떻게 될까?

사람들이 한밤중에 깨어 기도한다면 어떻게 될까?

우리가 이웃들의 이름을 알고, 그들과 함께 음식을 먹고, 즐거운 시간을 보내고, 동네 아이들을 위해 기도하고, 부탁을 받기 전에 미리 알고 도움의 손길을 내민다면 어떻게 될까?

극심한 외로움에 시달리는 사람이나 학대받는 사람이 한 명도 없고, 이웃들이 현실적인 문제와 힘든 고민을 좋은 평판을 얻은 그리스도인들에게 스스럼없이 말할 수 있고, 희생자들이 외면당하거나 무시당하거나 잊혀지지 않는 세상이 이루어진다면 어떻게 될까?

사람들이 사람보다 하나님을 더 두려워하고, 세상 속의 안락함을 추구하기보다 하나님을 섬기는 일에 더 많은 노력을 기울인다면 어떻게 될까?

삶을 변화시키는 복음의 능력을 소유한 우리의 모습을 세상이 목격하게 된다면 어떻게 될까?

이것이 성경이 원하는 세상이다. 예수님은 우리가 자신의 이름으로 그런 세상을 만들기를 기도하신다. 물론, 십일조, 교회 등록, 손 대접, 희생자들을 보호하는 행위가 천국행이나 지옥행을 결정하는 요인은 아니다. 우리가 그런 일을 하는 이유는 서로 손을 맞잡고, 장차 이루어질 일, 곧 그리스도의 재림과 새 하늘과 새 땅에서 우리가 누리게 될 기업을 위해 준비하고, 이웃들에게 내세의 심판을 상기시키며, 우리의 왕이신 하나님을 영화롭게 하기 위해서다.

이것이 손 대접의 근본 목적이다. 우리 자신에서부터 시작하자. 대문을 활짝 열고, 식탁을 차려 베풀자. 이 일은 복잡하지 않다. 일상 속에서 이루어지는 급진적으로 일상적인 기독교는 박사 학위와는 아무런 상관이 없다. 기독교의 기초만 알아도 열린 대문을 통해 얼마든지 복음을 전할 수 있다. 급진적으로 일상적인 손 대접은 활력 넘치는 신앙생활의 주춧돌이다. 어디에서든 시작하라. 꼭 시작하라.

감사의 글

"능히 너희를 보호하사 거침이 없게 하시고 너희로 그 영광 앞에 흠이 없이 기쁨으로 서게 하실 이 곧 우리 구주 홀로 하나이신 하나님께 우리 주 예수 그리스도로 말미암아 영광과 위엄과 권력과 권세가 영원 전부터 이제와 영원토록 있을지어다 아멘"(유 24-25절).

목사인 나의 남편은 주일마다 축도로 교인들을 축복한다. 그는 나와 16년 동안 결혼생활을 해오면서 여러 가지 축도를 사용했다. 나는 그중에서 유다서 24-25절을 활용한 축도를 좋아한다. 이 축도의 말씀은 나를 고양하고, 고무한다. 내가 넘어지지 않게 보호해주신 주 예수 그리스도께 참으로 감사한다. 그리고 이 책을 쓰는 동안 내가 넘어지지 않게 도와주거나 거의 넘어질 찰나에 나를 붙잡아준 많은 형제와 자매들에게 참으로 감사한다.

사랑과 용기와 견고한 믿음과 동정심을 보여주며 손 대접을 베푸는 일에 정성을 쏟아준 남편이 너무나도 고맙다. 우리는 둘 다 극적인 회심을 경험했다. 기독교와 별로 관련이 없는 가정에서 성장한 우리는 새로운 회심과 극심한 외로움이 서로 조화를 이룰 수 없다는 것을 잘 알고 있다. 업적을 이루거나 재물을 쌓는 것보다 하나님 나라를 건설하는 원동력이 되는 손 대접을 베푸는 것이 더 중요하다는 남편의 신념이 이 책 곳곳에 선명하게 드러나 있다.

우리 아이들의 격려도 날마다 내게 새 힘을 준다. 녹스와 메리가 성장하면서 그리스도를 믿는 믿음을 고백하고, 교회와 공동체를 섬기고, 학습과 삶의 도전에 진지하게 임하는 모습을 지켜보고 있노라면 더 나은 그리스도의 종이 되어야겠다는 마음이 절로 든다. 이책을 쓰고, 편집하는 일은 거북이들을 구하는(또는 납치해 오는) 일이나 잃어버린 개들을 찾아오는 일이나(우리 개나 다른 사람들의 개를 찾는 일. 그러나 이 일은 항상 처음 시작할 때보다 더 많은 것을 얻는 것으로 끝나곤 한다) 양서류와 파충류가 신기하게도 홈스쿨링을 하는 방에(더욱 놀랍게는 나의 침실에) 나타나거나 셈법을 배우기 위한 게임을 중단한 채 교미 중인 두꺼비를 떼어놓으려고 애쓰는 일이 벌어질 때마다(동물 애호 단체 "PETA"에는 이 사실을 비밀로 해주면 좋겠다) 느닷없이 중단되곤 했다. 두 아이 때문에 나는 날마다 혼란스럽기도 하고 즐겁기도 한 삶을 살아가고 있다.

열일곱 살에 입양한 큰아들 마이클은 아내를 잘 돌보고, 갓 태어난 자식을 사랑으로 잘 보호하며, 직장 생활도 훌륭하게 해나가고 있다. 그런 아들의 모습을 보면 무척이나 흐뭇하다. 네가 우리와 가까운 곳에 살고 있어서 참 좋다. 올해 내가 손자를 둔 할머니가 된 것이 참으로 기쁘다. 사랑스러운 너희들을 사랑한다. 내가 네 엄마가 될 수 있게 해주신 하나님께 감사한다.

봅과 도나 머터, 호프와 윌 로버츠, 수산나 스티븐스, 라이언과 크리스틴 스털츠와 같은 사랑하는 친구들에게 감사한다. 이 책에서 언급한 대로 그들 가운데는 어색한 만남을 극복하고 친구가 된 사람들이 많다. 아마도 도나가 우리 아이들의 교육을 충실하게 도와주지 않았다면 이 책을 쓸 수 없었을 것이다. 호프는 그리스도께 충실한 형제자매들을 모아 기도로 성원해주었다. 나는 여러 곳을 다니며 강연을 하면서 많은 사람의 사연을 들어주고, 그들을 붙들어주고, 껴안아 줄 수 있는 특권을 누렸는데 그럴 때마다 호프와 사랑스러운 형제자매들의 기도 덕분에 영원의 문들이 진동하는 역사가 일어났다. 만일 그녀가 그동안 내게 음식을 만들어주거나 특별한 채소와 생과일 주스를 날라다주었을 때마다 5센트 동전을 하나씩만 받았더라도 지금쯤 부자가 되고도 남았을 것이다. 수산나는 이 책의 원고를 기꺼이 읽어주었을 뿐 아니라 솔직한 의견을 제시해주었다. 그녀는 강연 일정이 있을 때면 나와 기꺼이 동행했고, 나의 많은 실수에도 불구하고 항상 친구가 되어주었으며, 내가 책을 쓰랴, 많은 사람을 위해 음식을 장만하랴 지쳐 기진맥진할 때면 멕시코 음식을 사 들고 와서 나를 구해주었다. 그녀가 그런 도움을 베푼 횟수는 내가 기억하는 것보다 훨씬 더 많다. 크리스틴은 할 수 있다는 긍정적인 정신을 지녔다. 그녀는 자신의 연약함을 숨기지 않고, 무엇이든 솔직하게 드러낼 뿐 아니라 항상 진지한 태도로 그리스도를 더욱 닮으려고 노력한다. 나는 그런 그녀를 보면서 많은 감명을 받는다. 그녀와 함께 홈스쿨링을 하며 서로의 일상을 공유하는 것은 나의 큰 특권이다. 아이들도 우리만큼이나 서로를 아끼고, 사랑해서 참으로 기쁘다. 그녀와 함께 기도로 하루를 끝마친 적이 셀 수 없이 많다. 그런 그녀가 너무나도 고맙다.

거리상으로는 멀지만 기도 때문에 조금도 멀지 않게 느껴지는 친구들에게도 똑같이 감사하고 싶다. 여러 해 동안 우정을 베풀어준 데이비드 노이 박사와 그의 라틴어 교육 사이트(Latinperdiem.com)에 감사를 표한다(이것은 홈스쿨링을 하는 모든 어머니가 애호하는 라틴어 교육 사이트다. 만일 이 사이트에 대해 아직 모르고 있다면 깜짝 놀라게 될 것이 틀림없다). 주님 안에서 나의 아들이 된 엠 케이에게도 감사한다. 그는 원고를 읽고, 글을 쓸 때 나 자신보다 다른 사람들을 먼저 언급하도록 도와주었다. 켄 스미스 목사는 나를 위해 충실하게 사역해주었다. 그는 내가 보호받고, 또 주님께 유익한 사람이 되도록 기도해주었을 뿐 아니라 끊임없이 좋은 조언과 충고를 아끼지 않았다. 주님 안에서 나의 아버지가 된 그에게 깊이 감사한다. 드류와 린 고든은 나와 함께 오랜 세월 동안 힘들면서도 열매가 풍성한 이 사역을 해오면서 최일선에서 복음 신앙과 성경적인 성애에 관해 중요한 공적 대화를 이끌어 왔고, 내 책을 처음 출판할 수 있는 기회를 제공했다. 그들에게도 심심한 감사를 표한다.

손 대접을 참으로 귀히 여기는 더럼 제1개혁장로교회 교인 가족들에게 감사한다.

크리스토퍼 유안에게도 감사하고 싶다. 그는 내가 절실히 필요로 하는 기도를 날마다 해주고, 시시때때로 경건하고, 사려 깊은 조언을 아끼지 않을 뿐 아니라, 그리스도 안에서 너그럽고, 기쁜 신앙생활을 영위하면서 하나님을 성실하게 섬기고 있다. 주님 안에서 나의 형제인 그는 재치와 기지가 넘친다. 우리의 삶의 증언은 내가 세상에서 혼자가 아니라는 사실을 깨우쳐준다.

나와 더불어 그리스도의 피가 생물학적인 피보다 더 진하다는 믿음을 공유하고 있는 샘 앨버리에게 감사한다.

나와 이 책에 처음부터 끝까지 관심을 기울여준 전문가들에게 감사하고 싶다. 로버트 월게머스와 오스틴 윌슨은 충실하면서도 용맹한 사람들이다. 그들은 글이 매끄럽게 잘 전개될 수 있도록 세심한 부분까지 신경을 써주었다. 저스틴 테일러는 정직하고 다부진 편집자의 모습을 유감없이 보여주었다. 그는 나와 이 책에 문제가 생기지 않도록 꼼꼼하게 챙겼다. 리디아 브라운백에게도 감사한다. 그녀는 이 책이 하나님과 그분의 백성들을 섬기는 데 도움이 될 수 있을 것이라고 예측했을 뿐 아니라 직접 지혜롭고 강력한 책들을 쓰기도 했으며, 글쓰기의 아름다움과 기술을 깊이 탐구할 수 있게 도와주었다. 우리 두 사람은 글쓰기를 몹시 좋아한다. 더욱이 그녀는 나와 같은 새벽형 인간이기도 하다. 나는 새벽 4시 30분에도 커피를 마시며 성경을 읽고 있을 동료 자매인 그녀에게 부담 없이 이메일을 보낼 수 있었다. 어두운 새벽에 그녀와 함께 작업할 수 있어서 너무나도 행복했다.

적극적이고, 사랑스럽고, 재미있는 이웃들, 곧 오랫동안 늘 내 곁에 있으면서 (대개 개들과 아이들을 대동하고) 나와 함께 산책하며 공동체를 건설해 온 이웃들에게 감사한다. 이웃들의 이름은 실명을 밝히도록 허용하지 않은 경우는 다르게 고쳐 표기했고, 우리가 겪은 일들 가운데 대부분은 간단하게 압축했다(매일 손 대접을 베풀다보면 책에 쏟을 수 있는 것보다 훨씬 더 많은 일이 일어나기 마련이다). 혹시 이 책에 언급되기를 원했던 일화를 내가 빠뜨렸더라도 너그럽게 양해해주기 바란다. 나의 이웃들은 모두 사랑스럽고, 귀하다. 그들과 더불어 사는 삶은 순수한 기쁨을 가져다준다.

마지막으로 나의 주님께 감사드린다. 내게 전가된 그분의 의와 창조와 재창조를 일으키고, 용서와 화해와 치유를 가능하게 하며, 자신의 이름으로 세상에 용감하게 뛰어들게 하는 그분의 경이로운 능력으로 인해 감사한다. 또한 믿음과 삶의 지침이요 나의 생명줄이자 존재의 의미인 성경을 허락하신 것에 깊이 감사한다. 완전한 사랑은 하나님의 사랑뿐이다. 그리스도 안에서, 그분을 위해 살려면 삶을 따로따로 구분하거나 정신적인 구획을 나누거나 사람들이나 개념들이나 역사나 정체성을 희생시키거나 이용하려고 해서는 안 된다. 그리스도 안에서, 그분을 위해 산다는 것은 포괄적이고, 일관되고, 희망적이고, 흠 없는 삶을 살려고 노력하면서 영원을 향해 나아가는 것을 의미한다. 내가 여기에서 하는 말이 새롭게 들린다면 내 손을 잡고, 당신을 영원한 화해와 평화로 부르시는 구원자의 손길을 느껴보기 바란다. 이것이 현실이고, 실재다. 이것보다 더 중요한 것은 아무것도 없다.

미주

1장 값을 따질 수 없음

1 The names of many friends who appear on these pages have been changed for the protection of personal privacy.

2장 예수님의 역설

1 Susan Hunt has a lovely devotional on this in the *Women's Devotional Bible* (Wheaton, IL: Crossway, 2014): "From Empty to Full," 1269.
2 Ibid.
3 Habitus는 내가 매우 좋아하는 단어 개념이다. 나는 그 단어의 정의를 Pierre Bourdieu, *Distinction: A Social Critique of the Judgement of Taste* (London: Routledge University Press, 1984)에서 취한다.
4 Mary Douglas, *Implicit Meanings: Selected Essays in Anthropology*, 2nd ed. (London: Routlege University Press, 1999), 231–52.
5 Alain Badiou, Pierre Bourdieu, et al., *What Is a People? New Directions in Critical Theory*, trans. Jody Gladding (New York: Columbia University Press, 2016), 9.
6 Russell Moore, *Onward: Engaging the Culture without Losing the Gospel* (Nashville, TN: B&H, 2015), 227.

3장 우리의 포스트크리스천 세계

1 "The Promise Keepers' Message Is a Threat to Democracy," April 15, 1997. Anne M. Stiles, "Prof. Decries Promise Keepers: Syracuse Professor Speaks at the Barker Center about Her Upcoming Book," *The Harvard Crimson*, October 24, 1997도 보라.

2 Theo Hobson, *Reinventing Liberal Christianity* (Grand Rapids, MI: Eerdmans, 2013).

3 Tim Challies, "Marks of a Moral Revolution," Challies.com, accessed May 8, 2017, https:// www .challies .com /final -call /final -call -january -17/.

4 성적 취향의 역사에 대한 개론을 보려면, Rosaria Champagne Butterfield, *Openness Unhindered: Further Thoughts of an Unlikely Convert on Sexuality and Union with Christ* (Pittsburgh, PA: Crown & Covenant, 2015), 93 - 112을 보라.

5 John Calvin, *365 Days with John Calvin: A Collection of Daily Readings from the Writings of John Calvin*, ed. Joel Beeke (Grand Rapids, MI: Reformation Heritage, 2008), May 9 entry.

6 붉은 글자 신자들이란 성경에 붉은 글자로 쓰여 있는 예수님의 말씀 중에서 임의로 선택하여 이를 사회적 이슈에 적용하는 사람들을 말한다..

7 David Gushee, "Christians, Conflict, and Change," *Religion News Service*, accessed May 9, 2017, http:// religion news .com /columns / david -gushee/.

8 그리스도와의 연합에 관한 접근가능한 개요로는, Rankin Wilbourne, *Union with Christ: The Way to Know and Enjoy God* (Colorado Springs, CO: David C. Cook, 2016)를 보라. 그리스도와의 연합에 관한 세 가지 서로 다른 견해의 구체적인 이해를 위해서는, Joel R. Beeke and Mark Jones, *A Puritan Theology: Doctrine for Life* (Grand Rapids, MI: Reformation Heritage, 2012), 482을 보라. 신학자들은 이 삼중 연합을 기술하기 위해 다른

말들을 사용하기도 한다. (1)예정, (2) 구속사적, (3) 실존적. 이 단어들은 다르지만 의미는 같다.

9 Gloria Furman, *Missional Motherhood: The Everyday Ministry of Motherhood in the Grand Plan of God* (Wheaton, IL: Crossway, 2016).

4장 하나님은 번지수를 잘못 찾으시는 법이 없다

1 Wesley Hill, "If the Church Were a Haven," *First Things*, Institute of Religion and Public Life, June 27, 2016, accessed August 1, 2017, https:// www -first things .com /web -exclusives /2016 /06 -if -the -church -were -a -haven.

2 Dictionary.com, s.v. "symposium," accessed April 11, 2017, http://www .dictionary .com /browse /symposium ?s=t.

3 Tim Chester, *A Meal with Jesus: Discovering Grace, Community, and Mission around the Table* (Wheaton, IL: Crossway, 2011), 38 –39.

4 *KJV Study Bible*, ed. Joel Beeke (Grand Rapids, MI: Reformation Heritage, 2014), Luke 7:50 note.

5 Johannes Geerhardus Vos, *The Westminster Larger Catechism: A Commentary*, ed. G. I. Williamson (Phillipsburg, NJ: P&R, 2002), 53. 제 21문 : "사람은 창조된 대로의 원래 상태에 머물러 있었습니까?" 답 : "우리의 첫 부모는 그들 자신의 의지의 자유에 남겨져 있었는데 사탄의 유혹으로 말미암아 금지된 열매를 먹음으로써 하나님의 계명을 범했습니다. 그로 인해 그들은 창조 당시의 무죄한 상태로부터 타락했습니다."

5장 복음은 집 열쇠와 함께 온다

1 AIDS 위기와 그것이 LGBTQ 커뮤니티를 어떻게 결속시켰는지 말해주는 최고의 책으로는 David France, *How to Survive a Plague: The Inside Story of How Citizens and Science Tamed AIDS* (New York: Alfred Knopf,

2016)를 보라.

2 웨스트민스터 신앙고백 제7장.

3 http://safe -families .org/.

4 남성들이 남편의 목자 역할에 대해 배우고 이해하게 돕는 최고의 책으로는 Robert Wolgemuth, *Like the Shepherd: Leading Your Marriage with Love and Grace* (Washington, DC: Regency Faith, 2017)을 추천한다.

5 Christopher Yuan and Angela Yuan, *Out of a Far Country: A Gay Son's Journey to God; a Broken Mother's Search for Hope* (Colorado Springs, CO: Waterbrook, 2011).

6 Dietrich Bonhoeffer, *Life Together: A Discussion of Christian Fellowship*, trans. John W. Doberstein (New York: Harper & Row, 1954), 112.

7 http://safe -families .org/.

8 Viet Thanh Nguyen, "Points of No Return: Book Review of *Exit West*, by Mohsin Hamid," *New York Times* book review (March 12, 2017), 1.

9 Marit Newton, "Mass Migration," *2016 Personal Prayer Diary* (Seattle: YWAM, 2016), 20 -21. Also see Thomas Albinson, "A Christian Response to the Humanitarian Crisis in the Mediterranean," Christian Post (April 26, 2015), accessed July 13, 2017, http://www .christian post .com /news /a -christian- response- to- the- humani tiarian- crisis- in- the- mediterranean-138151/.

10 세계적인 난민 위기에 관한 뛰어난 자료로는 Stephan Bauman, Matthew Soerens, and Issam Smeir, *Seeking Refuge: On the Shores of the Global Refugee Crisis* (Chicago: Moody, 2016)을 보라.

6장 교회 안에 있는 가룻 유다

1 *Restoring the Soul of a Church: Healing Congregations Wounded by Clergy Sexual Misconduct*, ed. Nancy Myer Hopkins and Mark Laaser

(Collegeville, MN: Liturgical Press, 1995).

2 F. W. Krummacher, *The Suffering Saviour: A Series of Devotional Meditations* (1856, repr. Carlisle, PA: Banner of Truth, 2004), 61.

3 Matthew Henry, *Complete Commentary*, accessed August 2, 2017, http://www .bible study tools .com /commentaries /matthew -henry -complete/matthew /26 .html.

4 알프레드 에더샤임은 "200데나리온이 5000명의 남성들과 그들의 가족들에게 빵을 공급하기에 거의 충분했다는 것과 1데나리온은 노동자의 평균적 하루 일당이었다는 것을 기억할 때 여기서 사용된 금액이 매우 컸다는 것을 알수 있다."라고 말했다. *The Life and Times of Jesus the Messiah* (Peabody, MA: Hendrickson, 1993), 721.

5 Ibid.

6 Ibid., 722.

7 Krummacher, *Suffering Saviour*, 62.

8 Ibid., 63.

9 Ibid., 64.

10 Ibid., 67.

11 Ibid., 68 - 69.

7장 망령들을 떨쳐버리라

1 https:// www .bobs flakes .com/.

2 "Psalm 23D," *The Book of Psalms for Worship* (Pittsburgh, PA: Crown & Covenant, 2011).

3 Ibid.

4 Ibid.

8장 단조로운 매일의 삶

1 추가적인 정보를 위해서는 http:// songs for saplings .com/를 방문하라.

2 Jen Wilken, *Women of the Word: How to Study the Bible with Both Our Hearts and Our Minds* (Wheaton, IL: Crossway, 2014).

3 Rosaria Champagne Butterfield, *The Secret Thoughts of an Unlikely Convert: An English Professor's Journey into Christian Faith* (Pittsburgh, PA: Crown & Covenant, 2012).

9장 긍휼히 여기는 자는 복이 있나니

1 Crown & Covenant, *Refuge: Selections from the Book of Psalms for Worship* (Syracuse, NY: Syracuse RPC, n.d.).

2 David France, *How to Survive a Plague: The Inside Story of How Citizens and Science Tamed AIDS* (New York: Alfred Knopf, 2016), 48.

10장 엠마오로 가는 길

1 Matthew Henry, *Matthew Henry's Concise Commentary on the Whole Bible* (Nashville, TN: Thomas Nelson, 1997), 976–77.

2 Ibid., 976.

Allberry, Sam. *Why Bother with Church?: And Other Questions about Why You Need It and Why It Needs You.* Surrey, UK: Good Book Company, 2016.

Bauman, Stephan, Matthew Soerens, and Issam Smeir. *Seeking Refuge: On the Shores of the Global Refugee Crisis.* Chicago: Moody, 2016.

Bence, Evelyn. *Room at My Table: Preparing Heart and Home for Christian Hospitality.* Nashville, TN: Upper Room Books, 2014.

Blomberg, Craig L. *Contagious Holiness: Jesus' Meals with Sinners.* New Studies in Biblical Theology. Downers Grove, IL: InterVarsity Press, 2005.

Calvin, John. *A Little Book on the Christian Life.* Reprint, Orlando, FL: Reformation Trust, 2017.

Chester, Tim. *A Meal with Jesus: Discovering Grace, Community, and Mission around the Table.* Wheaton, IL: Crossway, 2011.

Clark, Marion, ed. *The Problem of Good: When the World Seems Fine without God.* Phillipsburg, NJ: P&R, 2014.

Clarkson, Sally, and Sarah Clarkson. *The Life-Giving Home: Creating a Place of Belonging and Becoming.* Carol Stream, IL: Tyndale, 2016.

Clements, Brandon, and Dustin Willis. *The Simplest Way to Change the World: Biblical Hospitality as a Way of Life.* Chicago: Moody, 2016.

Douglas, Mary. *Implicit Meanings: Selected Essays in Anthropology.* 2nd ed. London: Routledge Press, 1999.

——. *Purity and Danger: An Analysis of the Concepts of Pollution and Taboo*. London: Routledge Press, 1966. Reprint, 1996.

Ehman, Karen. *A Life That Says Welcome: Simple Ways to Open Your Heart and Home to Others*. Grand Rapids, MI: Revell, 2006.

Ennis, Pat, and Lisa Tatlock. *Practicing Hospitality: The Joy of Serving Others*. Wheaton, IL: Crossway, 2007.

France, David. *How to Survive a Plague: The Inside Story of How Citizens and Science Tamed AIDS*. New York: Alfred Knopf, 2016.

Furman, Gloria. *Missional Motherhood: The Everyday Ministry of Motherhood in the Grand Plan of God*. Wheaton, IL: Crossway, 2016.

Hellerman, Joseph H. *When the Church Was a Family: Recapturing Jesus' Vision for Authentic Christian Community*. Nashville, TN: B&H, 2009.

Mains, Karen. *Open Heart, Open Home: The Hospitable Way to Make Others Feel Welcome and Wanted*. Downers Grove, IL: InterVarsity Press, 1976.

Moore, Russell. *Onward: Engaging the Culture without Losing the Gospel*. Nashville, TN: B&H, 2015.

Nichols, Stephen J. *A Time for Confidence: Trusting God in a Post-Christian Society*. Orlando, FL: Reformation Trust, 2016.

Niequist, Shauna. *Bread and Wine: A Love Letter to Life around the Table with Recipes*. Grand Rapids, MI: Zondervan, 2013.

Nouwen, Henri J. M. *Reaching Out: The Three Movements of the Spiritual Life*. New York: Doubleday, 1975.

Oden, Amy G. *God's Welcome: Hospitality for a Gospel-Hungry World*. Cleveland, OH: Pilgrim Press, 2008.

Palmer, Parker J. *The Company of Strangers: Christians and the Renewal of America's Public Life*. New York: Crossroad, 1981.

Pathak, Jay, and Dave Runyon. *The Art of Neighboring: Building Genuine Relationships Right Outside Your Door*. Grand Rapids, MI: Baker, 2012.

Pohl, Christine D. *Living into Community: Cultivating Practices That Sustain Us.* Grand Rapids, MI: Eerdmans, 2012.

——. *Making Room: Recovering Hospitality as a Christian Tradition.* Grand Rapids, MI: Eerdmans, 1999.

Schaeffer, Edith. *L'Abri.* Wheaton, IL: Crossway, 1992.

Sicks, Christopher. *Tangible: Making God Known through Deeds of Mercy and Words of Truth.* Colorado Springs, CO: NavPress, 2013.

Strauch, Alexander. *The Hospitality Commands.* Littleton, CO: Lewis & Roth, 1993.

Sutherland, Arthur. *I Was a Stranger: A Christian Theology of Hospitality.* Nashville, TN: Abingdon Press, 2006.

Ten Boom, Corrie. *The Hiding Place.* Grand Rapids, MI: Chosen Press, 1971. Reprint, 2006.

Vos, Johannes G. *The Westminster Larger Catechism: A Commentary.* Edited by G. I. Williamson. Phillipsburg, NJ: P&R, 2002.

Wilbourne, Rankin. *Union with Christ: The Way to Know and Enjoy God.* Colorado Springs, CO: David C. Cook, 2016.

Wilken, Robert Louis. *The Christians as the Romans Saw Them.* 2nd ed. New Haven, CT: Yale University Press, 2003.

Williamson, G. I., ed. *The Westminster Confession of Faith for Study Classes.* Phillipsburg, NJ: P&R, 2004.

Willis, Dustin. *Life in Community: Joining Together to Display the Gospel.* Chicago: Moody, 2015.

Wilson-Hartgrove, Jonathan. *Strangers at My Door: A True Story of Finding Jesus in Unexpected Guests.* Minneapolis, MN: Convergent, 2013.

Wolgemuth, Robert. *Like the Shepherd: Leading Your Marriage withLove and Grace.* Washington, DC: Regnery Faith, 2017.

개혁된 실천 시리즈 —————

1. 조엘 비키의 교회에서의 가정
설교 듣기와 기도 모임의 개혁된 실천
조엘 비키 지음 | 유정희 옮김

이 책은 가정생활의 두 가지 중요한 영역에 대한 실제적 지침을 포함하고 있다. 첫째, 공예배를 위해 가족들을 어떻게 준비시켜야 하는지, 설교 말씀을 어떻게 받아야 하는지, 그 말씀을 어떻게 실천해야 하는지 설명한다. 둘째, 기도 모임이 교회의 부흥과 얼마나 관련이 깊은지 역사적으로 고찰하면서, 기도 모임의 성경적 근거를 제시하고, 그 목적을 설명하며, 나아가 바람직한 실행 방법을 설명한다.

2. 존 오웬의 그리스도인의 교제 의무
그리스도인의 교제의 개혁된 실천
존 오웬 지음 | 김태곤 옮김

이 책은 그리스도인 상호 간의 교제에 대해 청교도 신학자이자 목회자였던 존 오웬이 저술한 매우 실천적인 책으로서, 이 책에서 우리는 청교도들이 그리스도인의 교제를 얼마나 중시했는지 엿볼 수 있다. 이 책은 그리스도인의 교제에 대한 핵심 원칙들을 담고 있다. 교회 안의 그룹 성경공부에 적합하도록 각 장 뒤에는 토의할 문제들이 부가되어 있다.

3. 신규 목회자 핸드북
제이슨 헬로폴로스 지음 | 리곤 던컨 서문 | 김태곤 옮김

이 책은 새로 목회자가 된 사람을 향한 주옥같은 48가지 조언을 담고 있다. 리곤 던컨, 케빈 드영, 앨버트 몰러, 알리스테어 베그, 팀 챌리스 등이 이 책에 대해 극찬하였다. 이 책은 읽기 쉽고 매우 실천적이며 유익하다.

4. 개혁교회의 가정 심방
가정 심방의 개혁된 실천
피터 데 용 지음 | 조계광 옮김

목양은 각 멤버의 영적 상태를 개별적으로 확인하고 권면하고 돌보는 일을 포함한다. 이를 위해 교회는 역사적으로 가정 심방을 실시하였다. 이 책은 외국 개혁교회에서 꽃피웠던 가정 심방의 실제 모습을 보여주며, 한국 교회 안에서 행해지는 가정 심방의 개선점을 시사해준다.

5. 아이들이 공예배에 참석해야 하는가
아이들의 예배 참석의 개혁된 실천
대니얼 R. 하이드 지음 | 유정희 옮김

아이들만의 예배가 성경적인가? 아니면 아이들도 어른들의 공예배에 참석해야 하는가? 성경은 이에 대해 무엇을 말하는가? 아이들의 공예배 참석은 어떤 유익이 있으며 실천적인 면에서 주의할 점은 무엇인가? 이 책은 아이들의 공예배 참석 문제에 대해 성경을 토대로 돌아보게 한다.

6. 개혁교회 공예배
공예배의 개혁된 실천
대니얼 R. 하이드 지음 | 이선숙 옮김

많은 신자들이 평생 수백 번, 수천 번의 공예배를 드리지만 정작 예배에 대해서 제대로 이해하지 못하는 경우가 많다. 당신은 예배가 왜 지금과 같은 구조와 순서로 되어 있는지 이해하고 예배하는가? 신앙고백은 왜 하는지, 목회자가 왜 대표로 기도하는지, 말씀은 왜 읽는지, 축도는 왜 하는지 이해하고 참여하는가? 이 책은 분량은 많지 않지만 공예배의 핵심 사항들에 대하여 알기 쉽게 알려준다.

7. 신약 시대 신자가 왜 금식을 해야 하는가
금식의 개혁된 실천
대니얼 R. 하이드 지음 | 김태곤 옮김

금식은 과거 구약 시대에 국한된, 우리와 상관없는 실천사항인가? 신약 시대 신자가 정기적인 금식을 의무적으로 행해야 하는가? 자유롭게 금식할 수 있는가? 금식의 목적은 무엇인가? 이 책은 이런 여러 질문에 답하면서, 이 복된 실천사항을 성경대로 회복할 것을 촉구한다.

8. 마음을 위한 하나님의 전투 계획
청교도가 실천한 성경적 묵상
데이비드 색스톤 지음 | 조엘 비키 서문 | 조계광 옮김

묵상하지 않으면 경건한 삶을 살 수 없다. 우리 시대에 일어나고 있는 일이 바로 이것이다. 오늘날은 명상에 대한 반감으로 묵상조차 거부한다. 그러면 무엇이 잘못된 명상이고 무엇이 성경적 묵상인가? 저자는 방대한 청교도 문헌을 조사하여 청교도들이 실천한 묵상을 정리하여 제시하면서, 성경적 묵상이란 무엇이고, 왜 묵상을 해야 하며, 어떻게 구체적으로 묵상을 실천하는지 알려준다. 우리는 다시금 이 필수적인 실천사항으로 돌아가야 한다.

9. 장로와 그의 사역
장로 직분의 개혁된 실천
데이비드 딕슨 지음 | 김태곤 옮김

장로는 무슨 일을 하는 사람인가? 스코틀랜드 개혁교회 장로에게서 장로의 일에 대한 조언을 듣자. 이 책은 장로의 사역에 대한 지침서인 동시에 남을 섬기는 삶의 모델을 보여주는 책이다. 이 책 안에는 비단 장로뿐만 아니라 모든 그리스도인이 본받아야 할, 섬기는 삶의 아름다운 모델이 담겨 있다. 이 책은 따뜻하고 영감을 주는 책이다.

10. 북미 개혁교단의 교회개척 매뉴얼
URCNA 교단의 공식 문서를 통해 배우는 교회개척 원리와 실천

이 책은 북미연합개혁교회(URCNA)라는 개혁 교단의 교회개척 매뉴얼로서, 교회개척의 첫 걸음부터 그 마지막 단계까지 성경의 원리에 입각한 교회개척 방법을 가르쳐준다. 모든 신자는 함께 교회를 개척하여 그리스도의 나라를 확장해야 한다.

11. 마크 데버, 그렉 길버트의 설교
설교의 개혁된 실천
마크 데버, 그렉 길버트 지음 | 이대은 옮김

1부에서는 설교에 대한 신학을, 2부에서는 설교에 대한 실천을 담고 있고, 3부는 설교 원고의 예를 담고 있다. 이 책은 신학적으로 탄탄한 배경 위에서 설교에 대해 가장 실천적으로 코칭하는 책이다.

12. 네덜란드 개혁교회의 자녀양육
자녀양육의 개혁된 실천
야코부스 꿀만 지음 | 유정희 옮김

이 책에서 우리는 17세기 네덜란드 개혁교회 배경에서 나온 자녀양육법을 살펴볼 수 있다. 경건한 17세기 목사인 야코부스 꿀만은 자녀양육과 관련된 당시의 지혜를 한데 모아서 구체적인 282개 지침으로 꾸며 놓았다. 부모들이 이 지침들을 읽고 실천하면 큰 도움을 받을 수 있게 하였다. 의도는 선하더라도 방법을 모르면 결과를 낼 수 없다. 우리 그리스도인 부모들은 구체적인 자녀양육 방법을 배우고 실천해야 한다.

13. 예배의 날
제4계명의 개혁된 실천
라이언 맥그로우 지음 | 조계광 옮김

제4계명은 십계명 중 하나로서 삶의 골간을 이루는 중요한 계명이다. 하나님의 뜻을 따르는 우리는 이를 모호하게 이해하고, 모호

하게 실천하면 안 되며, 제대로 이해하고, 제대로 실천해야 한다. 이를 위해 우리는 이 계명의 참뜻을 신중하게 연구해야 한다. 이 책은 가장 분명한 논증을 통해 제4계명의 의미를 해석하고 밝혀준다. 하나님은 그날을 왜 제정하셨나? 그날은 얼마나 복된 날이며 무엇을 하면서 하나님의 복을 받는 날인가? 교회사에서 이 계명은 어떻게 이해되었고 어떤 학설이 있고 어느 관점이 성경적인가? 오늘날 우리는 이 계명을 어떻게 지킬 것인가?

14. 힘든 곳의 지역 교회
가난하고 곤고한 곳에 교회가 어떻게 생명을 가져다주는가
메즈 맥코넬, 마이크 맥킨리 지음 | 김태곤 옮김

이 책은 각각 브라질, 스코틀랜드, 미국 등의 빈궁한 지역에서 지역 교회 사역을 해 오고 있는 두 명의 저자가 그들의 실제 경험을 바탕으로 쓴 책이다. 이 책은 그런 지역에 가장 필요한 사역, 가장 효과적인 사역, 장기적인 변화를 가져오는 사역이 무엇인지 가르쳐준다. 힘든 곳에 사는 사람들을 긍휼히 여기는 마음이 있다면 꼭 참고할 만한 책이다.

15. 생기 넘치는 교회의 4가지 기초
건강한 교회 생활의 개혁된 실천
윌리엄 보에케스타인, 대니얼 하이드 공저

이 책은 두 명의 개혁과 목사가 교회에 대해 저술한 책이다. 이 책은 기존의 교회성장에 관한 책들과는 궤를 달리하며, 교회의 정체성, 권위, 일치, 활동 등 네 가지 영역에서 성경적 원칙이 확립되고 '질서가 잘 잡힌 교회'가 될 것을 촉구한다. 이 4가지 부분에서 성경적 실천이 조화롭게 형성되면 생기 넘치는 교회가 되기 위한 기초가 형성되는 셈이다. 이 네 영역 중 하나라도 잘못되고 무질서하면 그만큼 교회의 삶은 혼탁해지며 교회는 약해지게 된다.

16. 장로 핸드북
모든 성도가 알아야 할 장로 직분
제럴드 벌고프, 레스터 데 코스터 공저 | 송광택 옮김

하나님은 복수의 장로를 통해 교회를 다스리신다. 복수의 장로가 자신의 역할을 잘 감당해야 교회 안에 하나님의 통치가 제대로 편만하게 미친다. 이 책은 그토록 중요한 장로 직분에 대한 성경의 가르침을 정리하여 제공한다. 이 책의 원칙에 의거하여 오늘날 교회 안에서 장로 후보들이 잘 양육되고 있고, 성경이 말하는 자격요건을 구비한 장로들이 성경적 원칙에 의거하여 선출되고, 장로들이 자신의 감독과 목양 책임을 잘 수행하고 있는가? 우리는 장로 직분을 바로 이해하고 새롭게 실천하여야 할 것이다. 이 책은 비단 장로만을 위한 책이 아니라 모든 성도를 위한 책이다. 성도는 장로를 선출하고 장로의 다스림에 순종하고 장로의 감독을 받고 장로를 위해 기도하고 장로의 직분 수행을 돕고 심지어 장로 직분을 사모해야 하기 때문에 장로 직분에 대한 깊은 이해가 필수적이다.

17. 집사 핸드북
모든 성도가 알아야 할 집사 직분
제럴드 벌고프, 레스터 데 코스터 공저 | 황영철 옮김

하나님의 율법은 교회 안에서 곤핍한 자들, 외로운 자들, 정서적 필요를 가진 자들을 따뜻하고 자애롭게 돌볼 것을 명한다. 거룩한 공동체 안에 한 명도 소외된 자가 없도록 이러한 돌봄이 잘 이루어져야 한다. 이 일은 기본적으로 모든 성도가 힘써야 할 책무이지만 교회는 특별히 이 일에 책임을 지고 감당하도록 집사 직분을 세운다. 오늘날 율법의 명령이 잘 실천되어 교회 안에 사랑과 섬김의 손길이 구석구석 미치고 있는가? 우리는 집사 직분을 바로 이해하고 새롭게 실천하여야 할 것이다. 그것은 교회 공동체를 향

한 하나님의 거룩한 뜻이다.

18. 단순한 영성
영적 훈련의 개혁된 실천
도널드 휘트니 지음 | 이대은 옮김

본서는 단순한 영성을 구현하기 위한 영적 훈련 방법에 대한 소중한 조언으로 가득하다. 성경 읽기, 성경 묵상, 기도하기, 일지 쓰기, 주일 보내기, 가정 예배, 영적 위인들로부터 유익 얻기, 독서하기, 복음전도, 성도의 교제 등 거의 모든 분야의 영적 훈련에 대해 말하고 있다. 조엘 비키 박사는 이 책의 내용의 절반만 실천해도 우리의 영적 생활이 분명 나아질 것이라고 한다. 그리고 한 장씩 주의하며 읽고, 날마다 기도하며 실천하라고 조언한다.

19. 지상명령 바로알기
지상명령의 개혁된 실천
마크 데버 지음 | 김태곤 옮김

이 책은 지상명령의 바른 이해와 실천을 알려준다. 지상명령은 복음전도가 전부가 아니며 예수님이 분부하신 모든 것을 가르쳐 지키게 하는 것까지 포함하는 포괄적인 명령이다. 따라서 이 명령 아래 살아가고 있는 그리스도인들은 모든 것을 가르쳐 지키게 하는 그러한 시스템을 구축하고 이를 실천해야 한다. 이 책은 예수님이 이 명령을 교회에게 명령하셨다고 지적하며 지역 교회가 이 일을 수행할 수 있는 실천적 방법들을 구체적으로 다루고 있다. 삶으로 그리스도를 따르는 제자들로 가득 찬 교회를 꿈꾼다면 이 책이 큰 도움이 될 것이다.

20. 기독교적 삶의 아름다움과 영광
그리스도인의 삶의 개혁된 실천
조엘 R 비키 편집 | 조계광 옮김

본서는 그리스도인의 삶에서 정말로 중요한 요소들을 압축적으로 담고 있다. 내면적 경건생활부터 가정, 직장, 전도하는 삶, 그리고 이 땅이 적대적 환경에 대응하며 살아가는 삶에 대해 정확한 성경적 원칙을 들어 말하고 있다.

이 책은 주제들을 잘 선택해 주의 깊게 다루는데, 주로 청교도들의 글에서 중요한 포인트들을 최대한 끌어내서 핵심 주제들을 짚어준다. 영광스럽고 아름다운 그리스도인의 삶의 청사진을 맛보고 싶다면 이 책을 읽으면 된다.

21. 목사와 상담
목회 상담의 개혁된 실천
제레미 피에르, 디팍 레주 지음 | 차수정 옮김

이 책은 목회 상담이라는 어려운 책무를 어떻게 수행해야 하는지 차근차근 단계별로 쉽게 가르쳐준다. 상담의 목적은 복음의 적용이다. 이 책은 이 영광스러운 임무를 효과적으로 수행할 수 있도록 첫 상담부터 마지막 상담까지 상담 프로세스를 어떻게 꾸려가야 할지 가르쳐준다.

22. 깨어 있음
깨어 있음의 개혁된 실천
브라이언 헤지스 지음 | 조계광 옮김

성경은 모든 그리스도인에게 신분이나 인생의 시기와 상관없이 항상 깨어 경계할 것을 권고한다. 브라이언 헤지스는 성경과 과거의 신자들의 가르침을 바탕으로 깨어 있음의 "무엇, 왜, 어떻게, 언제, 누가"에 대해 말한다. 이 책은 반성과 자기점검과 개인적인 적용을 돕기 위해 각 장의 끝에 "점검과 적용" 질문들을 첨부했다. 이 책은 더 큰 깨어 있음, 증가된 거룩함, 삼위일체 하나님과의 더 깊은 교제를 향한 길을 발견하고자 하는 사람을 위한 책이다.